普通高等教育“十一五”国家级规划教材
教育部普通高等教育精品教材
国家级精品课程教材
教育部高等学校社会学学科教学指导委员会推荐教材
北京高等教育精品教材
21世纪社会学系列教材

郑杭生主编《社会学概论新修(第四版)》学习笔记与课后题详解

主　编　郑杭生
副主编　杨　敏　王道勇
执笔者　郑杭生　杨　敏　王道勇
　　　　黄家亮　胡宝荣　王建民

中国人民大学出版社
·北京·

出版说明

《社会学概论新修》自1994年出版以来，已再版3次，目前是第四版。如果算上它的前身《社会学概论新编》(1987年出版)，这本书的历史已经长达27年。该书自出版以来，累计销售百万册，受到广大师生和社会学爱好者的欢迎，被国内众多高校及学术机构采用为社会学教材或考研参考书，是人文社科领域发行量最大、影响力最大的教材之一。

“十年树木，百年树人。”一本好的教材对于学科发展和学生培养的推动作用是难以估量的。正如首届费孝通学术成就奖获得者郑杭生教授的颁奖词中所说的：“通过组织和编写的社会学教材，推动了中国社会学的学科建设和发展。”这是对《社会学概论新修》教材的充分肯定，也是对该教材学术地位和学科影响力的充分肯定。

为了方便广大师生的教研和学习，尤其是考生的备考复习，《社会学概论新修(第四版)》编写团队历时8个月，精心编写了《郑杭生主编〈社会学概论新修(第四版)〉学习笔记与课后题详解》并独家授权中国人民大学出版社出版发行。本书具有以下几个特点：

第一，权威专家编写，知识内容丰富。

本书参编人员均是长期从事社会学教学和研究的教师，他们都具有较为丰富的教学经验，并各有所长，在各自的领域内颇有建树。本书各章节中融汇了他们多年的教学心得和研究成果。

第二，知识结构图谱，适合系统学习。

每一章都配有知识框架图，提纲挈领，对整章内容起到系统勾连的作用，方便学习者整体把握整章内容，系统学习各知识点，尤其方便考研备考的学生。

第三，课后题目详解，提供权威答案。

针对课后题，在结合《社会学概论新修（第四版）》教材的同时，参考其他经典社会学教材，给出了详尽的答案。

需要说明的一点是，考虑到社会研究方法也是各高校社会学考研的必考科目之一，我们计划专门出版《〈社会研究方法（第四版）〉学习笔记与课后题详解》，因此，本书未涉及《社会学概论新修（第四版）》第五章“社会学的研究方法”。其余各章则和第四版是一一对应的关系。

《社会学概论新修》各版是以郑杭生教授为核心的学术团队多年来辛勤耕耘和不懈探索的智力成果和思想结晶，其著作权毫无疑问属于该学术团队所独有，这也是整个学界所公认的事实，具有完全的合理合法性。该教材著作权受到法律的保护，未经学术团队授权，任何组织与个人不得通过该教材及相关产品谋取利益。然而，近年来，部分不法书商及不负责任的出版社，为了谋取不正当利益，在未经学术团队同意和授权的情况下，通过网络及其他渠道公开销售《郑杭生〈社会学概论新修〉（第 3 版）笔记和课后习题（含考研真题）详解》（非正式出版物）、《郑杭生〈社会学概论新修（精编版）〉笔记和课后习题（含考研真题）详解》（非正式出版物）以及《郑杭生〈社会学概论新修〉（第 4 版）笔记和课后习题（含考研真题）详解》（公开出版物）等。我们认为，这些不法行为不仅是对以郑杭生教授为核心的学术团队智力成果的公然剽窃，是对学术团队所享有的著作权的严重侵害，也是对出版伦理和商业道德的背弃与践踏。

《社会学概论新修》教材编写团队从未授权任何其他组织或个人编写与该书有关的各类辅导书，也从未授权除中国人民大学出版社以外的任何机构出版发行该类辅导书。

因此，我们也希望通过本书的出版，正本清源，能对莘莘学子的学习和深造提供真正有益的帮助。

中国人民大学出版社
2014 年 1 月 1 日

目录

第一编
社会运行概述

第一章

社会学的研究对象

【知识框架】

本章是本书的第一章，主要是让学习者对社会学这门学科的一些最基本的问题有一个整体的系统认识。本章主要谈的是社会学的一些元理论方面的问题，具体包括社会学的基本问题、研究对象，社会学的研究对象与社会学其他内容之间的关系，社会学与其他社会科学的联系与区别所在，社会学的具体功能，等等。

本章的知识框架如下。

- 社会学的研究对象
  - 一、社会学是关于社会良性运行和协调发展的条件和机制的综合性具体社会科学
    - （一）历史时代根据：时代根据、思想基础
    - （二）现实社会根据：社会运行和发展的类型
    - （三）社会运行的条件和机制作为社会学研究对象的中国特色：中国学术传统、中国社会现实运行、为中国现代化建设服务
    - （四）国内外对社会学研究对象的观点：国外学者观点、中国学者观点、本书的观点
    - （五）研究对象与研究领域的区别和联系
    - （六）社会学研究对象与社会学基本问题
      - 社会与个人的关系问题是社会学的基本问题
      - 从社会学的层次结构看社会学研究对象及其与社会学基本问题的联系
  - 二、社会学研究对象与社会学其他内容的关系
    - （一）关于社会运行微观分析和宏观分析的内容
    - （二）关于社会运行的问题与对策分析的内容
    - （三）关于社会运行研究方法的内容
    - （四）关于分科社会学的内容
  - 三、社会学的学科地位
    - （一）社会学学科地位的历史演变
    - （二）社会学与其他社会科学的关系
      - 社会学与历史唯物论的关系
      - 社会学与单科性社会科学的关系
      - 社会学与其他综合性社会科学的关系
      - 社会学与科学社会主义的关系
  - 四、社会学与社会
    - （一）社会学的社会功能
      - 科学理性功能
      - 人文价值功能
      - 服务建设功能
    - （二）转型中的中国社会和“理论自觉”中的中国社会学
      - 转型中的中国社会与成熟中的中国社会学
      - 中国社会的转型与中国社会学的“理论自觉”

【学习笔记与拓展知识】

“社会学”一词最早由法国哲学家、社会学家孔德在 1838 年出版的《实证哲学教程》第 4 卷中正式提出。

社会学是现代社会科学中从某种特有的角度，或侧重对社会，或侧重对作为社会主体的个人，或侧重对社会和个人的关系，进行综合性的研究，因而具有自己独特的对象和方法的学科。

一、社会学是关于社会良性运行和协调发展的条件和机制的综合性具体社会科学

社会学是关于社会良性运行和协调发展的条件和机制的综合性具体社会科学，简称“社会运行论”。

社会运行的条件和机制之所以能够成为社会学研究对象，主要依据有三点，即历史时代根据、现实社会根据及具有中国特色。

（一）历史时代根据

1. 时代根据

社会学在 19 世纪三四十年代产生，决定性的因素是时代的实践的要求。

英国产业革命和法国政治大革命带来两大社会变化和社会后果，突出了现代社会运行和发展的问题，即如何实现良性运行和协调发展、避免恶性运行和畸形发展的问题。

（1）社会从传统的封建社会转型为现代的资本主义社会。两大革命使社会从生产力到生产关系、从经济基础到上层建筑、从思想观念到政治制度都发生了变化。作为上述变化突出表现的工业化和都市化以及与此相联系的社会问题的产生，对社会学的产生有着直接的影响。在这个意义上可以说，社会学从一开始就是社会转型的产物。

（2）资本主义制度的确立，并没有建立起资产阶级启蒙思想家所预言的“理性的王国”，没有带来普遍的“自由、平等、博爱”，相反，却暴露出这一社会的许多弊病、祸害和恶性循环，如经济危机、贫富差距、劳资矛盾等。

种种社会运行和发展中的障碍和不协调，以极其鲜明的形式，提出了资本主义社会能否良性运行和协调发展的问题。从孔德开始的西方社会学传统和从马克思开始的马克思主义社会学传统，各自做出了不同的回答。

2. 思想基础

社会学的形成也有其思想资料作为基础。

(1) 历代思想家在其哲学、政治和伦理观点中包含的社会思想。孔德不仅受到柏拉图、亚里士多德、霍布斯等人的影响，而且还直接从孟德斯鸠关于历史和社会现象的决定论和孔多塞关于人类理性进步的必要阶段论中，引出他关于人类知识、关于政治形式，以及关于社会类型的各个三阶段论。在中国，严复把社会学翻译为“群学”，就是受到荀子关于“人生不能无群”等思想的启示。

(2) 从康德到黑格尔的德国古典哲学，以亚当·斯密和大卫·李嘉图为代表的英国古典经济学，以傅立叶特别是圣西门为代表的法国空想社会主义，是马克思主义的三个来源，也是其社会学的思想来源。西方社会学中的反实证主义思潮受到德国古典哲学传统以及社会科学历史学派的影响。韦伯的社会学既受德国人文科学观点的影响，又受英法实证主义的影响。

(3) 自然科学成就及其方法的影响。细胞、能量守恒和转化规律、生物进化等三大发现，既是马克思主义产生的自然科学基础，也促进了以孔德、斯宾塞等人为代表的用进化论解释社会变迁、用自然科学方法研究社会的实证主义思潮的发展和盛行。

(4) 17—19 世纪的早期社会统计调查和定量分析。它为社会学积累了有关人口、商业、男女性比例、自杀率等的经验观察材料，也为形成社会学的调查研究方法，特别是为社会学成为一门不同于过去思辨的社会哲学的实证社会科学起了推动作用。涂尔干的《论自杀》明显地表现出这一点。

(二) 现实社会根据

1. 社会运行和发展的类型

社会的运行和发展大体可以分为三种类型：良性运行、中性运行和恶性运行，协调发展、模糊发展和畸形发展。

社会的良性运行和协调发展，是指特定社会的经济、政治、思想文化和社会生活四大系统之间以及各系统内不同部分、不同层次之间的相互促进，而社会障碍、失调等因素被控制在最小的限度和最小的范围之内，是社会运行和发展的理想模式。社会的良性运行和协调发展因程度不同而表现出多样性。我国在 20 世纪 50 年代前期处在一种初级的良性运行和协调发展的状态。

社会的中性运行和模糊发展，是指社会运行有障碍，发展不甚平衡，包含较多较明显的不协调因素，但它们还未危害、破坏社会的常态运行，也可称作有障碍的常态运行。总体上，我国 1957—1959 年、1962—1966 年“文化大革命”之前的时期，就处于这种状态。

社会的恶性运行和畸形发展，是指社会运行发生严重障碍、离轨、失控。1959—1961 年三年困难时期和“文化大革命”时期就处于这种状态。

无论是从宏观还是微观上看，社会主义社会从根本上、总体上是能够良性运行和协调发展的，这是因为社会主义经济以生产资料的公有制为基础，它与生产的社会化是一致的。

2. 对社会学研究对象这一定义中关键词的理解

“社会”，主要指现代社会，即资本主义社会和社会主义社会以及将来的共产主义社会。在当代中国，“社会”具体指“快速转型中的中国社会”及与之不断互动的“全球化进程中的世界社会”。

“具体科学”，表明社会学不是哲学科学，而是对社会系统进行有社会学理论视野的、理论与经验相结合的研究的具体科学。

“综合性”，表明社会学是以别的具体社会科学都涉及但不做专门研究的东西为对象的。

“条件”，指社会良性运行和协调发展所需要的主要的内外部条件，即人口条件、生态环境条件、经济条件、政治条件、文化与心理条件。还有对我国社会运行产生特殊影响的内外两个条件，即社会转型和迟发展的双重效应。

“机制”，指社会良性运行和协调发展的带规律性的模式。它可以有多种划分方式。

条件和机制的区分是相对的，因此上述定义也可表述为“社会学是关于社会良性运行和协调发展的规律性的综合性具体社会科学”。

（三）中国特色

（1）与中国历史上的学术传统密切相关。社会运行的研究在一定程度上受到中国学术传统长期以来看待社会历史的角度的影响，这个角度就是注重考察社会的治乱兴衰。在中国传统的史学中，一部中国历史就是社会治乱兴衰的历史。严复在《群学肄言》的序言中把社会学看做一门研究社会治和乱、兴和衰的原因，揭示社会达到治的方法或规律的学问。本书定义直接受到严复观点的启发，但有了某种创新。

（2）与新中国成立以来的现实社会运行密切相关。正是对新中国成立以来社会运行状况，特别是对“文化大革命”期间恶性运行状况的反思，再加上严复的具有中国学术传统色彩的社会学定义的启发，使我们形成了对社会学研究对象的定义，提出了社会运行论。

（3）本书的这种定义能够有效地为中国社会主义建设事业、改革开放服务，为构建和谐社会服务。

（四）国内外对社会学研究对象的观点及分类

1. 国外对社会学研究对象的观点及其分类

第一类侧重以社会及社会现象为研究对象，主要代表为孔德、斯宾塞、涂尔干等人，形成社会学中的实证主义路线。

第二类侧重以个人及其社会行动为研究对象，主要代表为韦伯等人，形成社会学中的反实证主义路线。

第三类为不属于这两大类的其他社会学定义。

2. 中国社会学界100多年来对社会学研究对象的观点

(1) 侧重以社会为研究对象。代表性观点有：

一是认为社会学是用科学方法研究社会的治和乱、兴和衰的原因，揭示社会由以达到治的方法和规律的学问。以严复为代表，80多年后，郑杭生对之进行继承和发展。

二是认为社会学与历史唯物论一样是研究社会发展普遍规律的。1949年以前，中国的马克思主义社会学者李大钊、瞿秋白、李达、许德珩、陈翰笙等均持此种观点。

三是认为社会学是研究社会整体及其规律性的。以费孝通和陆学艺为代表。

(2) 侧重以个人及其社会行为为研究对象。新中国成立前，该观点主要以孙本文为代表，持相似观点的还有中国台湾学者龙冠海以及1978年后中国大陆学者如杨心恒、庞树奇。

(3) 不属于上述两种类型的观点，有代表性的有“剩余说”、“学群说”、“调查说”、“问题说”、“未定说”。

3. 正确把握社会学的研究对象问题

(1) 应当肯定，社会学是有独特对象的。社会学实际上是以别的具体社会科学都涉及但不做专门研究的东西为研究对象的，社会学家们都自觉不自觉地在寻找这个东西，都有意识无意识地在沿着这条路探索。

(2) 社会学研究对象问题上的众说纷纭，正是对那个“别的具体社会科学都涉及但不做专门研究的东西”进行多方面的、积极的探索的表现，是社会学从不成熟走向成熟过程中的必然现象。

(3) 在对社会学研究对象的理解上不应强求一致。可以根据自己的理解去判断、去比较哪一个或哪一些定义结合中国国情较好，能够提供社会学的视角，有利于把握社会学的内容，能够较好地做到理论上前后一贯。

(五) 研究对象与研究领域的区别和联系

1. 区别

研究对象是一门学科所以成为该学科的本质规定，即规律性。社会学要从自己特有的视角揭示其中的社会运行和发展的规律性，特别是良性运行和协调发展的机制和条件。研究对象作为该学科的本质规定，也是该学科的根本规范；而研究领域则是指一门学科研究所涉及的范围。

2. 联系

不同的研究领域中确实存在着社会学的研究对象，这就是别的具体社会科学都涉及但不做专门研究的东西，社会学的研究对象是对不同领域中存在的规律性的理论概括。

从学科“研究领域”与学科“研究对象”的关系中还可以看出，理论范域的多变形态和研究对象的恒久指向的关系，以及它们所体现的双重逻辑：知识自我更新的逻辑和知识积累传承的逻辑。具体而言就是，社会学的理论范域，可以看作通过变换多样的理论策略对现代性的具体过程及其特质做出的回应；社会学的研究对象，则恒久不变地指向现代社会生活的实质和规律，对社会运行和发展的条件与机制进行坚持不懈的探索。这一双重逻辑贯穿在社会学的整个结构和过程之中，构成了对社会学本身进行理解和反省的根本方式。

（六）社会学研究对象与社会学基本问题

1. 社会与个人的关系问题是社会学的基本问题

个人与社会的关系，或者说，社会与个人的关系，是指两者互生、互动的过程，而不是那种僵死的二元对立的关系。

从理论和现实来看，个人与社会的关系问题是社会学的基本问题。

从理论上说，这个问题贯穿于社会学的各个层次、各个方面，是每个社会学家都在自觉不自觉地解决的问题。

第一，定义社会学的对象或侧重社会，或侧重个人，都离不开两者的关系问题；

第二，区别社会学的学派，如唯实论和唯名论、实证论和反实证论、整体论和个体论等，都是根据这个问题来划分的；

第三，确定社会学的属性，如宏观社会学和微观社会学，也是以这个问题为准绳的；

第四，社会学的主要内容，无一不直接、间接地包含着或体现着个人与社会的关系问题，个人与社会的关系问题是社会学发展的根本线索。

从现实上说，这个问题也贯穿在实际社会生活的各个层次、各个方面，是每个社会成员都在自觉不自觉地回答的问题。

一个社会要正常运行，个人与社会，具体说来，就是个人利益与社会利益、个人自由与社会秩序、个性发展与社会需求，必须保持适度平衡。过分强调个人，或者过分强调社会，不是引起社会无序，便是造成社会缺乏生机，引发种种社会问题与不协调。个人与社会关系的问题处理得正确，社会的动力机制、整合机制、激励机制、控制机制、保障机制才能良性运转，个人才能对社会做出更大的贡献，个人也才能真正获得幸福。

由上可见，个人与社会的关系问题不仅是贯穿社会学各个层次、各个方面的中轴，而且也是社会实际发展的中轴。

2. 从社会学的层次结构看社会学研究对象及其与社会学基本问题的联系

(1) 社会学学科的层次结构大体由三个层次组成：

社会学基本问题层次，即学科的"元问题"层次，也即作为社会学与哲学联结点的社会哲学层次；

社会学研究对象问题层次，即学科的"本问题"中的总问题层次，也即作为综合性具体科学的社会学层次；

社会学范畴问题层次，即学科的"本问题"中的分问题层次，也即作为社会学历史地形成的概念内容的层次。

这三个层次是一般、特殊和个别的关系，或者说是一般性、特殊性和个别性的关系。从社会学的层次结构来看，个人与社会关系之所以基本，是因为它处在元层次，并贯穿于"本问题"中的总问题层次和分问题层次。

(2) 从社会学学科层次结构中的第二层级定义社会学是合理的，具体理由如下：

第一，用第一层次即用社会学基本问题层次给社会学下定义，混淆了社会学学科的不同层次，混淆了第一层次与第二层次的问题，社会学基本问题不同于社会学对象问题；研究对象的理论前提与研究对象本身不能混淆，将它们合二为一是将社会学学科的"元问题"混同于它的"本问题"中的总问题，将一般性混同于它的特殊性。说"社会学是研究个人与社会的关系的"，这在社会哲学层次上是对的，但它却没有在社会学作为综合性具体科学的层次上具体回答社会学的对象问题。因此，第一个层次不是合适的给社会学下定义的层次。

第二，用第三层次给社会学下定义也不妥。如把"社会行为和制度文化"作为社会学研究对象。社会学当然要研究"社会行为和制度文化"，但它们只有与特殊的社会性视角和规律性相联系时，才是社会学研究的东西。社会行为和制度文化其实是外延很广的概念，其中的"社会行为"本身就是多门社会科学的研究视域。问题仍然是：社会学研究"社会行为和制度文化"及其相互关系的特殊视角是什么？要揭示其中何种特殊的规律性？从方法论上说，只要把反映某一具体社会现象的范畴作为研究对象，都会碰到这样的问题。

第三，用第二层次对社会学下定义是合适的。第二层次作为特殊层次，是联系第一层次和第三层次的纽带。只有处在第二层次，才能满足一个合适的社会学定义至少应当达到的五个方面的要求：

一是它把个人与社会的关系，具体化为社会运行状况和类型与社会成员利益和前途的关系，这两者通过各种机制和条件连接起来。

二是它较为合适地规定社会学的本质属性，体现出社会学的性质是一门综合性的具体科学。

三是它既是个人与社会的关系在下一层次的贯彻，又是它的具体化，从而体现出社会学与社会哲学层次的联系和区别。

四是它是其他社会科学都涉及但不做专门研究的东西。因此，体现了社会学与其他社会科学的联系和区别。

五是它还体现了社会学对象与社会学各大范畴的联系与区别。一方面，它作为一根贯串于其中的线索，把各个概念整合成为一个前后有序的学科内容体系；另一方面，各个范畴又作为具体的社会良性运行和协调发展与协调发展的条件和机制发挥着自己的作用。

总之，作为本问题、特殊层次，它将元问题和一般层次具体化了；作为本问题中的总问题，它又贯串于各个子问题之中，成为社会学历史地形成的内容的总纲。

二、社会学研究对象与社会学其他内容的关系

社会学历史地形成的研究领域和范围，分为理论社会学和应用社会学。

理论社会学的范围大体包括“论”、“史”、“法”三个方面。“论”，包括元理论或本理论，既指社会学理论，又指社会理论。“史”，主要是社会思想史和社会学史，也涉及社会史等。“法”，主要指方法论层次，包括提供分析问题的视角、切入点、思考方式等。这三方面是相互联系的。无史之论是没有底蕴的；无论之史只是史料的堆砌；论所提供的社会学视角，往往具有方法论意义。相对来说，在“论”、“史”、“法”三个方面中，“论”，即社会学理论，占有中心地位。

社会学理论大体可以分为三类：第一，有关着重从正向探讨社会良性运行和协调发展的条件和机制的内容；第二，有关着重从反向探讨有效地消除妨碍社会良性运行和协调发展的因素及其对策的内容；第三，有关研究社会良性运行和协调发展、避免恶性运行和畸形发展的方法和手段的内容。

应用社会学则由众多的分科社会学，例如政治社会学、经济社会学、教育社会学等构成。

（一）关于社会运行微观分析和宏观分析的内容

这方面的内容大体有人的社会化、社会互动、社会角色、基本群体、家庭婚姻与性，社会组织、社会分层与社会流动、社会制度、社区，社会变迁与现代化等。

人的社会化以及个体化、社会角色、社会互动、基本群体、家庭婚姻与性，主要是对社会良性运行和协调发展的条件和机制的“细胞”分析或微观分析，社会组织、社会分层与社会流动、社会制度、社区等，则是对社会良性运行规律性的“骨骼分析”或宏观分析。

所有上述内容主要都是对社会良性运行规律性的静态分析，社会变迁与现代化、社会运动则是对它的动态分析。

（二）关于社会运行的问题与对策分析的内容

这方面的内容大体有社会问题、社会越轨、社会控制、社会工作与社会保障等。

（三）关于社会运行研究方法的内容

社会学调查研究方法和社会指标及其体系，是研究实现社会良性运行和协调发展、避免恶性运行和畸形发展的主要途径。

社会学调查，是指在社会学理论指导下，运用社会学的研究程序和方法，进行资料的汇集和整理，从而得出较为科学的认识和具体工作建议的一套实践活动。

社会学调查，就使用的方法来说，常见的有：客体观察法（参与观察法和非参与观察法）、典型调查法、统计调查法［全面调查（即普查）与抽样调查，抽样调查又可分为随机抽样和非随机抽样］、文献分析法（传统分析法和量化分析法）、问卷法（结构式问卷、非结构式问卷及兼有前二者特点的混合型问卷）。

社会指标是衡量社会运行和发展过程的综合的质量和数量的标准。常用的社会指标有：描述性指标和评价性指标，观察性指标和计划性指标，投入指标、生产量指标与产出指标，肯定指标、否定指标和中性指标，客观指标和主观指标，经济指标和非经济指标。

社会指标体系是指为综合反映和说明社会或社会某一方面的状况而设计的一组具有内在联系的社会指标。建立社会指标体系主要有三种方式：根据官方机构的相应分类而建立的规划性社会指标体系、根据社会目标建立的社会指标体系、根据某种理论建立起来的社会指标体系。

（四）关于分科社会学的内容

按照前述定义来理解社会学的研究对象，也能够为各分科社会学提供社会学的角度，从而能够较清楚地说明各分科社会学的含义，以及它们与社会学、与相关学科的区别。贯串众多分科社会学的仍然是社会良性运行和协调发展的条件和机制这根主线。

有了社会良性运行和协调发展的条件和机制这根主线，就有利于缓解目前社会学定义众多，但每个定义又都无法说服人的令人莫衷一是的局面，有利于纠正一些模糊的、不确切的、片面的说法。该定义既避免了“定义过宽”的缺点，又避免了“定义过窄”的不足；既是简单明确的，又是无损全面性的；既能较好体现社会学的总的精神和宗旨，又能贯串它的全部内容。

有了社会良性运行和协调发展的条件和机制这根主线，也就有了什么是社会学研究的明确的鉴别标准。

有了社会良性运行和协调发展的条件和机制这根主线，也使我们能够具体地而不是笼统地理解社会学研究的特点：整体性、综合性。这是一种有关社会良性运行和协调发展的整体性和综合性，有别于其他的整体性和综合性如哲学和经济学的整体性和综合性等等。

三、社会学的学科地位

（一）社会学学科地位的历史演变

孙本文概括了社会学学科地位的种种观点，大体上反映了这个问题的历史演变过程。

第一，“总和说”，即把社会学和各门社会科学的关系看做整体和部分的关系。

第二，“综合说”，即认为社会学是将各门社会科学的成果从社会整体的角度加以综合得出的。

第三，“普遍说”，即认为社会学的原理具有普遍性，适用于一切社会现象，各门社会科学的原理则只有特殊性，仅适用于特殊的社会现象。这仍然没有摆脱社会哲学的色彩。

第四，“平等说”，即认为社会学与其他社会科学一样，都研究社会生活现象的一个方面。

第五，“共通说”。孙本文于20世纪30年代在总结前人观点的基础上，提出了自己对社会学地位的看法：“社会学是研究社会生活现象的共通原理，此种社会生活现象的共通原理——社会行为原理——为社会生活现象的一部分，而关于部分的社会现象，故社会学为一种普通的社会科学。”

20世纪70年代，中国台湾学者魏镛提出了一种以人为中心的社会科学分类，认为社会学与其他社会科学处在并列的地位；认为社会学是从人类的群居生活中去研究人，而政治学、心理学、历史学、文化人类学等则是分别从人类的权力关系、人类的思想、人类的“记忆”、人类的生活方式等方面去研究人。

郑杭生在20世纪80年代中期提出了一种与上述观点不完全相同的看法：把全部社会科学分为一般、特殊和个别三个层次。属于第一层次的是像历史唯物论这样的哲学科学；属于第二层次的是社会学、历史学这样的综合性社会科学；属于第三层次的是经济学、政治学、教育学、法学等专门社会科学。

（二）社会学与其他社会科学的关系

1. 社会学与历史唯物论的关系

社会学和历史唯物论的关系，是具体的社会科学与哲学科学的关系，是特殊与一般的关系。

（1）从对象上看，历史唯物论研究社会发展的一般规律，社会学则研究社会良性运行和协调发展的条件和机制的特殊规律。

（2）从科学层次上看，历史唯物论是对包括社会学在内的各门社会科学知识的概括和总结。社会学在历史唯物论的指导下，从社会良性运行和协调发展的特殊角度对其他社会科学进行概括和总结。

（3）从作用上看，历史唯物论是考察整个社会的具有普遍意义的世界观和方法论，社会学则着眼于从社会良性运行和协调发展的特殊观点研究社会。正由于历史唯物论与社会学是一般和特殊的关系，因此它们在理论上是指导与被指导的关系。

把历史唯物论和社会学的关系确定为一般和特殊的关系，就能理解在二者的关系上为什么"否定论"、"等同论"、"代替论"、"部分否定论"等统统都是错误的。历史经验表明，在苏联、东欧，在我国，明确历史唯物论和社会学的联系和区别极为重要，甚至可以说，这一点是社会学得以顺利发展的意识形态上的前提条件。

2. 社会学与单科性社会科学的关系

社会学和政治学、经济学、教育学、心理学、法学等具体社会科学的关系，是综合性科学与单科性科学的关系。社会学所研究的社会良性运行和协调发展的条件和机制涉及社会整体及其与各个组成部分，以及各个部分、各个层次之间的关系；用系统论的术语来说，涉及整个社会系统，系统与各子系统，以及各子系统、各层次之间的关系。具体社会科学所研究的对象，则比较单纯，只涉及各有关子系统内部的规律，不具有社会学那样的综合性。但是二者又有联系，这就是每个子系统内部各因素之间也有一个良性运行和协调发展的问题。在这个意义上，社会学与政治学等具体社会科学的关系，是特殊与个别的关系。

这样，我们就把全部社会科学大致分为三个层次：第一层次是哲学科学（历史唯物论）——一般，第二层次是综合性的社会科学（社会学、历史学等）——特殊，第三层次是单科性的社会科学（政治学、经济学、教育学、心理学、法学等）——个别。社会学既是哲学和单科性社会科学之间的中介，又和其他社会科学一起成为哲学与社会现实之间的中介。

3. 社会学与其他综合性社会科学的关系

社会学与其他综合性社会科学如历史学、管理学的关系，是特殊与特殊的关系。

4. 社会学与科学社会主义的关系

区别：

（1）角度不同。科学社会主义从无产阶级解放的条件这样的政治学角度来研究资本主义社会和社会主义社会；马克思主义社会学则从社会良性运行和协调发展的条件和机制这样的社会学角度来研究资本主义社会和社会主义社会。

（2）学科性质和层次不同。科学社会主义作为马克思主义的政治学属于单科性学科，社会学则是综合性的学科，但是这绝不是说二者之间存在什么从属关系、包容关系。

联系：

它们的目的一样，都是为了推翻旧社会，建立新社会；它们的理论基础一样，都以历史唯物主义作为指导思想。它们作为两门从不同的角度来研究资本主义社会和社会主义社会的独立学科，必须是相互补充、相互促进的。

四、社会学与社会

（一）社会学的社会功能

1. 科学理性功能

社会学的科学理性功能集中表现在它是认识和改造现代社会的有效的工具上。

就认识社会来说，社会学的作用主要表现在：

第一，向人们提供科学的社会知识，告诉人们社会现象是什么（描述）、为什么是这样（解释）、将来怎样变化（预测）。

第二，社会学不仅提供现成的社会知识，而且通过提供社会学的视角和方法，帮助人们认识新的社会现象、社会问题，获得新的社会知识。

第三，社会学在认识社会方面的一个特点和优势是，它不仅定性地研究社会现象和社会问题，而且能够对社会现象和社会问题可以量化的方面，进行定量的研究。

就改造社会来说，社会学的作用则主要表现在：

第一，社会学在帮助人们掌握科学的社会知识的基础上，进而帮助人们在维护和改善现存社会结构和社会制度、改革不利于社会发展的社会体制方面避免盲目性，增强自觉性，使自己的社会行动更加合理，更加符合规律性。

第二，社会学以自己的研究成果，对科学地管理社会和制定正确的社会政策提供有根据的、经过论证的实际建议，为改革开放服务，为社会弱势群体共享社会发展成果服务，为多方面促进社会和谐服务，从而促进社会的良性运行和协调发展。

2. 人文价值功能

社会学不仅有认识社会、改造社会的科学理性功能，而且还有增促社会进步、减缩社会代价的人文价值功能。“增促社会进步、减缩社会代价”是社会学的深层理念。

所谓“增促社会进步”，就是增加和促进社会的协调发展、可持续发展以及社会成员个人的全面发展。所谓“减缩社会代价”，很重要的一个方面就是保障社会弱势群体的基本生活，维护社会弱者的基本权益，尊重他们的人格尊严，千方百计地让他们共享社会发展、社会进步的成果。减缩社会代价的另一个方面就是指社会代价尽管是不可避免的，但人们可以研究把代价减少到最低限度、缩小到最小范围的途径和办法。

社会快速转型期的一个鲜明特点，就是社会优化与社会问题并生、社会进步和社会代价共存。构建和谐社会、贯彻科学发展观的目的，就是要最大限度地促进社会进步，并把代价减少到最低限度、缩小到最小范围；而构建和谐社会、贯彻科学发展观的过程，实际上就是一个不断增促社会进步、减缩社会代价的过程。

社会学历史地形成的范畴，不论是正向研究良性运行、协调发展的范畴，还是反向研究如何避免恶性运行和畸形发展的范畴，都不仅贯穿着认识社会、改造社会的科学理性精神，而且贯穿着增促社会进步、减缩社会代价的人文价值精神。

3. 服务建设功能

社会学能够为改革开放和社会和谐提供学理支撑。

社会良性运行和协调发展的社会学角度，在构建和谐社会的背景下，也使我们更进一步理解改革与和谐的关系。它需要我们更新深层理念，调整社会结构，转变社会功能，重建社会信任。

（二）转型中的中国社会和“理论自觉”中的中国社会学

1. 转型中的中国社会与成熟中的中国社会学

当前中国社会正处在向社会主义现代化转型的加速期，其特点除了速度大大加快外，广度、深度和难度等都空前未有（见表 1—1）。

表 1—1　　中国社会转型度在不同时期的表现

转型度＼阶段	第一阶段（1840—1949 年）	第二阶段（1949—1978 年）	第三阶段（1978 年至今）
速度	慢速	中速	快速
广度	片面	相对片面	全面
深度	表层	较深层	深层
难度	军事上的难	建设上的难	利益大调整的难＋建设上的难
向度	寻求资本主义现代化道路和模式	接受苏联式社会主义现代化道路和模式	探索中国特色社会主义现代化道路和模式

2. 中国社会的转型与中国社会学的“理论自觉”

受到费孝通先生“文化自觉”启发而提出的“中国社会学理论自觉”的命题，对增强中国社会学界的学术主体性、增强民族自信心起了并且还会继续起巨大的作用。

我国社会转型加速期的社会现实、我国社会建设的巨大社会需要，为社会学发展提供了前所未有的历史性巨大舞台和现实性宝贵资源。但是如果没有“理论自觉”，如果还是用西方的观点、西方的理论来解释中国社会的巨变，还是在西方的笼子中跳舞，那么，这种前所未有的历史性巨大舞台和现实性宝贵资源不过是西方的观点、西方的理论的某种案例、某种例证。

应通过这种前所未有的历史性巨大舞台和现实性宝贵资源，创造自己的理论、自己的学术话语，为世界社会学增添我们中国社会学者自己的创造。这也符合中国社会在中国共产党领导下正在从地区性大国转变为全球性大国和强国的趋势。社会转型快速期的种种社会现象、社会事实、社会过程，无疑是我们社会学科和社会学界共同的水之源、木之本，但是这个水之源、木之本只属于有“理论自觉”的学者，而不属于那种对西方理论亦步亦趋、照抄照搬的持“边陲思维”的人们，因为他们把本来的源变成了流，把本来的本变成了末，成了源流错位、本末倒置。

【课后题详解】

1. 社会学这门学科是如何产生的？

社会学在19世纪三四十年代产生，决定性的因素是时代的实践的要求。正如恩格斯深刻指出的那样：“一切划时代的体系的真正的内容都是由于产生这些体系的那个时期的需要而形成起来的。”① 因此，揭示社会学独特对象的根本途径，就是要说明这个决定社会学产生的时代的需要。

（1）两大革命是社会学产生的历史时代根据。

第一，社会从传统的封建社会转型为现代的资本主义社会，两大革命使社会从生产力到生产关系、从经济基础到上层建筑、从思想观念到政治制度都发生了变化。作为上述变化突出表现的工业化和都市化以及与此相联系的社会问题的产生，对社会学的产生有着直接的影响。在这个意义上可以说，社会学从一开始就是社会转型的产物。

第二，资本主义制度的确立，并没有带来普遍的“自由、平等、博爱”，相反却越来越暴露出这一社会的许多弊病、祸害和恶性循环，如经济危机、贫富差距、劳资矛盾等。这些社会运行和发展中的障碍和不协调，提出了资本主义社会能否良性运行和协调发展的问题。作为时代的实践要求的社会运行和发展的问题，特别是社会良性运行和协调发展的问题，就是这样提出来的。

（2）思想材料在形成社会学过程中的重要作用。

第一，历代思想家在其哲学、政治和伦理观点中包含的社会思想。如孔德不

① 《马克思恩格斯全集》，中文1版，第3卷，544页，北京，人民出版社，1960。

仅受到柏拉图、亚里士多德、霍布斯等人的影响，而且还直接从孟德鸠斯关于历史和社会现象的决定论和孔多塞关于人类理性进步的必要阶段论中，引出他关于人类知识、关于政治形式，以及关于社会类型的各个三阶段论。在中国，严复把社会学翻译为“群学”，就是受到荀子关于“人生不能无群”等思想的启示。

第二，从康德到黑格尔的德国古典哲学，以亚当·斯密和大卫·李嘉图为代表的英国古典经济学，以傅立叶特别是圣西门为代表的法国空想社会主义，是整个马克思主义的三个来源，当然也是其社会学的思想来源。西方社会学中的反实证主义思潮也受到德国古典哲学传统以及社会科学历史学派的影响。韦伯的社会学既受德国人文科学观点的影响，又受英法实证主义的影响。

第三，自然科学成就及其方法的影响。细胞、能量守恒和转化规律、生物进化等三大发现，既是马克思主义产生的自然科学基础，也促进了以孔德、斯宾塞等人为代表的用进化论解释社会变迁、用自然科学方法研究社会的实证主义思潮的发展和盛行。

第四，17—19 世纪的早期社会统计调查和定量分析。它们为社会学积累了有关人口、商业、男女性比例、自杀率等的经验观察材料，也为形成社会学的调查研究方法，特别是为社会学成为一门不同于过去思辨的社会哲学的实证社会科学起了推动作用。涂尔干的《论自杀》明显地表现出这一点。

2. 什么是社会学的研究对象？如何正确加以把握？

对于社会学的研究对象，一百多年来并无定论。

(1) 国外对社会学研究对象的观点及其分类。

孙本文在《社会学原理》一书中曾系统介绍过从 19 世纪中叶起到 20 世纪 30 年代初国外对社会学研究对象的观点，归纳起来看，社会学的研究对象分为以下三类。

第一类侧重以社会及社会现象为研究对象。这种观点在西方社会学传统中的主要代表为孔德、斯宾塞、涂尔干等人，形成社会学中的实证主义路线。

第二类侧重以个人及其社会行动为研究对象。这种观点在西方社会学传统中的主要代表为韦伯等人，形成社会学中的反实证主义路线。属于马克思主义社会学传统的学者赞成马克思的下述观点：个人是社会的存在物，应当避免把“社会”当做抽象的东西同个人对立起来；反之，社会又是人们交互作用的产物，是各个人借以生产的社会关系的总和。

至于不属于这两大类的其他社会学定义可以看做是第三大类，其中有些观点影响不小，但都没有成为社会学发展的主流。

(2) 100 多年来国内对社会学研究对象的观点。

按照上述分类，中国社会学界大体有如下几种观点：

一是侧重以社会为研究对象。代表性观点有：第一，认为社会学是用科学方法研究社会的治和乱、盛和衰的原因，揭示社会由以达到治的方法和规律的学问；

第二，认为社会学与历史唯物论一样是研究社会发展普遍规律的；第三，认为社会学研究社会整体及其规律性。

二是侧重以个人及其社会行为为研究对象。第一，新中国成立前主要以孙本文为代表，他从芝加哥互动学派心理行为理论出发，认为适当的定义是：以社会学为研究社会行为的科学。第二，台湾学者龙冠海也认为社会学的主要旨趣是在社会互动或社会关系中的人。第三，1979年后，有的学者认为社会学是研究人们的社会性行为规律的科学（杨心恒等），有的认为社会学应该着重研究人的社会活动的固定化过程和固定化形式（庞树奇）。

三是第三种类型的观点，其代表性意见有：第一，“剩余说”，即认为社会学是一门“剩余社会科学”，它的研究对象是其他社会科学不研究的“剩余领域”；第二，“学群说”，即认为社会学“是一群科学，一个科学群”；第三，“调查说”，即认为社会学是关于社会调查研究的学科；第四，“问题说”，即认为社会学是研究社会问题的；第五，“未定说”，即认为社会学的对象现在还没有确定。

(3) 正确把握社会学的对象问题。

第一，应当肯定，社会学是有独特对象的，否定这一点是不对的。社会学实际上是以别的具体社会科学都涉及但又不做专门研究的东西为对象的；社会学家们都自觉不自觉地在寻找这个东西，都有意识无意识地在沿着这条路探索。所以不论他们的观点和方法有多大差别，在研究实践中仍然会走到一起来。

第二，社会学对象问题上的众说纷纭，正是对那个“别的具体社会科学都涉及但不做专门研究的东西”多方面的、积极的探索的表现，是社会学从不成熟走向成熟过程中的必然现象。

第三，对社会对象的理解不应强求一致。读者完全可以根据自己的理解去判断、去比较哪一个或哪一些定义结合中国国情较好，能够提供社会学的视角，能够易于把握社会学的内容，能够较好地做到理论上前后一贯。

3. 如何理解社会学与其他社会科学的关系？

(1) 社会学与历史唯物论的关系。

社会学和历史唯物论的关系，是具体的社会科学与哲学科学的关系，是特殊与一般的关系。第一，从对象上看，历史唯物论研究社会发展的一般规律，社会学则研究社会良性运行和协调发展的条件和机制的特殊规律。第二，从科学层次上看，历史唯物论是对包括社会学在内的各门社会科学知识的概括和总结。社会学在历史唯物论的指导下，从社会良性运行和协调发展的特殊角度对其他社会科学进行概括和总结。第三，从作用上看，历史唯物论是考察整个社会的具有普遍意义的世界观和方法论，社会学则着眼于从社会良性运行和协调发展的特殊观点研究社会。正由于历史唯物论与社会学是一般和特殊的关系，因此它们在理论上是指导与被指导的关系。

把历史唯物论和社会学的关系确定为一般和特殊的关系，我们就能理解在二者的关系上为什么“否定论”、“等同论”、“代替论”、“部分否定论”等统统都是错误的。历史经验表明，在苏联、东欧，在我国，明确历史唯物论和社会学的联系和区别极为重要，甚至可以说，这一点是社会学得以顺利发展的意识形态上的前提条件。

（2）社会学与单科性社会科学的关系。

社会学和政治学、经济学、教育学、心理学、法学等具体社会科学的关系，是综合性科学与单科性科学的关系。社会学所研究的社会良性运行和协调发展的条件和机制涉及社会整体及其与各个组成部分，以及各个部分、各个层次之间的关系；用系统论的术语来说，涉及整个社会系统，系统与各子系统，以及各子系统、各层次之间的关系。具体社会科学所研究的对象，则比较单纯，只涉及各有关子系统内部的规律，不具有社会学那样的综合性。这是社会学与政治学等社会科学的区别。

但是二者又有联系，这就是每个子系统内部各因素之间也有一个良性运行和协调发展的问题。在这个意义上，社会学与政治学等具体社会科学的关系，是特殊与个别的关系。

（3）社会学与其他综合性社会科学的关系。

社会学与其他综合性社会科学如历史学、管理学的关系，是特殊与特殊的关系。

第一，历史学和社会学的区别。

一是历史学面向过去，社会学则面向现在和将来；二是历史学研究各个社会的发生、发展、衰落、灭亡的规律，尽管也研究社会的横断面，但研究横断面是为了纵向地说明社会，因此历史学主要是一种纵向科学；社会学研究社会良性运行和协调发展的条件和机制，尽管也研究社会的纵剖面，但研究纵剖面是为了横向地说明现实社会，因此社会学主要是一种横向科学。

第二，管理学与社会学的区别。

与社会学最接近的是管理学，有的学者甚至认为社会学就是社会管理学。管理学侧重从管理的主体——管理者、领导人——方面来研究问题。社会学当然也要研究人，但社会学研究人、人与社会、人与人的关系等主要是为了客观地说明社会良性运行和协调发展的不以个人意志为转移的条件和机制。所以管理学与社会学研究的侧重点是不同的。

（4）社会学与科学社会主义的关系。

区别：

第一，角度不同。科学社会主义从无产阶级解放的条件这样的政治学角度来研究资本主义社会和社会主义社会；马克思主义社会学则从社会良性运行和协调发展的条件和机制这样的社会学角度来研究资本主义社会和社会主义社会。

第二，学科性质和层次不同。科学社会主义作为马克思主义的政治学属于单科性学科，社会学则是综合性的学科，但是这绝不是说二者之间存在什么从属关系、包容关系。

联系：

它们的目的一样，都是为了推翻旧社会，建立新社会；它们的理论基础一样，都以历史唯物主义作为指导思想。它们作为两门从不同的角度来研究资本主义社会和社会主义社会的独立学科，必须是相互补充、相互促进的。

这样，就把全部社会科学大致分为三个层次：第一层次是哲学科学（历史唯物论）——一般，第二层次是综合性的社会科学（社会学、历史学等）——特殊，第三层次是单科性的社会科学（政治学、经济学、教育学、心理学、法学等）——个别。社会学既是哲学和单科性社会科学之间的中介，又和其他社会科学一起成为哲学与社会现实之间的中介。

4. 社会学如何为社会实践服务？

（1）科学理性功能。

社会学的科学理性功能集中表现在它是认识和改造现代社会的有效的工具上。

就认识社会来说，社会学的作用主要表现在：

第一，向人们提供科学的社会知识，告诉人们社会现象是什么（描述）、为什么是这样（解释）、将来怎样变化（预测）。

第二，社会学不仅提供现成的社会知识，而且通过提供社会学的视角和方法，帮助人们认识新的社会现象、社会问题，获得新的社会知识。

第三，社会学在认识社会方面的一个特点和优势是，它不仅定性地研究社会现象和社会问题，而且能够对社会现象和社会问题可以量化的方面，进行定量的研究。

就改造社会来说，社会学的作用则主要表现在：

第一，社会学在帮助人们掌握科学的社会知识的基础上，进而帮助人们在维护和改善现存社会结构和社会制度、改革不利于社会发展的社会体制方面避免盲目性，增强自觉性，使自己的社会行动更加合理，更加符合规律性。

第二，社会学以自己的研究成果，对科学地管理社会和制定正确的社会政策提供有根据的、经过论证的实际建议，为改革开放服务，为社会弱势群体共享社会发展成果服务，为多方面促进社会和谐服务，从而促进社会的良性运行和协调发展。

（2）人文价值功能。

社会学还有增促社会进步、减缩社会代价的人文价值功能。“增促社会进步、减缩社会代价”是社会学的深层理念。

所谓“增促社会进步”，就是增加和促进社会的协调发展、可持续发展以及社会成员个人的全面发展。所谓“减缩社会代价”，很重要的一个方面就是保障社会弱势群体的基本生活，维护社会弱者的基本权益和人格尊严，千方百计地让他们共享社会发展、社会进步的成果。另一个方面是指社会代价尽管不可避免，但可以研究把代价减少到最低限度、缩小到最小范围的途径和办法。

社会快速转型期的一个鲜明特点，就是社会优化与社会问题并生、社会进步和社会代价共存。构建和谐社会、贯彻科学发展观的目的，就是要最大限度地促进社会进步，并把代价减少到最低限度、缩小到最小范围；而构建和谐社会、贯彻科学发展观的过程，实际上就是一个不断增促社会进步、减缩社会代价的过程。

社会学历史地形成的范畴，不论是正向研究良性运行、协调发展的范畴，还是反向研究如何避免恶性运行和畸形发展的范畴，都不仅贯穿着认识社会、改造社会的科学理性精神，而且贯穿着增促社会进步、减缩社会代价的人文价值精神。

(3) 服务建设功能。

社会学能够为改革开放和社会和谐提供学理支撑。

社会良性运行和协调发展的社会学角度，在构建和谐社会的背景下，也使我们更进一步理解改革与和谐的关系。它需要我们更新深层理念，调整社会结构，转变社会功能，重建社会信任。

5. 中国社会学与中国社会向社会主义现代化转型是何关系?

中国社会学作为一门研究社会良性运行和协调发展的学科，对中国社会向社会主义现代化转型有重要意义，同时学科的发展也是得益于社会转型的过程。中国社会学和中国社会的转型是相互依赖，相互促进的。

(1) 中国的社会发展是中国社会学发展的源泉。

从世界范围看，社会学是西方社会从传统向现代转型的产物，从中国的情况看，约100年前社会学之引入中国，在中国获得较大发展，被取消27年后又不得不重建，归根到底也是适应了中国从传统社会向现代化社会转型的需要。这一事实说明社会发展是社会学发展的源泉、中国社会发展是中国社会学发展的源泉。

(2) 中国社会向社会主义现代化转型与中国社会学的发展的互相促进。

当前中国社会正处在向社会主义现代化转型的加速期，其特点除了速度大大加快外，其广度、深度和难度都空前未有。研究这个转型过程，回答转型过程中面临的种种课题，不仅是中国社会学义不容辞的义务，而且也是它安身立命的根基。可以说，对中国社会的“转型”认识得越深入、越全面，中国社会学的成长也就越扎实、越迅速，而成长了的社会学又能够为推动转型过程比较顺利、比较健康地发展做出自己应有的贡献。

(3) 中国社会学发展应该注意的问题。

中国社会学发展的根基是中国社会的社会主义现代化实践，同时又要注意吸取、借鉴国外社会学研究的成果。要正确对待西方社会学，既注意防止一切照搬，又注意避免一切拒斥。

6. 中国社会转型与中国社会学“理论自觉”是何关系?

受到费孝通先生“文化自觉”启发而提出的“中国社会学理论自觉”的命题，

对增强中国社会学界的学术主体性、增强民族自信心起了并且还会继续起巨大的作用。

我国社会转型加速期的社会现实、我国社会建设的巨大社会需要，为社会学发展提供了前所未有的历史性巨大舞台和现实性宝贵资源。但是如果没有“理论自觉”，如果还是用西方的观点、西方的理论来解释中国社会的巨变，还是在西方的笼子中跳舞，那么，这种前所未有的历史性巨大舞台和现实性宝贵资源不过是西方的观点、西方的理论的某种案例、某种例证。

应通过这种前所未有的历史性巨大舞台和现实性宝贵资源，创造自己的理论、自己的学术话语，为世界社会学增添我们中国社会学者自己的创造。这也符合中国社会在中国共产党领导下正在从地区性大国转变为全球性大国和强国的趋势。社会转型快速期的种种社会现象、社会事实、社会过程，无疑是我们社会学科和社会学界共同的水之源、木之本，但是这个水之源、木之本只属于有“理论自觉”的学者，而不属于那种对西方理论亦步亦趋、照抄照搬的持“边陲思维”的人们，因为他们把本来的源变成了流，把本来的本变成了末，成了源流错位、本末倒置。

第二章

社会运行的物质基础

【知识框架】

本章主要是讨论社会运行所需要的各种物质基础。社会运行和发展的基础是物质资料的生产和人类自身的生产。一定数量的人口和必要的资源环境条件是实现两种生产的前提，而物质资料生产活动本身所产生的生产方式成为人类社会生活的起点。本章主要介绍了人口、环境与物质资料的生产方式对于社会运行的意义及其发挥影响的主要方面。

本章的知识框架如下。

- 社会运行的物质基础
  - 一、人口与社会运行
    - （一）人口规模与人口结构
      - 人口规模
      - 人口结构
    - （二）人口分布与人口迁移
      - 人口分布
      - 人口迁移
    - （三）人口转变与老龄化
      - 人口转变论
      - 人口老龄化
    - （四）人口健康
  - 二、环境与社会运行
    - （一）环境及其社会功能
    - （二）环境与社会关系的演变
      - 人类社会与环境关系演变的时期
      - 人类社会与环境关系演变的理论模型
    - （三）工业社会中的环境问题
    - （四）环境保护与生态文明
  - 三、物质资料的生产方式与社会运行
    - （一）两种生产与物质资料的生产方式
    - （二）物质资料生产方式的基本特征
    - （三）物质资料生产方式作为社会的基础

【学习笔记与拓展知识】

一、人口与社会运行

人口，就其最基础的含义而言，即是指特定时间、特定地域所存在的人的集合，这样一种集合呈现出一定的数量、质量和构成特征，并由此对社会运行和发展产生基础性影响。

这种基础性影响主要表现在以下四个方面：

第一，人口的规模在很大程度上决定了社会的规模以及社会关系的复杂程度；

第二，在一定时期内，人口规模越大，就需要越多的自然资源来维持人口自身的生产和再生产，而在资源和产品既定的情况下，人口规模越大，人均分配的资源和产品相对越少，人们的生活质量以及社会关系将发生变化；

第三，人口也是生产活动的主体，人口越多，意味着劳动力也将越多，在劳动生产率相同的情况下，劳动力数量增加，总体社会生产能力也会增强；

第四，人口数量、分布、结构、质量以及人口形态的变化是影响社会变迁的重要因素之一。

（一）人口规模与人口结构

人口规模是指一定时间和地域内的人口总数，可以看作人口数量的同义词。

最小人口规模是指在一定的地域内为实现社会生产和维持集体生存所要求的最小人口数。

最大人口规模是指在一定地域内，由社会生产、土地资源和环境承载力等因素所决定的最多人口数。

理论上存在一个适度人口规模问题，即未达到这个规模表现为人口不足及相关社会问题，而超过这个规模则表现为人口过剩及相关社会问题。

当今世界实际上并存着人口不足与人口过剩的双重问题。但是，自马尔萨斯以来，人口过度增长引发了更多的关注。马尔萨斯呈现了人口按几何级数增长的可能性，看到了生活资料对于人口增长的制约，描绘了人口增长超过生活资料增长的悲观前景，并倡导节制人口。但是，马尔萨斯明显忽视了社会经济发展和制度安排对于人口增长的影响。二战以后的全球人口快速增长催生了很多新马尔萨斯主义者，例如艾里奇的《人口爆炸》（1968）和罗马俱乐部出版的《增长的极限》（1972）等著作。也有学者对人口增长的社会经济影响持乐观的态度，如西蒙就针对罗马俱乐部的观点出版了《最后的资源》一书，并被中国学者编译为《没有极限的增长》。

人口规模直接因人的生育、死亡和迁移因素而发生变化。物质资料的生产等社会经济因素通过影响生育、死亡和迁移而影响人口规模。在没有人口迁出迁入的封闭条件下，生育和死亡是影响人口规模的主要因素。通常将出生人数和死亡人数之间的差额看作人口自然增长，差额为正叫正增长，差额为负叫负增长，差额为零是零增长。

在有人口迁移的开放条件下，迁入人口数与迁出人口数的差额叫人口迁移增长。开放条件下的人口总增长包括人口自然增长和人口迁移增长。衡量生育水平的指标有总出生率（平均每千人年出生人口数）、一般生育率（一年里每一千个育龄妇女所生育的活婴数量）、总和生育率（15～49岁各年龄组妇女生育率之和）等。衡量死亡水平的指标是死亡率，即一年里平均每千人的死亡人数。衡量迁移水平的指标是净迁移率，通常是特定地区一年里净迁移人口与平均总人口之比，其中“净迁移人口”一般是指迁入人口与迁出人口的差额。

测量人口规模变化的常用指标是人口增长率，即在一定时期里人口增长数与人口总数之比。这里的“一定时期”一般是一年，“人口增长数”是年末人口数减去年初人口数之差，“人口总数”一般用年平均人口数或年中人口数。此外，人口倍增时间也是反映人口规模变化的指标。它是指人口总数翻一番所花的时间，通常用年数表示。与此类似，反映人口规模变化的指标还有每增加10亿人口所需要的年数。

人口结构分析通常包括三类：人口的自然构成、人口的地域构成和人口的社会经济构成。

人口的自然构成主要包括性别构成和年龄构成。性别比是分析性别构成的重要指标，通常是以女性人口数为100去计算男性人口数的百分比。从年龄构成看，在人口总体中，60岁及以上人口占到10%及以上或65岁及以上人口占到7%及以上，则表示人口结构进入老年型。

人口的地域构成主要包括自然地理构成、行政区域构成以及城乡构成等。其中城市人口不断增多反映着现代社会的城市化进程。

人口的社会经济构成包括了经济构成和社会构成两大类，例如人口的产业构成、职业构成、阶级构成、民族构成、宗教构成等。人口构成及其变动对于人口规模和人们的社会经济活动有着重要影响。

（二）人口分布与人口迁移

1. 人口分布

一定规模的人口总是生活在一定的地域空间里。人口分布是指一定时点人口在地理空间上的分布状态。人口密度是反映人口在地域分布上稠密程度的指标，指特定时点上单位土地面积所居住的人口数，通常以每平方公里的常住人口数来表示，可以用来评估人口规模与资源环境之间的关系。

世界人口分布最密集的地区包括亚洲东部、南亚次大陆、欧洲以及北美洲东部。

影响人口分布的主要因素包括人口自身及其变动、自然环境及其变动和社会经济条件及其变动。

人口自身的数量变化以及人口迁移总是导致人口在地理空间上的再分布，形塑着人口分布格局。

自然环境，包括气候、地形、土壤、水源、交通条件和各种能源资源等，直接影响着人类生存的难易程度并由此决定着人口分布的稀稠状况。

社会经济条件，包括经济类型和发展水平、政治制度、社会政策以及军事冲突等，特别是科学技术和生产力的发展水平，对于人口分布的影响越来越重要。其中，科学技术和生产力的发展水平，决定着人类适应自然和改造自然的能力，并由此日益决定着人口分布及其变动可能达到的范围和人口聚集与扩散可能实现的程度。现代社会，人口大规模向城市集中在很大程度上正是科学技术和生产力的发展所导致的。

2. 人口迁移

人口分布既意味着一种静态的格局，也表现为一种动态的过程。从动态角度看，人口分布体现为人口迁移过程。人口迁移是指人口居住地的永久性（半年或一年以上）改变，包括国际人口迁移和国内人口迁移。

统计人口迁移的方法一般有三种：一是按居住地的变化进行统计，二是按照居住地改变的时间进行统计，三是按照常住户口登记地的改变进行统计。人口流动虽然反映的也是人口空间位置发生变化的现象，但是一般指居住位置所发生的非永久性改变，在中国尤指在迁入地没有法定户籍的人口移动现象。

人口迁移表现的类型和过程复杂多样：既有单向一次性迁移，又有往返多次迁移；既有自愿性迁移，又有非自愿性迁移；既有国内迁移，又有国际迁移；既有集体性迁移，又有个体性迁移。现代社会的人口迁移有两种突出的类型：一是伴随着非农化、工业化和城市化进程所发生的从乡村到城镇的人口迁移，导致人口分布集中到城市地区；二是伴随着个人权力意识、迁移自由和市场化进程而发生的个体性的自愿迁移现象大量增加。

人口迁移理论主要是围绕迁移者、迁移动机、迁移过程和迁移结果所做的研究发现。一般而言，影响人口迁移的客观因素主要包括两个方面：一是由人口规模和资源环境的相互关系所形成的人口环境容量，二是由人口规模和社会经济的相互关系所形成的人口经济容量。在自愿迁移的条件下，迁移行为的发生与迁移者的个体情况有关，如受教育程度较高、身体状况较好并富有进取精神的人往往更倾向于发生迁移行为。是否发生迁移行为一般还包括人们对于迁入地拉力因素、迁出地推力因素以及中间因素的全面考量，只有从迁移中所能获得的利益大于将会损失的利益时，理性的迁移行为才会发生，这也被称为“迁移利益差异比较选择原理”。

（三）人口转变与老龄化

1. 人口转变论

在生产力发展的特定阶段，受制于出生率、死亡率和自然增长率的综合作用，人口发展呈现出特定的整体特征。历史地看，人口发展有原始传统型、过渡型和现代型三种模式。

法国学者兰德里于1909年提出了人口转变思想，并在其1934年出版的《人口革命》一书中系统阐述了人口转变论，指出人口发展过程与社会经济条件密切相关，经历了原始阶段、中期阶段和现代阶段。美国学者汤普森和诺特斯坦都对人口转变理论的发展与完善做出了贡献。

人口转变论是阐述在相关的社会经济因素影响下，人口发展从高出生率、高死亡率和低自然增长率转变为低出生率、低死亡率和低自然增长率之过程的一种理论。它的核心观点是人口发展一般都经历三个阶段：在第一阶段，人口处于高出生率、高死亡率、低增长率的状态；第二阶段是在医学技术进步和公共卫生服务水平提高的时期，出现了人口的高出生率、低死亡率和高增长率的现象；第三阶段是现代化阶段出现的人口发展新转变，即低出生率、低死亡率和低增长率。

现代人口发展出现新转变的主导原因是工业化、城市化和现代化进程，特别是医疗技术的进步、生活条件的改善。一方面，这促进人口死亡率率先下降；另一方面，生养孩子成本的增加使孩子的家庭效益弱化，避孕技术的推广使人们少生孩子成为可能，同时受死亡率下降的拉动，人口出生率随之而下降，最终实现人口增长从高出生率和高死亡率的高位平衡向低死亡率和低出生率的低位平衡过渡。

2. 人口老龄化

现代人口的新转变客观上带来人口年龄构成的变化，必然伴随着人口老龄化过程，即总人口中老龄人口的比重，相对于年轻人口所占比重而言，呈现出持续增长的过程。老龄人口绝对数量的增加是老龄化的一种结果，但是并不等于老龄化。与此同时，人口老龄化发展到一定阶段，会导致人口总体的年龄结构呈现老年型，但是作为结果的老年型人口并不等于人口老龄化过程。

当代中国现代化进程中的人口转变也伴随着人口老龄化过程。按照常用的指标衡量，中国人口年龄结构已进入老年型。中国人口老龄化过程的一些特点是，中国人口老龄化是在很短时间内完成的，与我国社会经济的发展不相适应，呈现出“未富先老”的状况。中国老龄人口的绝对规模也很大，老年人口中的高龄老人不断增多，规模很大。

人口老龄化对社会运行和发展的冲击广泛而深远：

首先，意味着老年抚养系数提高，越来越少的年轻人要养活越来越多的老年人口，由此影响到劳动就业和社会福利制度安排；

其次，意味着社会需求发生变化，规模庞大的老龄人口有着特定的需求，由此影响到相关产业的发展，特别是围绕高龄老人的社会服务业；

再次，由于老年人口逐渐成为劳动、投资的重要主体，而老年人本身倾向于保守、储蓄，有可能导致社会经济活力不足、创新不足；

最后，日益严重的老龄化最终必然导致人口再生产转向静止型甚至是缩减型，由此带来人口发展不可持续的危机，直接威胁到社会的存在，因此，积极应对人口老龄化正在成为人口政策的中心议题。

（四）人口健康

人口平均预期寿命是综合反映人口健康水平的基本指标，指的是同批人出生后平均每人一生可存活的年数。

死亡率包括粗死亡率和标准化死亡率两个测算口径。粗死亡率是指一定地区在特定时期（一般为一年）内每千人中的死亡人数。标准化死亡率则是按照年龄调整的死亡率，是用同一标准年龄构成作为权数来计算不同地区、不同时期的人口死亡率，以消除年龄结构差异所造成的影响。①

婴儿死亡率是指一定地区在某年内未满周岁的婴儿死亡人数与活产婴儿数的比率，通常以千分数表示。

新生儿死亡率则是指一定地区在一定时间（通常是一年）内出生后28天以内或一个月以内的婴儿死亡数占同期出生婴儿总数的比例，一般也用千分数表示。

二、环境与社会运行

环境是人类活动的舞台，是人类赖以生存的生物物理基础。特定的环境条件影响着人口发展，而人类的生产与生活也在不断地改变着环境。虽然社会学反对地理环境决定论和生物决定论，但是，特定的环境资源条件与社会运行和发展密切相关，甚至其本身就是社会系统的重要组成部分。

（一）环境及其社会功能

本书所讲的环境，是指以人类为中心的外部生物物理世界，即人类生存、繁衍所必需的相应的环境。它不包括社会文化环境，实际上是一种物质条件的综合

---

① 参见佟新：《人口社会学》，4版，77页，北京，北京大学出版社，2010。

体，具有系统的特征，包括自然环境和人工环境两大部分。

根据环境与人类的关系和人类对自然环境加工改造的程度，可以把“环境”区分为以下四类：聚落环境、地理环境、地质环境和星际环境。其中，聚落环境是与人类的生产、生活关系最密切、最直接的环境，地理环境是人类活动的舞台和基地，地质环境为人类提供丰富的矿藏，星际环境将是人类未来的活动场所。

按照以上对于环境的理解，“环境”实际上包括了“资源”，如水资源、土地资源等。

环境中的资源（或自然资源）可以分为两种基本类型：一是在一定意义上取之不竭、用之不尽的资源，如风力、太阳能等；二是在人类开发使用过程中可能枯竭的资源。考虑到资源自身的再生产，又可以将第二种类型的资源区分为可再生资源与不可再生资源。

环境要素，包括环境中的资源，其基本功能通常具有两重性：一方面，它是人类生存与发展的物质基础，人类可以开发利用；另一方面，它又是环境系统的重要组成部分，对环境系统自身的良性运行发挥着重要作用。

对于人类社会而言，环境系统是人类生存的基本空间，并且提供了人类赖以生存的基本资源。在一定意义上，人类本身也是从属于自然环境的，是环境系统中的组成部分，只是随着人类自我意识的不断觉醒、经济技术的不断发展以及社会文化的不断积累，人类社会系统的独立性越来越强。

环境社会学家邓拉普曾经试图用模型来呈现环境系统对于人类社会运行和发展的功能。他指出：环境服务于人类的三种总体功能包括“供应站”、“居住地”和“废物库”。[①] 环境的三种功能彼此竞争空间，常常相互冲突。

邓拉普的模型有助于简明地概括环境的社会功能及其随时间演进而发生的改变。但是，该模型因为忽视了社会行动主体，特别是制约社会行动的价值和权力因素，而受到一些批评。实际上，该模型对于环境在满足人们精神需求和形成社会文化价值方面的作用也有所忽视，需要引起注意。

（二）环境与社会关系的演变

1. 人类社会与环境关系演变的时期

从历史的角度看，人类社会与环境在双向互动中呈现出复杂的协同进化的趋势。

人类社会与环境之间的关系大致经历了三个时期的不同类型。

一是采集狩猎时期，持续约两三百万年。社会对环境很依赖，环境因素对于人类的生死存亡、迁徙变动有着决定性的影响。

---

① See R. E. Dunlap, "From Environment Problems to Ecological Problems," in C. Calhoun and G. Ritzer (eds), *Social Problems*, New York: McGraw-Hill, 1993.

二是农业时期，持续1万多年，直到近代工业革命。人类社会相对于环境的独立性逐步增强，人类的环境意识中并存着与环境和谐相处以及人类中心主义的价值观，人类对于环境的对象化审美取向有很大发展，人类活动对于环境影响的深度和广度空前扩大，甚至导致局部地区不可逆转的生态破坏和社会解体。在社会与环境关系方面，整体上表现出环境容量与人口增长之间的相互影响、相互制约，社会虽然开始走出对于环境的简单依赖，但是依然维持着与环境之间相互适应的有机联系。

三是工业时期，距今不过两三百年的时间。在社会与环境关系方面，表现出社会系统的快速、过度膨胀和一定意义上的与环境的“脱嵌”，社会与环境之间的失衡、对立和冲突日益普遍化、严重化。

2. 人类社会与环境关系演变的理论模型

第一，POET模型。

为了使对环境与社会之间关系的认识进一步理论化，社会学家邓肯曾在1961年提出了POET（人口—组织—环境—技术）模型，该模型也被称为“生态复合体”。在模型中：(1) 每个要素是与其他三个要素相互关联的；(2) 任一要素的变化都会对其他三个要素产生影响。例如，邓拉普就曾借用该模型提出一种因果关系：人口（P）的增加可以创造技术（T）变迁的压力以及扩大城市化（O）的需要，由此导致更多污染（E）的产生。可以说，POET模型在分析人类社会对环境系统破坏的复杂性方面做出了开创性的探索，虽然它对环境系统对于社会的制约作用给予的关注不够。

邓拉普等人在该模型的基础上，进一步强调了环境因素的中心地位，既着眼于分析环境对社会的影响，也强调分析社会对环境的影响。邓拉普等人认为：可以从人口、技术、文化、社会、心理等多种因素及其相互作用的角度来分析环境与社会的互动关系，这种分析直接开启了环境社会学中的人类生态学派。

第二，IPAT模型。

IPAT（环境影响—人口—富裕程度—技术）模型是描述人类社会对于环境系统的影响的理论模型。该模型建立在艾里奇和康芒纳论争的基础上。前者强调人口增长因素对于环境影响的重要性，后者更加强调技术开发和使用在导致环境破坏方面的突出作用。实际上，人口增长、技术进步对于环境都有重要影响，而且一个社会的富裕程度也与环境压力密切相关。所以人们总结出I＝PAT这样一个分析模型。该模型表明：在其他因素都不变的情况下，人口增长或者资源消费增加，制造污染的技术使用增加，都将导致环境影响和破坏的扩大。此外，它也表明，社会层次上的富裕，或者人们消费物品的总量，也对环境有着影响。

该模型实际上表明环境破坏是人口数量、生产商品所使用的技术以及人们消费商品总量的一个函数。尽管后来一些学者认为人口、富裕程度、技术的权重不应该等同，它们发生影响的机制也有差异，或者应当对于技术因素加以细分以便找到改革的关键（例如将技术因素由单位 GDP 的能源消耗，转变为单位 GDP 的能源消耗和单位能源消耗的碳排放两个方面），而且实际上该模型对于社会制度的因素也有所忽视，但是该模型在分析社会与环境关系方面还是很有启发性的。

（三）工业社会中的环境问题

在人类历史上，工业社会与环境系统之间的关系最为紧张。伴随着工业化、城市化、市场化和消费主义的盛行，人类行为导致环境系统紊乱，出现功能失调，产生出种种所谓“环境问题”。

工业社会中的环境问题包括大量采掘自然资源、加工和使用自然资源、生产以及使用各种工业产品、处理各种生产生活废弃物、改变动植物的基因组成、实施大面积单种类作物种植、破坏原始生态、阻断生物链等所造成的环境（水体、大气、声音等）污染和生态破坏，这类由人类活动引起的环境问题也叫次生环境问题。实际上，还存在着由于环境系统自身变动（例如自然灾害）所引发的环境破坏，一般叫做原生环境问题。在工业社会，两者相互影响和相互作用。

工业社会初期的环境问题基本上是区域性的。20 世纪 70 年代以来，气候变化、臭氧层空洞、生物多样性减少以及能源短缺等问题，其影响已经是全球性的。

工业社会中环境问题的日益严重有着非常复杂的原因，人口增长、技术进步、组织失序、制度不当、价值迷失等，都是其重要方面。究其根源，人类对待环境的认识和态度发生变化、对于环境与社会的关系存在错误认识、过度并且片面地强调人类中心主义，应该是主要原因。有的学者根据人们对环境与社会关系的看法，区分出了两种范式的价值观，即“人类例外范式”（HEP）和“新环境范式”（NEP）[①]，后又改称“新生态范式”。

“人类例外范式”认为：

第一，人类不同于其他动物，他是独一无二的，因为他有文化；

第二，文化的发展与变迁是无限的，文化的变迁相对于生物特征的变化更为迅速；

第三，因此，人群的差异是由有文化的社会引起的，并非从来就有，而且这种差异可以通过社会加以改变，甚至被消除；

第四，文化的积累意味着进步可以无限制继续下去，并使所有的社会问题最终得到解决。

这些认识导致一种错误的观念，即认为环境的负荷能力可以无限增长，予取予求，从而否定匮乏的可能性。

“新生态范式”则认为：

第一，社会生活是由许多相互依存的生物群落构成的，人类只是众多物种中

① See W. R. Jr. Catton and R. E. Dunlap, “Environmental Sociology: A New Paradigm,” *American Sociologist*, 13 (1978).

的一种；

第二，复杂的因果关系及自然之网中的复杂反馈，常常使有目的的社会行动产生预料不到的后果；

第三，世界是有限度的，因此，经济增长、社会进步以及其他社会现象，都存在自然的和生物学上的潜在限制。

这种范式的区分不仅在很大程度上揭示了工业社会中人类认识的偏差，而且实际上为开创环境社会学这门分支学科奠定了基础。

（四）环境保护与生态文明

历史地看，环境保护大致经历了几个主要阶段。

先污染后治理思想占主导地位阶段。在环境保护工作的初期，人们认为环境污染与破坏是经济增长的必然代价，“先污染后治理”一度成为环境保护的指导思想。在此背景下，环境保护工作主要采用“末端治理”技术和政策。到了20世纪80年代，人们意识到“末端治理”的技术和政策不过是传统生产链的延伸，对于解决环境问题的贡献是有限的，无法从根本上控制污染的产生以及对环境的破坏。

源头和过程控制思想占主导地位阶段。20世纪80年代后期，提出了“源头和过程控制”的环保思想，即将污染控制从末端治理延伸到工业生产源头和过程的污染预防。在这一思想指导下，西方国家提出了“清洁生产”的概念。除了关注生产源头和过程外，清洁生产还将污染防治延伸到产品和服务中。在20世纪90年代，与“清洁生产”的概念相呼应，人们进一步提出了“环境无害化技术”的概念，也叫“环境友好技术”，并逐渐拓展到技术、产品、服务、企业、土地、产业和城市等方面。

可持续发展思想占主导地位阶段。在“末端治理”、“源头和过程控制”思想的基础上，提出了“可持续发展”思想。挪威前首相布伦特兰夫人主持的世界环境与发展委员会所提供的研究报告——《我们共同的未来》（1987）——使得“可持续发展”进入联合国议程并由此引起各国的广泛关注。该报告将“可持续发展”定义为：在不损害后代人满足他们自己需要的能力和条件的前提下，满足当代人需要的发展。1992年6月，联合国在巴西里约热内卢召开了世界环境与发展大会，这次会议的整个进程以“可持续发展”为指导方针。大会最后通过了《21世纪议程》和《里约宣言》两个纲领性文件以及《关于森林问题的原则声明》，同时还签署了《联合国气候变化框架公约》和《生物多样性公约》。这些文件把环境与发展直接联系起来，号召各国依靠科技进步，转变发展模式，节约资源和能源，减少废物排放，实行清洁生产和文明消费，建立经济、社会、资源和环境协调、持续发展的新模式。中国政府发布环境与发展十大对策，并于1994年3月发布《中国21世纪议程》，全面阐述了建设可持续发展社会的构想，后来又进一步将可持续发展确定为国家发展重要战略。

生态现代化理论兴起。西方环境社会学者还提出了所谓“生态现代化”理论。以哈勃、摩尔等为代表的生态现代化理论家指出：应当将环境问题看作推动社会、技术和经济变革的因素，而不是一种无法改变的后果；应当看到作为现代社会之核心标志的科学技术、市场体制、工业生产、政治体制等方面发生的积极变化，而不简单加以否定；应当反对各种反生产力的、去工业化的以及激进的建构主义主张。他们进一步指出：工业化、技术进步、经济增长不仅和生态环境的可持续性具有潜在的兼容性，而且也可以是推动环境治理的重要因素和机制，由工业化所导致的环境问题可以通过“协调生态与经济”和进一步的超工业化，而非“去工业化”的途径来解决。① 事实上，生态现代化理论提出了克服环境危机而不偏离现代化道路的一种可能性，在 20 世纪 90 年代后很快流行开来。

评价：虽然从“末端治理”、“源头和过程控制”到“可持续发展”、“生态现代化”，反映了环境保护思想的不断进步，但是，这些思想要么坚持了简单的技术观点，要么坚持了片面的发展、现代化的合理性。基于这些思想，环境问题还是难以有效解决。目前，环境问题仍有从区域性、局部性向全球性扩展，从单一性、分散性向整体性和复杂性演化的趋势，全球环境的总体恶化并没有得到有效遏制。

因此，有必要进一步反思传统的环境保护战略，更加强调环境保护的全面性、整体性和综合性，更加强调对社会自身以及发展、现代化等观念的反省，更加强调在调整和约束整个社会的生产、生活方式以及权力分配、价值观念的基础上，建设真正能够适应环境约束、有利于环境保护，从而也有利于社会自身可持续的社会形态。在此意义上，中国政府提出建设“环境友好型社会”和“生态文明”，代表着环境保护思想的最新趋势。“环境友好型社会”是一种以环境资源承载力为基础、以自然规律为准则、以可持续社会经济文化政策为手段，致力于倡导人与自然、人与人和谐的社会形态。②

“生态文明”应被视为对“环境友好型社会”思想的进一步发展和升华，它强调在人类认知环境威胁、环境系统运行规律、社会系统运行规律以及人类社会与环境之间互动规律的基础上，自觉调整人类自身的价值取向和生产、生活实践行为，创建符合人与自然和谐相处原则的全新文明形态。这样一种文明形态，事实上实现了对生态中心主义、人类中心主义以及“以物为本”的发展观的三重超越，而社会主义的价值取向和制度建设则为生态文明建设提供了现实的可能性。中共十八大将生态文明建设与经济建设、政治建设、文化建设、社会建设并列，宣示了中国特色社会主义事业总体布局从“四位一体”发展为“五位一体”，具有深远

---

① See U. Simonis, “Ecological Modernization of Industrial Society: The Strategic Elements,” *International Social Science Journal*, vol. 41, no. 121, 1989, pp. 347 - 361. G. Spaargaren and A. P. J. Mol, “Sociology, Environment and Modernity: Ecological Modernization as a Theory of Social Change,” *Society and Natural Resources*, vol. 5, 1992, pp. 323 - 344.

② 参见潘岳：《和谐社会与环境友好型社会》，http://news.xinhuanet.com/theory/2006-07/11/content_4817806.htm，2006-07-11。

的历史意义。

三、物质资料的生产方式与社会运行

（一）两种生产与物质资料的生产方式

两种生产，即人口自身的生产和物质资料的生产，由马克思提出并经恩格斯系统阐释。

在本质上，两种生产是统一的，是人类历史活动的两个不可分割的方面。在很大程度上，物质资料的生产对于社会运行和发展具有更为决定性的意义。

物质资料的生产方式，是指人们运用生产资料进行生产以保证自己生活的方式。但生产方式并非是抽象的、静止的，它与一定的历史阶段、一定的生产条件和社会形态相联系。

生产方式是生产主体、生产目的与生产条件三者的统一，生产条件规定着生产方式的性质。这里的生产条件包括生产得以进行的技术条件和社会条件。其中，生产的技术条件就是指生产过程的技术水平，主要包括三个方面内容：（1）劳动者的生产技能；（2）生产资料的规模和技能，主要是所使用的劳动资料的性质及其规模；（3）科学的发展水平及其在生产中应用的过程，主要是工艺的性质及其规模。生产的社会条件就是生产过程的社会结合或生产的组织形式，主要包括两个方面内容：（1）生产组织的性质、规模（是否存在协作及协作规模如何），生产资料的聚散程度及其与劳动者的结合方式（二者是直接结合还是间接结合）；（2）生产者之间的社会经济联系的实现形式（是否采取商品交换形式）以及社会生产的调节方式（社会生产是由市场调节还是计划调节）。

（二）物质资料生产方式的基本特征

根据马克思、恩格斯的阐述，可以概括出物质资料生产方式所具有的客观性、社会性、历史性三大基本特征。①

第一，客观性。无论任何社会，生产方式作为人们保证自己生活的方式，实际上都并不是人们主观规定和选择的，而是由一定的社会生产力发展水平所客观决定的。生产方式无论其存在还是其变革，都是不以人的意志为转移的，人们不可能脱离或超越一定的生产力发展水平而随意地选择和人为地改变生产方式。

第二，社会性。生产方式不仅是由一定的生产力水平所客观地规定的，而且也总是与一定的生产关系，进而与特定的社会形态密切联系、不可分割的。一定

① 参见于金富：《马克思关于生产方式一般的基本理论——马克思的生产方式理论研究之一》，载《当代经济研究》，1999（3）。

的生产方式总是必然产生或形成与之相适应的生产关系。生产方式必然地与一定的社会形态相联系，超脱于一定社会形态的所谓一般的、自然的或抽象的生产方式是根本不存在的。

第三，历史性。生产方式总是与一定的经济社会发展阶段相联系。任何生产方式，必定都体现为一定历史阶段的特殊的生产方式，不存在一种永远不变、普遍适用于任何历史阶段的所谓永恒的生产方式。

（三）物质资料生产方式作为社会的基础

物质资料的生产之所以是社会存在和发展的基础，首先是因为人类生产活动的特殊性。人类生产从一开始就不是单个个人的活动，而是人们结成一定关系的社会活动。人与人之间在生产中所形成的关系一经产生，就具有了一种特殊的性质，并且成为所有社会关系，进而是社会的起点和基础。

物质资料的生产方式作为社会的直接的、现实的基础，还进一步体现为物质资料生产方式发生变革必然导致社会变革。正如前文所指出的，随着生产力的不断发展，生产方式也必然出现变化，导致新的生产组织形式、新的劳动与生产资料的结合方式以及人们之间的新的社会经济联系，最终必将导致整个社会运行方式和发展模式的变革。

实际上，物质资料的生产方式及其发展变化，也对作为人类社会运行基础条件的人口和资源环境产生重要的影响，并通过这种影响改变社会运行的物质基础。

【课后题详解】

1. 试析人口老龄化对社会运行和发展的冲击。

人口老龄化对社会运行和发展的冲击是广泛而深远的。

首先，意味着老年抚养系数提高，越来越少的年轻人要养活越来越多的老年人，由此影响到劳动就业和社会福利制度安排；

其次，意味着社会需求发生变化，规模庞大的老龄人口有着特定的需求，由此影响到相关产业的发展，特别是围绕高龄老人的社会服务业；

再次，由于老年人口逐渐成为劳动、投资的重要主体，而老年人本身倾向于保守、储蓄，有可能导致社会经济活力不足、创新不足；

最后，日益严重的老龄化最终必然导致人口再生产转向静止型甚至是缩减型，由此带来人口发展不可持续的危机，直接威胁到社会的存在。

因此，积极应对人口老龄化正在成为人口政策的中心议题。

2. 试析邓拉普关于环境功能分析的模型的局限。

环境社会学家邓拉普曾经试图用模型来呈现环境系统对于人类社会运行和发

展的功能。他指出：环境服务于人类的三种总体功能包括“供应站”、“居住地”和“废物库”。当环境被当成供应站使用时，它是各种可再生和不可再生自然资源的来源。当环境作为居住地或栖息地时，它可以提供住所、交通系统以及其他日常生活中必需的重要东西。当环境被用为废物库时，它就成了堆放生活垃圾或其他垃圾、废水、工业污染以及其他副产品的地方。

环境的三种功能彼此竞争空间，常常相互冲突。一般认为，最近一些年里，环境的三种竞争性功能之间的重叠以及由此引发的功能冲突已经在相当程度上增加了，区域生态系统层次上的环境功能冲突已经对全球环境产生影响。事实上，这些问题的出现表示环境系统在一定条件下也对人类社会的运行和发展有着消极的、限制性的影响。

邓拉普的模型有助于简明地概括环境的社会功能及其随时间演进而发生的改变。但是，该模型因为忽视了社会行动主体，特别是制约社会行动的价值和权力因素而受到一些批评。实际上，该模型对于环境在满足人们精神需求和形成社会文化价值方面的作用也有所忽视，需要引起注意。

3. 试比较“人类例外范式”与“新生态范式”的不同观点。

工业社会中环境问题的日益严重有着非常复杂的原因，人口增长、技术进步、组织失序、制度不当、价值迷失等，都是其重要方面。究其根源，人类对待环境的认识和态度发生变化、对于环境与社会的关系存在错误认识、过度并且片面地强调人类中心主义，应该是主要原因。有的学者根据人们对环境与社会关系的看法，区分出了两种范式的价值观，即“人类例外范式”（HEP）和“新环境范式”（NEP），后又改称“新生态范式”。

“人类例外范式”认为：

第一，人类不同于其他动物，他是独一无二的，因为他有文化；

第二，文化的发展与变迁是无限的，文化的变迁相对于生物特征的变化更为迅速；

第三，因此，人群的差异是由有文化的社会引起的，并非从来就有，而且这种差异可以通过社会加以改变，甚至被消除；

第四，文化的积累意味着进步可以无限制继续下去，并使所有的社会问题最终得到解决。

这些认识导致一种错误的观念，即认为环境的负荷能力可以无限增长，予取予求，从而否定匮乏的可能性。

“新生态范式”则认为：

第一，社会生活是由许多相互依存的生物群落构成的，人类只是众多物种中的一种；

第二，复杂的因果关系及自然之网中的复杂反馈，常常使有目的的社会行动产生预料不到的后果；

第三，世界是有限度的，因此，经济增长、社会进步以及其他社会现象，都存在自然的和生物学上的潜在限制。

这种范式的区分不仅在很大程度上揭示了工业社会中人类认识的偏差，而且实际上为开创环境社会学这门分支学科奠定了基础。

4. 试析生态文明与生态现代化的联系与区别。

以哈勃、摩尔等为代表的生态现代化理论家指出：应当将环境问题看作推动社会、技术和经济变革的因素，而不是一种无法改变的后果；应当看到作为现代社会之核心标志的科学技术、市场体制、工业生产、政治体制等方面发生的积极变化，而不简单加以否定；应当反对各种反生产力的、去工业化的以及激进的建构主义主张。他们进一步指出：工业化、技术进步、经济增长不仅和生态环境的可持续性具有潜在的兼容性，而且也可以是推动环境治理的重要因素和机制，由工业化所导致的环境问题可以通过“协调生态与经济”和进一步的超工业化，而非“去工业化”的途径来解决。事实上，生态现代化理论提出了克服环境危机而不偏离现代化道路的一种可能性，这在 20 世纪 90 年代后开始流行。

生态现代化的不足之处：虽然从“末端治理”、“源头和过程控制”、“可持续发展”到“生态现代化理论”，反映了环境保护思想的不断进步，但是，这些思想要么坚持了简单的技术观点，要么坚持了片面的发展、现代化的合理性。基于这些思想，环境问题还是难以有效解决。目前，环境问题仍有从区域性、局部性向全球性扩展，从单一性、分散性向整体性和复杂性演化的趋势，全球环境的总体恶化并没有得到有效遏制。

区别：第一，中国政府提出建设“环境友好型社会”和“生态文明”，代表着环境保护思想的最新趋势。它是在反思传统的环境保护战略基础上提出的，更加强调环境保护的全面性、整体性和综合性，更加强调对社会自身以及发展、现代化等观念的反省，更加强调在调整和约束整个社会的生产、生活方式以及权力分配、价值观念的基础上，建设真正能够适应环境约束、有利于环境保护，从而也有利于社会自身可持续的社会形态。在此意义上，“环境友好型社会”是一种以环境资源承载力为基础、以自然规律为准则、以可持续社会经济文化政策为手段，致力于倡导人与自然、人与人和谐的社会形态。

第二，“生态文明”是对“环境友好型社会”思想的进一步发展和升华，它强调在人类认知环境威胁、环境系统运行规律、社会系统运行规律以及人类社会与环境之间互动规律的基础上，自觉调整人类自身的价值取向和生产、生活实践行为，创建符合人与自然和谐相处原则的全新文明形态。这样一种文明形态，事实上实现了对生态中心主义、人类中心主义以及“以物为本”的发展观的三重超越，而社会主义的价值取向和制度建设则为生态文明建设提供了现实的可能性。中共十八大将生态文明建设与经济建设、政治建设、文化建设、社会建设并列，宣示了中国特色社会主义事业总体布局从“四位一体”发展为“五位一体”，具有深远的历史意义。

5. 物质资料生产方式具有哪些基本特征？

根据马克思、恩格斯的阐述，可以概括出物质资料生产方式所具有的客观性、社会性、历史性三大基本特征。

第一，客观性。无论任何社会，生产方式作为人们保证自己生活的方式，实际上都并不是人们主观规定和选择的，而是由一定的社会生产力发展水平所客观决定的。生产方式无论其存在还是其变革，都是不以人的意志为转移的，人们不可能脱离或超越一定的生产力发展水平而随意地选择和人为地改变生产方式。

第二，社会性。生产方式不仅是由一定的生产力水平所客观地规定的，而且也总是与一定的生产关系，进而与特定的社会形态密切联系、不可分割的。一定的生产方式总是必然产生或形成与之相适应的生产关系。生产方式必然地与一定的社会形态相联系，超脱于一定社会形态的所谓一般的、自然的或抽象的生产方式是根本不存在的。

第三，历史性。生产方式总是与一定的经济社会发展阶段相联系。任何生产方式，必定都体现为一定历史阶段的特殊的生产方式，不存在一种永远不变、普遍适用于任何历史阶段的所谓永恒的生产方式。

6. 为什么说物质资料的生产是社会存在和发展的基础？

首先，物质资料的生产之所以是社会存在和发展的基础，是因为人类生产活动的特殊性。人类生产从一开始就不是单个个人的活动，而是人们结成一定关系的社会活动。人与人之间在生产中所形成的关系一经产生，就具有了一种特殊的性质，并且成为所有社会关系，进而是社会的起点和基础。

其次，物质资料的生产方式作为社会的直接的、现实的基础，还进一步体现为物质资料生产方式发生变革必然导致社会变革。随着生产力的不断发展，生产方式也必然出现变化，导致新的生产组织形式、新的劳动与生产资料的结合方式以及人们之间的新的社会经济联系，最终必将导致整个社会运行方式和发展模式的变革。

此外，实际上物质资料的生产方式及其发展变化，也对作为人类社会运行基础条件的人口和资源环境产生重要的影响，并通过这种影响改变社会运行的物质基础。

21世纪社会学系列教材

第三章

社会系统与社会运行

【知识框架】

社会与社会系统是社会学学科最核心的概念，也是社会运行的主体。上一章阐释的是这个主体赖以生存的物质基础，而本章则阐释这个主体本身的特点、功能，它与社会运行的关系，以及社会学研究社会与社会系统的具体角度。

本章的知识框架如下。

社会系统与社会运行
- 一、什么是社会与社会系统
  - （一）社会与社会系统的概念
  - （二）社会的特点
  - （三）社会的功能
- 二、社会运行
  - （一）什么是社会运行
  - （二）评价社会运行状态的原则
    - 综合性原则
    - 协调性原则
    - 满足需要原则
- 三、社会学考察社会的几种角度
  - （一）宏观社会与微观社会的角度
  - （二）个人关系、群体关系和社会制度的角度
  - （三）血缘、地缘和业缘的角度
    - 血缘关系
    - 地缘关系
    - 业缘关系

【学习笔记与拓展知识】

一、什么是社会与社会系统

（一）社会与社会系统的概念

社会是人类生活的共同体。马克思主义认为，社会在本质上是生产关系的总和，它是以共同的物质生产活动为基础而相互联系的人们的有机总体，在这个意义上，社会也称作“社会系统”。

“社会”与“社会系统”两个概念有侧重点上的差异。社会是最为本源的概念，它等同于“人类社会”，更侧重于人群的聚集、社会关系的总和；而社会系统更侧重于社会是一个体系，强调社会的“有机体”特点，强调它是一个有机整体。

在汉语里，“社会”一词最早出现于《旧唐书·玄宗上》：“礼部奏请千秋节休假三日，及村闾社会”。此处是目前见到的“社”、“会”两字的最早连用，意为村民集会。

西方社会学者对社会的解释主要有两大派别：一派叫做社会唯实派或实体派，认为社会不仅是个人之集合，也是一个客观存在的东西，是真实存在的实体。其代表人物有德国的乔治·齐美尔、法国的涂尔干等。另一派叫做社会唯名派，认为社会是代表具有同样特征的许多人的名称，是空名，而非实体，真实存在的只是个人。这一派的代表人物有美国的 F. H. 吉丁斯（F. H. Giddings）、法国的 G. 塔尔德（G. Tarde）等。我们认为，这两大派别各执一端，他们的观点虽然包含了某些合理因素，但未免失之偏颇。我们的观点是，社会的本质既不能在整体之中，也不能在个人之中，而只能在人与人的关系、个人与整体的关系中去寻找。在这个问题上，马克思主义揭示了社会的本质。

马克思主义经典作家对社会的基本观点包括以下四个方面。

第一，社会不是单个个人的堆积或简单相加，它是人们的联系或关系，是人们相互交往的产物，是全部社会关系的总和。[①]

第二，在全部社会关系中，生产关系是最为根本的关系。生产关系是社会的基础和本质，是不以人们的意志为转移的客观物质关系。

第三，社会系统思想。马克思提出社会是一个“有机整体”，构成这个有机整

---

① 参见《马克思恩格斯全集》，中文 1 版，第 46 卷上册，北京，人民出版社，1979；马克思：《资本论》，第 3 卷，北京，人民出版社，1975。

体的不同要素之间相互联系、相互作用。[1] 首先是在生产力发展的一定状况下，产生一定的生产、交换、分配、消费的形式，有相应的社会制度，家庭、等级或阶级组织，一定的政治国家。这些相互联系的部分构成了整个社会系统。马克思认为，社会系统是由四个子系统构成的，即经济系统、政治系统、社会生活系统和思想文化系统。[2] 马克思提出，社会系统与自然系统也是不可分的。人类社会与自然环境、生态环境也是融为一体的，社会系统与自然系统之间必须协调发展。马克思还强调了社会系统处于运动变化之中。

第四，马克思阐释了社会系统运行的基本规律。生产力、生产关系，经济基础、上层建筑的相互作用是社会系统运行的本质，正是在这种运行中，产生了社会系统和社会经济形态演进的不同时代。

（二）社会的特点

（1）社会是由人群组成的。人是社会系统最基本的要素，是社会生活的开拓者，是社会活动的发起者，是社会关系的承担者，是社会过程的推动者。当然，这里所说的人，是人群而不是单个的人，单个的人是不能成其为社会的。

（2）社会以人与人的交往为纽带。人与人的多方面的联系，形成了整个社会系统。这些联系概括起来分为横向与纵向两个方面。所谓横向联系，即同一时代人们之间的联系。社会分工越发达，这种联系的发展程度就越高。所谓纵向联系，即历史联系，表现为人类文明前后相继的无止境的发展过程。

（3）社会是有文化、有组织的系统。文化形成后，又成为社会的最主要的构成要素之一，这样社会便按照一定的文化模式而组织起来。

（4）社会是以人们的物质生产活动为基础的。

（5）社会系统具有心理的、精神的联系。

（6）社会系统是一个具有主动性、创造性和改造能力的活的机体。社会的主体——人，能够主动地发现社会自身以及社会与自然之间的不平衡，并主动地进行调整使之实现平衡。

（三）社会的功能

（1）整合的功能。“整合”（integration）或“社会整合”（social integration）是社会学术语，指社会将无数单个的人组织起来，形成一股合力，调整种种矛盾、冲突与对立，并将其控制在一定范围内，维护统一的局面。

（2）交流的功能。社会创造了语言、文字、符号等人类交往的工具，使个人

---

① 参见《马克思恩格斯选集》，2版，第2卷，北京，人民出版社，1995。

② 参见郑杭生、李强等：《社会运行导论——有中国特色的社会学基本理论的一种探索》，8～13页，北京，中国人民大学出版社，1993。

之间、家庭之间、群体之间、国家之间的交往成为可能。

(3) 导向的功能。社会有一整套行为规范，用以维持正常的社会秩序，调整人们之间的关系，规定和指导人们的思想、行为的方向。

(4) 继承和发展的功能。人类创造的物质和精神文化通过社会而得以继承和发展。

二、社会运行

(一) 什么是社会运行

所谓社会运行，指社会有机体自身的运动、变化和发展，表现为社会多种要素和多层次子系统之间的交互作用以及它们多方面功能的发挥。

社会运行大体上包括纵向与横向两个方面。

1. 纵向运行

纵向运行即为社会的变迁与发展。社会系统在其前后相继的纵向运行中表现出如下一些基本关系：

第一，继承的关系，即后来的社会接受了过去社会所留下的遗产。

第二，变异的关系。社会纵向运行虽然继承了过去的东西，但不是一成不变地照搬，而是随时修改着、变化着。

第三，中断的关系。在社会的纵向运行中，有很多东西被历史发展所抛弃。

2. 横向运行

横向运行指在社会发展某一阶段上，社会诸要素、社会诸系统的交互作用。与纵向运行一样，横向运行也表现出了一些基本关系。

第一，交叉与渗透的关系。社会是一个整体，社会各要素、各系统的区分是相对的，而不是绝对的。在现实生活中，它们是交织在一起的，你中有我，我中有你。

第二，制约的关系，即社会某些要素、子系统的功能的发挥会限制和约束另一些要素与子系统的发展。

第三，促进关系。与制约关系正相反，它指一个系统功能的发挥对另一个系统起着推波助澜的作用。

第四，转化的关系，即一种要素转变为另一种要素、一个系统的问题转变为另一个系统的问题。

总之，无论纵向运行还是横向运行，社会诸要素与诸系统都表现出了相互联系、交互影响、交互作用的特点。

(二) 评价社会运行状态的原则

1. 综合性原则

从社会学的角度看，衡量社会运行与发展不能只从某一个方面，或某几个片面的角度出发，而必须用一种全面的、综合性的标准来评价。这个标准应包括社会的各个基本方面。

首先，对社会运行评价的全面性，即要对多因素、多层次的社会做周密全面的考察。其次，对社会运行评价的整体性。社会运行的状况最终要通过整体的运行表现出来，局部运行和发展的良性与否必须通过它对整体所发挥的作用才能显示出来。整体效益是衡量社会大系统以及各个子系统运行状态的根本依据。

一般说来，综合性原则的运用有两条基本途径：

第一，理论综合研究。这是为人们广泛地、频繁地使用的一种基本方法。马克思主义经典作家所撰写的大量著作都堪称楷模。理论综合研究的一般过程是，首先通过广泛深入的调查研究占有大量实际材料，然后通过分析材料说明其内在的联系，并由其中找出最重要的联系，最后得出科学的结论。

第二，利用数学、统计学等模型的综合研究。这类模型的基本出发点是：社会现象虽然复杂，但可以通过一定的方法加以计量。计量化的社会现象具有准确、严格、客观性强和容易比较的特点。

2. 协调性原则

社会运行的协调性就是社会多种要素、社会各部分之间的相互配合状态。社会运行的协调性包括三个方面：

（1）结构性协调。是指社会要素的联系具有较高的有序性、合理的比例与排列和严密的组织性。社会结构是社会运行的基础，它对社会运行状态起着根本性制约作用。

社会结构具有稳定性的特点，即结构具有维持其原有的秩序、组织和比例的趋向。这表现在运行上，就是社会运行的惯性。

（2）功能性协调。是指社会系统在活动和作用上相互配合与相互促进。功能上的协调有两种情况：

第一，在结构协调基础上的功能协调，这时，功能上的协调有牢固、可靠的基础，是一种比较稳定和持久的协调。

第二，结构不协调，但由于人们主观上的努力，在结构发挥的作用上做了尽可能的调整，实现暂时的协调。

功能的协调在社会行动中发挥重要的作用：第一，功能的协调与否是社会运行状态的直接标志。第二，功能协调的特点也给社会运行状态以深刻的影响。

（3）结构与功能之间的协调。结构的协调与功能的协调是互相配合、互相促进的，这是结构与功能之间的协调。结构与功能之间的协调程度也是衡量社会运行与发展状态的重要条件。

结构决定功能。当结构处于协调状态时，功能的协调也比较容易实现。

功能的协调可以在一定程度上有助于结构的协调，最终有利于社会的良性运行。

结构与功能在变化上的相互配合，也对社会运行产生重大影响。一方面，功能的变化是结构变化的前提。另一方面，结构一旦发生变化，就要求有新的功能迅速与之配合。

社会变迁时期的协调问题。结构性调整所带来的社会震动，使社会表面上反而处于不协调与动荡之中。马克思主义认为，革命、新的社会制度的诞生、新的社会结构的建立是要有“阵痛”的。在中国当前的经济体制改革中，我们也遇到了类似“阵痛”的现象。在此情况下，要想正确评价社会运行状态，就必须用全面的和发展的观点看待协调性问题。

3. 满足需要原则

需要是个人、社会集团和整个社会对于维持和发展其自身活动的条件的各种要求的总和。满足需要的程度是指个人、社会集团与社会实现其生存和发展的条件所达到的水平或状态，是一个具有一定确定性的、可以量度的范畴。

人的需要可分为：

自然需要。自然需要是人作为有生命的自然物的需要。

社会需要。社会需要是作为社会的人所需要的一切。

客观需要。客观需要是与物质相联系的需要。

主观需要。主观需要是与人的精神活动相联系的需要。

满足需要的程度作为衡量社会运行状态根本原则的原因：

第一，人是社会的主体，人是社会活动的承担者和社会运行的推动者。

第二，客观事物本身如果不与人类相联系就无所谓好与坏。

第三，满足需要的程度是综合性原则和协调性原则的落脚点。

三、社会学考察社会的几种角度

（一）宏观社会与微观社会的角度

宏观社会指社会的整体结构，是较大范围的社会关系，如人口结构、民族结构、阶级结构、职业结构等。

社会学历来重视对宏观社会的研究，因为它可以使人们站在较高的位置上看到社会的整个面貌，考察大规模的社会总体现象。

微观社会指社会的个体结构，即表现日常生活中人际互动的模式。如民族的或阶级的个别成员之间的互动，职业群体的人员（每一个个人）构成，等等。

社会学对微观社会的考察着重于社会中个人之间的差异与特性，即每个个别人的态度、行为等都受到个人的心理支配，因而有着区别于他人的个别原因。

(二)个人关系、群体关系和社会制度的角度

从社会关系的水平和层次上看,社会系统可以区分为个人关系、群体关系和社会制度三个层次。

1. 个人关系

个人关系,指日常发生的人与人之间的直接联系或互动,是一种较低层次的社会关系。这种关系常常是非正式的,无固定的要求,没有通过法律、法规、规则、规章等形式固定下来,常常是不稳定的、变动不居的。

社会学历来重视对个人关系的研究。这是因为:第一,个人关系是全部社会关系的起点,其他社会联系都是由此展开的。第二,个人交往是社会中最频繁发生的社会关系与社会互动。第三,个人关系是人们对于社会关系、社会互动的最直接的体验,因而给人们留下最丰富的感性认识。人们常常是通过直接的人与人之间的互动来观察一个社会的。正因为如此,在我们社会主义国家中,应认真对待和处理个人关系。

互联网络的发展,大大拓宽了个人交往和建立关系的范围和领域,人们之间可以不见面、不通过声音就直接地联络、交流,可以仅仅凭借互联网就建立起十分密切的互动关系。这也为社会学研究个人关系开拓了新的途径和领域。

2. 群体关系

群体关系,指在社会的群体或组织的层次上所发生的社会关系。它是社会关系的中间层次。与个人关系相比,群体关系具有一定的稳定性、持久性,受到社会群体的规则、规范的约束。

群体关系在社会关系中占有重要地位,它比个人关系更明确、更集中地表现了社会关系的基本倾向,它是社会制度的基础。马克思主义经典作家历来重视群体关系,特别是阶级关系。他们认为,阶级斗争是阶级社会发展的直接动力。阶层的关系、职业群体的关系以及其他一些非阶级的社会集团的关系成为当前我国社会生活中日益重要的群体关系。

改革开放以前,我国的群体关系比较简单,正式建立的组织大都是国有的或集体的,归党和政府统一领导。而近些年来,随着各种新型社会组织、社会群体的产生,群体关系变得极为复杂。

3. 社会制度

所谓社会制度,是指在一定历史条件下形成的社会关系及与之相联系的社会活动的规范体系。在社会关系中,社会制度占据最重要的地位,因为,社会制度是社会关系的综合体系,也是社会关系的最高层次。社会制度是一种固定化的较为持久的社会关系。只有研究社会制度,我们才能从总体上把握住一个社会的基本关系。

（三）血缘、地缘和业缘的角度

社会学通常从联系人际关系的纽带上，将社会关系区分为三个方面：血缘关系、地缘关系和业缘关系。

1. 血缘关系

血缘关系是指以血统的或生理的联系为基础而形成的社会关系。血缘关系是人的先天联系，它在人类社会产生之初就已存在，因而通常认为，它是人类最早形成的社会联系，不过社会的发展不断赋予它以新的内容。比较重要的血缘关系有：种族、氏族、宗族、家族、家庭。

种族是根据人体的生理特点而做的区分，是指具有某种相同遗传身体特质的人种分支。种族不同于民族或语言团体。种族仅仅强调人的体质特征的一致。

氏族又称氏族公社，它是原始社会中由血缘关系联系起来的社会集体或社会基本单位。氏族内部实行禁婚、集体劳动、集体占有生产资料、平均分配，没有剥削也没有阶级。

宗族，即同宗、同族，指有着共同的祖宗或属于同一父系，因而使用同一姓氏的人群。其成员的联系可以延续数代、数十代，甚至近百代。

家族指同一血统的几代人所形成的社会群体，也有人称之为“大家庭”。它包括两种血缘联系：直系的和旁系的。

家庭有核心家庭与扩大的核心家庭之分。前者指只有一对配偶（即一个核心）的家庭。后者指有两对或两对以上的配偶的家庭。

在不同的时代、不同的社会制度下，血缘关系联系的紧密程度及其地位、作用不同。

血缘关系在社会中既有正功能也有反功能。就正功能而言，它起着联系社会与群体，使之增强内聚力，从而形成牢固的整体的作用。就反功能而言，由于血缘关系是人们的一种先天的联系，因而一个人在他刚一出生时就已被置于一定的血缘联系之中，直到死也未必能完全退出这种联系，这使人们处在一种相当被动的地位上。

在我国社会主义条件下，应正确处理血缘关系的正功能与反功能。一方面，尽量发挥其正功能，比如，发挥家庭的多种功能，包括家庭的养老功能、互助功能、保障功能等；另一方面，尽量避免和抵制其反功能，比如，反对“血统论”，防止一些人利用职权为亲属谋取私利等。近年来，媒体上讨论的“富二代”、“官二代”，都是血缘关系在改革开放以后的新局面下出现的新问题，应认真对待和研究。

2. 地缘关系

地缘关系是指人类社会的区位结构关系或空间与地理位置关系。比较稳定的、牢固的地缘关系的形成是自人类社会采取了定居形式以后才发生的。

在不同的国家和地区，对地缘关系的划分有所不同。一般来说，可大致分为三级、四级、五级乃至更多级。我国的地缘系统按七级划分就是：国家—省（或直辖市、自治区）—市—县（或大区与县级市）—乡镇（或街道）—村（或居民区）—邻里。

按地缘关系的典型特点，可以分为封闭型与开放型。封闭型地缘关系指工业革命以前的社会。那时小生产占统治地位，分工不发达，人们局限于较小的地缘范围内，流动性很低。开放型的地缘关系指工业革命以来的社会。机器大生产的发展使人们摆脱了小生产的束缚；现代大城市的发展使大量人口摆脱了土地的束缚，进入了流动的工业城市；现代交通工具的发展使人们的远距离较快流动成为可能。在开放型的地缘关系中，人们的居住与工作仅仅具有相对稳定性，人们由于在居住与职业上的流动不断形成新的地缘关系。从社会发展趋势看，开放型的地缘关系也有不断扩大的趋势。

地缘关系的功能也是双向的。其正功能是维系社会的稳定，反功能则是束缚人们的发展。就其反功能而言，在我国，长期的封建社会传统使得地缘关系的封闭性很强，并由此形成了人们很强的地区观念、乡土观念、老乡观念。如果仅仅以这些观念待人处事，形成"乡土帮"，组织上形成帮派，会对社会造成反功能。

3. 业缘关系

业缘关系是指以人们广泛的社会分工为基础而形成的复杂的社会关系。业缘关系不是人类社会与生俱来的，而是在血缘和地缘关系的基础上发展起来的。可以认为，建立在广泛的社会分工基础上的真正独立的业缘关系是随着阶级社会的产生而形成和发展起来的。

业缘关系的发展具有最重要的意义。因为：

第一，业缘关系是人类社会发展的一个重要基础。在人类历史上，几次大的分工与业缘关系的发展曾大大推动了社会发展的进程。工业革命以来，社会上逐渐发展出一整套极其复杂的分工体系与业缘关系，它们促进了现代经济的发展，并成为现代社会存在与发展的基础。

第二，业缘关系反映着社会前进的步伐和整个社会的面貌。业缘关系促进了社会分工主要领域的演变，促进了人类社会的进步和文明水平的不断提升。但同时，业缘关系也具有一定的反功能。

它的反功能如下：业缘关系的基础是把人局限在某一种职业上的社会分工。分工体系和业缘关系就起着维护剥削制度的作用。在剥削制度消灭以后，业缘关系不再具有统治与剥削的意义，但是，业缘关系和庞大的职业网络束缚人们发展的现象依然存在，相当大的一部分人还是只能整日从事枯燥乏味的机械性劳动。

【课后题详解】

1. 简析"社会"和"社会系统"的概念。

（1）社会与社会系统概念的联系与区别。

社会是人类生活的共同体。马克思主义认为，社会在本质上是生产关系的总和，它是以共同的物质生产活动为基础而相互联系的人们的有机总体，在这个意义上，社会也称作“社会系统”。

“社会”与“社会系统”两个概念有侧重点的差异。社会是最为本源的概念，它等同于“人类社会”，更侧重于人群的聚集、社会关系的总和；而社会系统更侧重于社会是一个体系，强调社会的“有机体”特点，强调它是一个有机整体。

（2）学术界对社会和社会系统概念的界定。

第一，中国学者的界定。在汉语里，“社会”一词最早出现于《旧唐书·玄宗上》：“礼部奏请千秋节休假三日，及村闾社会”。这是目前见到的“社”、“会”两字的最早连用，意为村民集会。

第二，西方学者的界定。西方社会学者对社会的解释主要有两大派别。一派叫做社会唯实派或实体派，他们认为，社会不仅是个人之集合，也是一个客观存在的东西，是真实存在的实体。其代表人物有德国的乔治·齐美尔、法国的涂尔干等。另一派叫做社会唯名派，他们认为，社会是代表具有同样特征的许多人的名称，是空名，而非实体，真实存在的只是个人。这一派的代表人物有美国的F. H. 吉丁斯、法国的G. 塔尔德等。我们认为，这两大派别各执一端，他们的观点虽然包含了某些合理因素，但未免失之偏颇。我们的观点是，社会的本质既不能在整体之中，也不能在个人之中，而只能在人与人的关系、个人与整体的关系中去寻找。在这个问题上，马克思主义揭示了社会的本质。

第三，马克思主义经典作家的界定。其对社会的基本观点包括以下四个方面：

其一，社会不是单个个人的堆积或简单相加，它是人们的联系或关系，是人们相互交往的产物，是全部社会关系的总和。

其二，在全部社会关系中，生产关系是最为根本的关系。生产关系是社会的基础和本质，是不以人们的意志为转移的客观物质关系。

其三，社会系统思想。马克思提出社会是一个“有机整体”，构成这个有机整体的不同要素之间相互联系、相互作用。首先是在生产力发展的一定状况下，产生一定的生产、交换、分配、消费的形式，有相应的社会制度，家庭、等级或阶级组织，一定的政治国家。这些相互联系的部分构成了整个社会系统。马克思阐述道，社会系统是由四个子系统构成的，即经济系统、政治系统、社会生活系统和思想文化系统。马克思提出，社会系统与自然系统也是不可分的。人类社会与自然环境、生态环境也是融为一体的，社会系统与自然系统之间必须协调发展。马克思还强调了社会系统处于运动变化之中。

其四，马克思阐释了社会系统运行的基本规律。生产力、生产关系，经济基础、上层建筑的相互作用是社会系统运行的本质，正是在这种运行中，产生了社会系统和社会经济形态演进的不同时代。

(3) 社会的特点。

第一，社会是由人群组成的。人是社会系统最基本的要素，是社会生活的开拓者，是社会活动的发起者，是社会关系的承担者，是社会过程的推动者。当然，这里所说的人，是人群而不是单个的人，单个的人是不能成其为社会的。

第二，社会以人与人的交往为纽带。人与人的多方面的联系，形成了整个社会系统。这些联系概括起来分为横向与纵向两个方面。所谓横向联系，即同一时代人们之间的联系。社会分工越发达，这种联系的发展程度就越高。所谓纵向联系，即历史联系，表现为人类文明前后相继的无止境的发展过程。

第三，社会是有文化、有组织的系统。文化形成后，又成为社会的最主要的构成要素之一，这样社会便按照一定的文化模式而组织起来。

第四，社会是以人们的物质生产活动为基础的。

第五，社会系统具有心理的、精神的联系。

第六，社会系统是一个具有主动性、创造性和改造能力的活的机体。社会的主体——人，能够主动地发现社会自身以及社会与自然之间的不平衡，并主动地进行调整使之实现平衡。

2. 怎样理解社会的功能？

(1) 整合的功能。“整合”或“社会整合”是社会学术语，指社会将无数单个的人组织起来，形成一股合力，调整种种矛盾、冲突与对立，并将其控制在一定范围内，维护统一的局面。

(2) 交流的功能。社会创造了语言、文字、符号等人类交往的工具，使个人之间、家庭之间、群体之间、国家之间的交往成为可能。

(3) 导向的功能。社会有一整套行为规范，用以维持正常的社会秩序，调整人们之间的关系，规定和指导人们的思想、行为的方向。

(4) 继承和发展的功能。人类创造的物质和精神文化通过社会而得以继承和发展。

3. 什么是社会运行？

所谓社会运行，指社会有机体自身的运动、变化和发展，表现为社会多种要素和多层次子系统之间的交互作用以及它们多方面功能的发挥。

社会运行大体上包括纵向与横向两个方面。

(1) 纵向运行。

纵向运行也就是社会的变迁与发展。社会系统在其前后相继的纵向运行中表现出如下一些基本关系。

第一，继承的关系，即后来的社会接受了过去社会所留下的遗产。

第二，变异的关系。社会纵向运行虽然继承了过去的东西，但不是一成不变地照搬，而是随时修改着、变化着。

第三，中断的关系。在社会的纵向运行中，有很多东西被历史发展所抛弃。

（2）横向运行。

横向运行指在社会发展某一阶段上，社会诸要素、社会诸系统的交互作用。与纵向运行一样，横向运行也表现出了一些基本关系。

第一，交叉与渗透的关系。社会是一个整体，社会各要素、各系统的区分是相对的，而不是绝对的。在现实生活中，它们是交织在一起的，你中有我，我中有你。

第二，制约的关系，即社会某些要素、子系统的功能的发挥会限制和约束另一些要素与子系统的发展。

第三，促进关系。与制约关系正相反，它指一个系统功能的发挥对另一个系统起着推波助澜的作用。

第四，转化的关系，即一种要素转变为另一种要素、一个系统的问题转变为另一个系统的问题。

总之，无论纵向运行还是横向运行，社会诸要素与诸系统都表现出了相互联系、交互影响、交互作用的特点。

4. 怎样对于社会运行的状态做出评价？

评价社会运行状态的三大原则是综合性原则、协调性原则和满足需要的原则。

（1）综合性原则。

从社会学的角度看，衡量社会运行与发展不能只从某一个方面，或某几个片面的角度出发，而是必须用一种全面的、综合性的标准来评价。这个标准应包括社会的各个基本方面——这就是社会学的综合性原则。

综合性原则的运用主要有两条基本途径：理论综合研究，利用数学、统计学等模型的综合研究。

（2）协调性原则。

社会运行的协调性就是社会多种要素、社会各部分之间的相互配合状态。

社会运行的协调性包括三个方面：

第一，结构性协调。是指社会要素的联系具有较高的有序性、合理的比例与排列和严密的组织性。

第二，功能性协调。是指社会系统在活动和作用上相互配合与相互促进。

第三，结构与功能之间的协调。结构的协调与功能的协调是互相配合、互相促进的。结构与功能的协调度是衡量社会运行与发展状态的重要条件。

首先，结构决定功能。

其次，功能的协调可以在一定程度上有助于结构的协调，最终有利于社会的良性运行。

最后，结构与功能在变化上的相互配合，也对社会运行产生重大的影响。一方面，功能的变化是结构变化的前提，社会总是因功能的变化而最终导致了结构上的变化。另一方面，结构一旦发生变化，就要求有新的功能与之配合，否则，社会良性运行也难以实现。

(3) 满足需要原则。

需要是个人、社会集团和整个社会对于维持和发展其自身活动的条件的各种要求的总和。满足需要的程度是指个人、社会集团与社会实现其生存和发展的条件所达到的水平或状态，是一个具有一定确定性的、可以量度的范畴。

5. 我国改革与发展的新时期，在血缘、地缘与业缘关系上面临哪些新问题?

(1) 血缘关系。

它是指以血缘的或生理的联系为基础而形成的社会关系，比较重要的血缘关系有种族、氏族、宗族、家族、家庭。

在不同的时代、不同的社会制度下，血缘关系联系的紧密程度及其地位、作用是不相同的。由于传统和文化的差异，血缘关系在不同国家的地位、作用并不一致。

血缘关系在社会中既有正功能也有反功能。在我国社会主义条件下，应正确处理血缘关系的正功能与反功能。一方面，尽量发挥其正功能，比如，发挥家庭的多种功能，包括家庭的养老功能、互助功能、保障功能等；另一方面，尽量避免和抵制其反功能，比如，反对“血统论”，防止一些人利用职权为亲属谋取私利等。近年来，媒体上讨论的“富二代”、“官二代”，都是血缘关系在改革开放以后的新局面下出现的新问题，我们应认真对待和研究。

(2) 地缘关系。

地缘关系是指人类社会的区位结构关系或空间与地理位置关系。比较稳定的、牢固的地缘关系的形成是自人类社会采取了定居形式以后才发生的。在不同的国家和地区，对地缘关系的划分有所不同。根据地缘关系的典型特点，可以分为封闭型与开放型。

地缘关系的功能也是双向的。其正功能是能维系社会的稳定，反功能则是束缚人们的发展。我们的任务就是制定出符合客观实际情况的政策，以充分发挥其正功能，减少其反功能。就其反功能而言，在我国，长期的封建社会传统使得地缘关系的封闭性很强，并由此形成了人们很强的地区观念、乡土观念、老乡观念。如果人们仅仅以这些观念待人处事，形成“乡土帮”，组织上形成帮派，那就会对社会造成反功能。针对这种情况，我们应当用开放性的观念做引导。同时，地缘关系的正功能也是十分突出的。乡土观念是中华民族凝聚力的一个重要方面，很多海外华侨“落叶归根”，积极支持家乡建设，成为我国区域发展的一支重要力量。

在我国的城镇化过程中，如何处理好地缘关系成为关键。在处理城镇化的地缘关系问题上，一个核心环节就是我国特有的“户籍制度”。户籍制度一方面体现了我国地缘关系的相对稳定性，但另一方面，也在不同程度上制约了人口的流动、约束了机会的均等。为了实现现代化、城镇化，要根据社会发展的要求，逐步改革我国的户籍制度，最终实现中国公民在地域关系上的机会均等。总之，在当前我国改革与发展的特殊阶段，要恰当地处理好地缘关系，制定符合我国实际情况和满足广大人民需要的好政策、好制度。

（3）业缘关系。

业缘关系是指以人们广泛的社会分工为基础而形成的复杂的社会关系。

与血缘关系和地缘关系相比较，业缘关系的发展具有最重要的意义。这是因为：第一，业缘关系是人类社会发展的一个重要基础。第二，业缘关系反映着社会前进的步伐和整个社会的面貌。

业缘关系的反功能主要表现在，业缘关系的基础是把人局限在某一种职业上的社会分工。就一定的历史阶段而言，这种分工无疑是有利于各个社会部门、各种专门行业以至全社会发展的。但是，从另一方面看，它同时也限制了人们的发展。

我国改革与发展的现阶段，在业缘关系上面临诸多的新问题。改革开放以前，人们的就业体制和业缘关系相对简单。改革开放30多年来，新生的就业体制五花八门，包括私营企业、个体经营、外商投资、有限责任公司、股份有限公司、股份合作单位、联营、合资企业、港澳台商人投资企业等；实际运作中的体制比这些还要复杂，比如承包的、转包的、出租的、租柜台的、包工队式的、挂靠式的、交管理费式的，等等。这些新的体制以及新型就业关系，都是在比较短的时期内发生的，很多方面的规章规则还不完善，还有不少体制上的漏洞。所以，当前我们面临着劳动纠纷、劳资纠纷频发的局面。近些年，上访上告、信访告状，大多属于业缘关系方面的问题。如何理顺我国现阶段的业缘关系，是我国的社会学界，乃至全社会都需要认真对待和解决的重大课题。

第四章

社会运行与社会文化

【知识框架】

文化联系着社会生活和社会运行的各个方面，因此，文化是考察和理解社会的最重要维度之一，是社会学中的重要概念。本章主要是让学习者对文化有一个整体的初步认识，主要内容包括文化的含义及其特征，文化的类型，文化的构成，文化分析的基本视角，以及文化所发挥的功能，等等。

本章的知识框架如下。

社会运行与社会文化

- 一、文化的含义及特性
  - （一）什么是文化
  - （二）文化的特征
- 二、文化的类型
  - （一）物质文化与非物质文化
  - （二）主文化与亚文化
  - （三）主文化与反文化
  - （四）评比性文化与非评比性文化
- 三、文化构成与文化分析
  - （一）从文化要素角度理解文化构成
  - （二）从文化分层角度理解文化构成
  - （三）文化中心主义与文化相对主义
  - （四）文化震惊与边际文化
- 四、文化的功能
  - （一）认同功能
  - （二）规范功能
  - （三）整合功能
  - （四）教育与教化功能

【学习笔记与拓展知识】

文化为人类社会所特有。人类社会最为整体的、系统的特征就是文化现象，只有人类社会创造、传递和演习着文化，正是在这个意义上使用“人类社会文化”概念，简称“文化”。文化联系着社会生活和社会运行的各个方面。

一、文化的含义及特性

（一）什么是文化

“文化”一词英文为“culture”，来源于拉丁语，原意是指“耕耘”、“耕作”，其最初含义与农业文明有直接的联系。

文艺复兴时代将农业、手工业、商业、教育等活动都归入了文化范畴，认为凡是与自然状态、天然状态相对立的都属于文化现象。德国学者普芬多夫（S. Pufendorf）曾定义文化概念：文化是社会人的活动所创造的东西和有赖于人与社会生活而存在的东西的总和。按照这个定义，文化既包括物质因素，也包括非物质因素。

也有些学者认为，文化只包括精神因素。英国人类学家爱德华·B·泰勒（Edward B. Tylor）认为，文化是一个复杂的综合体，其中包括知识、信仰、艺术、道德、法律、风俗以及人作为社会成员所获得的各种能力与习惯。[①] 文化的特点是：它是人类后天习得的，为人类社会所共同享有。

文化的定义归纳起来看大致分为两大类：一类近似于前述的普芬多夫定义，认为文化是社会成员所享有的一切知识、思想、价值观和物质财富；另一类近似于前述的泰勒定义，认为文化是在社会互动中产生的，是社会成员在社会化过程中习得的。

我们认为，文化是与自然现象不同的人类社会活动的全部成果，它包括人类所创造的一切物质的与非物质的成果。

文化是人类社会区别于动物界的根本标志，是人类智慧的集中体现。其他动物都不具有人类的文化思想、文化知识和文化技能，当然更不具有人类创造文化的能力。动物存在以下局限：第一，动物的行为更大程度上还是取决于自然的、生理的、遗传的因素；第二，动物的行为远不具有人类文化的系统性与整体性。总之，社会文化是人类社会所独有的，人类社会的生活方式和行为方式是按照一定的文化逻辑来进行的。

---

① 参见《中国大百科全书·社会学卷》，409页，北京，中国大百科全书出版社，1991。

（二）文化的特征

第一，文化具有超生理性。所谓文化的超生理或超生物性，指文化不是依赖生理的、生物的特性而获得的。

第二，文化具有超个人性。超个人性也被称为文化的共享性。个体、个人虽具有接受文化或创造文化的能力，但是，形成文化的力量却不在个人。个人只有在与他人的互动中才需要、接受和影响文化。

第三，文化具有象征性。象征性指文化现象总是具有广泛的意义，文化的意义要远远超出文化现象所直接表现的那个窄小的范围。

第四，文化具有全括性。文化不是单一的现象，而是涵盖社会生活的各个方面。各种社会行动或社会现象，都包含了文化的因素。从世俗的日常生活，到神圣的信仰，都与文化密不可分，文化无所不包。

第五，文化具有整体性。文化是一个有机系统和整体，由不同的要素构成，各构成要素之间按照一定的规则或规律形成一个综合的整体。每一种文化系统都是按照一定的规则联系起来的整体，构成系统的各个组成部分都在整体中发挥着特定功能。

第六，文化的传递性与变迁性。传递性，指文化一经产生就要被他人模仿、效法、利用。传递有两个方向：纵向传递和横向传递。纵向传递指人类将文化一代一代地传承下去，这种传递在社会学上又称为“社会化”。横向传递指文化在不同地域、民族之间的传播。

在文化传递的过程中会发生文化的变迁。大规模的文化变迁因三种因素引发：第一，自然条件的变化。第二，不同文化之间的接触。第三，发明与发现。

“文化堕距”理论。在研究文化变迁的特性时，美国社会学家威廉·奥格本（W. F. Ogburn）提出了“文化堕距”（culture lag）的理论，该词又译为“文化滞后”。[①] 该理论认为，由相互依赖的各部分所组成的文化在发生变迁时，各部分变迁的速度是不一致的，有的部分变化快，有的部分变化慢，结果就会造成各部分之间的不平衡、差距、错位，由此造成社会问题。一般说来，总是“物质文化”先于“非物质文化”（奥格本称之为“适应文化”）发生变迁，物质文化的变迁速度快于非物质文化，两者不同步，于是就产生差距。就非物质文化的变迁看，它的各构成部分的变化速度也不一致，一般说来总是制度首先变迁，或变迁速度较快，其次是风俗、民德变迁，最后才是价值观念变迁。我国现阶段社会正处于重大的改革、变迁之中，因此，文化各部分失调或文化堕距的现象就十分突出。例如，不少地区虽引进了先进的物质设备，但技术知识、人的素质和观念等的滞后限制了

---

① 参见［美］威廉·费尔丁·奥格本：《社会变迁——关于文化和先天的本质》，王晓毅、陈育国译，106～107页，杭州，浙江人民出版社，1989。

物质文化、经济的进一步发展。为此，应更多地注意文化各部分的协调问题。

二、文化的类型

（一）物质文化与非物质文化

物质文化指物质世界中，一切经过人的加工、体现了人的思想的东西。非物质文化，又称精神文化，指制度、规范、观念等。

精神文化又可区分为理念文化（或观念文化）与制度文化。① 理念文化是还处在思想、观念状态的文化，还没有变为社会规范。制度文化则是已为多数人所遵循的规范，它对人们的行为具有约束力。

物质文化与非物质文化在使用上是有差异的，物质文化因自然规律的作用，在使用过程中不断被损耗，非物质文化却可以被反复使用而不损耗。在我国的文化建设中，非物质文化受到了越来越多的关注。

（二）主文化与亚文化

主文化是在社会上占主导地位的、为社会上多数人所接受的文化。亚文化指仅为社会上一部分成员所接受的或为某一社会群体所特有的文化。亚文化一般并不与主文化相抵触或对抗。亚文化又可分为不同的类别：

（1）民族亚文化指为社会中少数民族群体所特有的文化。

（2）职业亚文化指为各种职业群体所特有的文化。

（3）越轨亚文化指为一些反社会集团所特有的文化。反社会集团的行为规范往往偏离主流文化所规定的行为规范，相对于主流文化来说，反社会集团的群体规范是越轨行为。

从发展变迁角度看，主文化与亚文化的区分不是绝对的，两者都在发生变化，也可能互相转化。

对于主文化与亚文化的性质或是非曲直，只能具体问题具体分析。仅凭主文化、亚文化的地位并不能判断其性质，只能根据它们在社会上所起的作用来对其做出判断。

（三）主文化与反文化

这是根据文化在社会中的地位、作用，从对立、冲突的角度对文化做的区分。也有学者认为，反文化是一种特殊的亚文化。一般说来，主文化指在社会上占主

---

① 参见［日］横山宁夫：《社会学概论》，上海，上海译文出版社，1983。

导地位，对现存社会秩序起着维护、支持作用的文化。反文化是对现存秩序的背离和否定，是对现存主文化的抵制和对抗。

（四）评比性文化与非评比性文化

就不同民族文化比较而言，文化或外来文化可以区分为评比性文化和非评比性文化。

评比性文化是指有好坏、高下之分的文化，即在两种文化的比较中，可以评出孰优孰劣的文化。一般说来，评比性文化都是比较容易鉴别其价值的文化。

非评比性文化，也可称作中性文化，是指在文化比较中没有明显的优劣、高下之分的文化。这类文化多与人们的行为方式、习惯、习俗相联系。

中性文化在社会中发挥着重要功能。一般说来，中性文化是民族分野的重要标志，有助于维系社会的团结与稳定，有助于增强社会的内聚力。

中性文化的大规模变迁，即人们行为方式的大幅度变化，往往会引起社会的较大的动荡，因此是应尽力避免的。

对待中性文化的态度：一方面，由于中性文化没有明显的优劣之分，因而我们的改革与吸收外来文化的重点绝不是中性文化；另一方面，由于中性文化与人们的行为方式、习俗等联系密切且无明显的高低之分，因此对于它的演变与发展不应采取过多的干预政策，应听任其自然发展。

三、文化构成与文化分析

（一）从文化要素角度理解文化构成

各种文化系统都有一些基本的构成要素，对于这些要素也有不同分类，其中一种分为象征符号、价值观、社会规范和物质文化四大类，其中，前三类属于精神文化要素。①

1. 象征符号

象征符号是人类创造的文化象征体系的基本构成要素。象征符号要素是人类文化的重要基础，人类的所有社会行为均依赖于象征符号的使用。譬如在语言、文字、艺术、宗教、科学技术中，均包含着丰富的象征符号。

意义的建构是象征符号的基本特征，人们不仅在创造各种象征符号，同时也在不断赋予各种符号以不同的意义。

文化中的象征符号也包括物质象征符号，当人类赋予某种物质以超越于物质

---

① 以下参见［美］戴维·波普诺：《社会学》（第十一版），李强等译，75～86页，北京，中国人民大学出版社，2007。

本身的意义时，就建构起物质象征符号。

在社会生活中，不断地创造或建构象征符号，因此象征符号是动态的、发展的。随着生活环境的变化，可能赋予已有的象征符号以新的意义，或者用新的符号表达某种意义。

2. 价值观

价值观是以理念形式出现的文化要素。价值观指社会成员对于人或事物价值的判断，即对于人或事物的意义、重要性的总体评价，它也是人们判断是非曲直的基本标准。价值观对社会成员的社会态度和行动选择起着直接的指导作用。每一个社会的文化都有自己的核心价值观念，不同的价值观是文化模式差异的重要体现。

价值观可以通过多种途径代代相传。在此过程中，价值观既有延续传统的方面，也有随着时代的演进而发生变化的方面。

文化价值观与社会成员的行动有着密切的关系。关于价值观与社会行动之间的关系问题，社会学理论中有两种观点：

其一，认为价值观决定行动者的态度和行动，如帕森斯主张，人们在社会化早期，基本价值观已经形成，个人在社会生活中就会按照这些价值观来选择行动，也会按照这些价值观来进行社会评价。因而文化价值观念的变迁是引起社会变革的重要原因之一。

其二，认为人们的行动创造和建构了价值观，萨姆纳（W. Sumner）持此种观点，在他看来，先有社会习俗或风俗，后来才形成价值观，不同文化的习俗是该社会的成员通过日常行为创造和建构起来的，当多数成员都遵从某种行动方式时，也就形成了某种习俗。风俗习惯是由人们在生活中的实践行动构成的，而且人们也遵照习俗来构建价值观。

上述两种观点是从两个极端来解释价值观与社会行动之间的关系的，它们把价值观和社会行动视为两种相对静止的事物，因而不可避免地将两者置于二元对立状态。如果将两种观点综合起来，那么对价值观和行动之间关系的认识可能会更加全面。

3. 社会规范

规范或社会规范是文化的制度要素。社会规范是在既定社会背景下指导、制约人们行动的标准或准则。社会规范为社会秩序奠定了基础。社会规范包括正式规范和非正式规范。

正式规范是以法律、法规形式出现的，违反了会受到惩罚。正式规范主要包括规章规则和法律。规章规则是社会团体和组织中的基本行为规范。法律是约束力最强的正式行为规范。

非正式规范主要有社会习俗、民风、民德、乡规民约等。社会习俗是一种无形的规范系统，其引导性或约束力来自大众的压力。由于社会习俗是较多社会成员所选择的行为方式，个人在相应的社会环境中也就会遵照众人的行为趋向而选择相同或相似的行动。

4. 物质文化

物质文化是文化的物质要素。物质文化是人类创造的一切物质产品，以及这些产品的文化形式。物质文化也是人类生存和生活的物质基础。通过对物质文化的考察，可以认识和了解人类社会生活的基本状况以及社会结构、制度和文化观念。

物质文化与语言、艺术、价值观、规范等非物质文化之间有着相互影响、相互作用的关系：一方面，人类是在一定的价值观念和社会规范的引导下创造物质文化的；另一方面，人类创造出的物质文化又会在一定程度上改变人们的价值观和规范。

（二）从文化分层角度理解文化构成

社会学从文化分层角度，将文化分为四个层次：文化特质、文化丛、文化区域、文化模式。这些基本概念由人类学家威斯勒（Clark Wissler）在 1923 年提出。①

1. 文化特质

文化特质（cultural trait）是组成文化的最小单位。一个社会的文化内容就是各种文化特质的总和。文化特质可以表现为物质文化的形式，也可以表现为非物质文化的形式。

文化特质的特点是，每种特质都可以独自成一个单位，有它的特殊历史和特殊形式，不会与其他特质相混淆。社会学家在考察不同的文化时，为了深入剖析这些文化，常常将其分解为文化特质进行研究。

2. 文化丛

文化丛亦称文化特质丛（cultural trait-complex），指因功能上相互联系而组合成的一组文化特质。它往往与人们的某种特定活动有关，而且往往是物质文化与非物质文化的特殊结合。

3. 文化区域

文化区域（cultural area）指在地理空间上不同区域中分布的特定的文化现象。即可以说，文化特质丛是有其空间地理分布的，在不同的区域可以发现集中地、成片地分布着的某些文化特质丛。

4. 文化模式

文化模式（cultural pattern），是一个社会中所有文化内容（包括文化特质与文化丛）组合在一起的特殊形式和结构。

在社会学关于文化的研究中，关于文化模式的研究具有最重要的意义。因为，

---

① 参见［美］克拉克·威斯勒：《人与文化》，钱岗南、傅志强译，北京，商务印书馆，2004。

这种研究是将各个层次上的文化结合起来加以研究，因而研究者可以获得对于社会文化的总体认识。只有研究文化模式，才能认识到一个社会或民族文化的优点与缺点，才能进行文化比较。从理论上最先提出文化模式概念的是人类学家威斯勒。后来，本尼迪克特（Benedict）发表了《文化模式》一书，在学术界产生了广泛的理论影响。

在文化模式的研究中，有特殊的文化模式与普遍的文化模式之分。特殊的文化模式指不同国家、不同民族，甚至不同地区、不同社会群体的多样的文化结构与文化内容。各种特殊的文化模式，受到国家、民族、地区、阶层等多种因素的影响。其中有物质环境的影响，如气候、地理条件、资源、人口的影响等；也有社会环境的影响，如科学技术的发展、社会制度的特点、意识形态、外来文化等。所谓普遍的文化模式，指各种文化模式虽各具特点，但是就其基本结构看却有着共同的东西。

（三）文化中心主义与文化相对主义

在对文化模式的评价上存在着“文化中心主义”与“文化相对主义”两种倾向。

文化中心主义（ethnocentrism），亦称种族中心主义，指各个国家、各个民族都常有一种倾向，即易于将自己的生活方式、信仰、价值观、行为规范看成最好的，是优于其他人的。文化中心主义将本民族、本群体的文化模式当作中心和标准，以此衡量和评价其他文化，常常敌视和怀疑为自己所不熟悉的文化模式。

文化相对主义（relativism）认为各种不同的文化模式不能评价和比较，因为从各种不同的文化模式所赖以生存的环境看，每一种文化模式都有其存在的合理性，它们之间没有优劣之分。它的口号是：好的民德就是适合当时环境的民德。

虽然文化相对主义表现出了一种对外来文化的容忍，但是，由于它否认了事物的绝对的一面，因而发生了明显错误。

我们认为，文化中心主义和文化相对主义分别从两种极端的立场看待文化模式，都未免失之偏颇，都具有明显的形而上学倾向，而缺少辩证法。从对待我们中华民族的文化模式的态度来看，应该继承和发扬我们中华民族5 000年文化的优良传统，同时也要剔除有害的文化糟粕，吸收外来文化的精华，同时防止外来糟粕的入侵。

（四）文化震惊与边际文化

关于比较不同文化，社会学提出的以下两个分析视角比较重要。

1. 文化震惊

在不同文化的交流中常发生的一种现象就是“文化震惊”（culture shock）。所谓文化震惊，指生活在某一种文化中的人初次接触到另一种文化模式时所产生的思想上的混乱与心理上的压力。

文化震惊显示的是，有着巨大差异的不同文化，在相互接触时发生的冲突和碰撞现象。

文化震惊是一种客观现象，并无善恶之分，但是对文化震惊的处理却可能产生两种不同的效果。如果处理不当就可能发生盲目排外现象，或可能产生盲目崇拜，对自己的文化丧失信心，以为一切都是其他文化的好。

2. 边际文化

边际文化（marginal culture）指文化的边缘地带，或两种文化的交界地带。一般说来，一种文化的中心地带，往往位于该文化的起源地域附近，具有比较稳定的、最能代表本文化特色的文化特征。该文化的力量在中心地带最强，因而它接受外来文化或受外来文化影响相对较少、较弱。然而在文化模式的边缘地带，本民族的文化特征大大减弱，外来文化的影响较中心文化增强。边际文化也常出现两种以上文化的混合。

边际文化还有另一种情况，就是虽远离中心文化，但并不能密切接触到其他的发达文化，因而这类边际文化处于一种不太发达的状态。

四、文化的功能

(一) 认同功能

所谓认同功能，指文化使得社会群体、社会成员有了共同的可以交流的符号基础、心理基础，他们相互认可，认定自己属于同一种文化。文化认同具有很强的持久性和稳定性，是一种深层次的认同，或可称之为“心灵认同”，这种认同甚至可以超越一般的群体归属界限。

同一个文化群体之内的认同，往往也就意味着不同文化群体之间的不认同。所以，文化也是社会或民族分野的标志。在不同的国家、民族或群体之间，文化所表现的区别要比人类的肤色或任何其他生理现象所表现的区别深刻得多。

(二) 规范功能

文化使社会有了系统的行为规范，影响、指导、规定着社会成员的社会生活与行为方式。

关于既有的文化对于人们社会行为的影响和制约，马克思曾有过经典论述。表面上，人们似乎是很主动地做事情，但是实际上，人们的一举一动都受到历史传承下来的文化的影响。

第一，文化给一个社会提供了基础，是社会交往的前提条件。文化作为人们相互交往的符号基础，使人们能够沟通，也使人们相互间的行为功能协调和相互配合。

第二，文化给一个社会提供了范本，告诉社会成员做事情的规矩、规则是什么。有了文化，人们便有了行为标准。而且，文化使一个社会的规范、观念更为系统化，文化集合着、解释着一个社会的全部价值观和规范体系。文化还给一个社会提供了蓝图，人们做事情或多或少都在依据文化的蓝图。在这个意义上，人们的行为也是文化。

第三，文化给一个社会提供了最为原始的素材、材料，人们从事任何社会活动，都只能取材于文化。

第四，文化使社会秩序得以维持、使社会运行得以持续。文化中最为正式的规范体系就是法律、法规，国家的政治制度、经济制度、社会制度正是保障社会秩序、社会运行的最重要的体系。

（三）整合功能

有了社会要素还不等于一个社会，社会要素之所以能形成社会，是靠了文化的整合作用。

从文化整合的观点出发，一个社会的各种机构都从不同侧面维持着社会的团结。政治机构实现着社会控制，协调着群体利益；经济机构创造着物质财富，支撑着社会的运行；教育机构驯化着社会成员，使之更符合社会需要；军事、公安机构保障着社会的安全；等等。

由于文化已经形成了一个完整的体系，文化的各构成部分相互依存，因而，如果文化的某一个部分出现解体，就可能威胁到整个文化体系，并进而导致社会团结、社会整合的瓦解。

（四）教育与教化的功能

人是经文化的培育、教育、教化而成长起来的。关于文化对于人的教化，英文称为“enculturalization”，即一个人能适应文化、接受文化，中文可以译作“文化涵化”。只有通过“文化涵化”，一个人才能成为社会的人，一步一步地接受文化熏陶，掌握文化规则，并按这些规则行事，这样才能被社会或他人接纳。在人由生物人转变为社会人的过程中，文化的作用最大。

在文化对人的“涵化”过程中，正式的教育、正式的教化起着不可或缺的作用，但文化对人的教化，特别是在一个人的儿童时期、青少年时期，更重要的是通过潜移默化而发挥作用的。只要生活在社会中，就一定会受到文化教化、涵化功能的影响。正因为有了文化的教化功能，文化才得以一代一代传递和延续。

【课后题详解】

1. 什么是文化？文化有哪些类型？

（1）文化的概念。

“文化”一词英文为“culture”，来源于拉丁语，原意是指“耕耘”、“耕作”，其最初含义与农业文明有直接的联系。

文艺复兴时代将农业、手工业、商业、教育等活动都归入了文化范畴，认为凡是与自然状态、天然状态相对立的都属于文化现象。德国学者普芬多夫曾定义文化概念：文化是社会人的活动所创造的东西和有赖于人与社会生活而存在的东西的总和。按照这个定义，文化既包括物质因素，也包括非物质因素。

也有些学者认为，文化只包括精神因素。英国人类学家爱德华·B·泰勒认为，文化是一个复杂的综合体，其中包括知识、信仰、艺术、道德、法律、风俗以及人作为社会成员所获得的各种能力与习惯。文化的特点是：它是人类后天习得的，为人类社会所共同享有。

文化的定义归纳起来看大致分为两大类：一类近似于前述的普芬多夫定义，认为文化是社会成员所享有的一切知识、思想、价值观和物质财富；另一类近似于前述的泰勒定义，认为文化是在社会互动中产生的，是社会成员在社会化过程中习得的。

我们认为，文化是与自然现象不同的人类社会活动的全部成果，它包括人类所创造的一切物质的与非物质的成果。文化是人类社会区别于动物界的根本标志，是人类智慧的集中体现。社会文化是人类社会所独有的，人类社会的生活方式和行为方式是按照一定的文化逻辑来进行的。

（2）文化的类型。

文化主要可以区分为以下类型：

第一，物质文化与非物质文化。物质文化指物质世界中，一切经过人的加工、体现了人的思想的东西。非物质文化，又称精神文化，指制度、规范、观念等。精神文化又可区分为理念文化（或观念文化）与制度文化。

第二，主文化与亚文化。主文化是在社会上占主导地位的、为社会上多数人所接受的文化。亚文化指仅为社会上一部分成员所接受的或为某一社会群体所特有的文化。亚文化一般并不与主文化相抵触或对抗。亚文化又可分为不同的类别：如民族亚文化、职业亚文化、越轨亚文化等。从发展变迁角度看，主文化与亚文化的区分不是绝对的，两者都在发生变化，也可能互相转化。对于其性质要根据它们在社会上所起的作用来做出判断。

第三，主文化与反文化。一般说来，主文化指在社会上占主导地位，对现存社会秩序起着维护、支持作用的文化。反文化是对现存秩序的背离和否定，是对现存主文化的抵制和对抗。

第四，评比性文化与非评比性文化。就不同民族文化比较而言，文化或外来文化可以区分为评比性文化和非评比性文化。评比性文化是指有好坏、高下之分的文化，即在两种文化的比较中，可以评出孰优孰劣的文化。一般说来，评比性文化都是比较容易鉴别其价值的文化。非评比性文化，也可称作中性文化，是指在文化比较中没有明显的优劣、高下之分的文化。这类文化多与人们的行为方式、习惯、习俗相联系。

2. 什么是文化的基本特性？

第一，文化具有超生理性。所谓文化的超生理或超生物性，指文化不是依赖生理的、生物的特性而获得的。

第二，文化具有超个人性。超个人性也被称为文化的共享性。个体、个人虽具有接受文化或创造文化的能力，但是，形成文化的力量却不在个人。个人只有在与他人的互动中才需要、接受和影响文化。

第三，文化具有象征性。象征性指文化现象总是具有广泛的意义，文化的意义要远远超出文化现象所直接表现的那个窄小的范围。

第四，文化具有全括性。文化不是单一的现象，而是涵盖社会生活的各个方面。各种社会行动或社会现象，都包含了文化的因素。从世俗的日常生活，到神圣的信仰，都与文化密不可分，文化无所不包。

第五，文化具有整体性。文化是一个有机系统和整体，由不同的要素构成，各构成要素之间按照一定的规则或规律形成一个综合的整体。每一种文化系统都是按照一定的规则联系起来的整体，构成系统的各个组成部分都在整体中发挥着特定功能。

第六，文化的传递性与变迁性。传递性，指文化一经产生就要被他人模仿、效法、利用。传递有两个方向：纵向传递和横向传递。纵向传递指人类将文化一代一代地传承下去，这种传递在社会学上又称为“社会化”。横向传递指文化在不同地域、民族之间的传播。

3. 怎样理解文化的构成？

（1）从文化要素角度理解文化构成。

各种文化系统都有一些基本的构成要素，对于这些要素也有不同分类，其中一种分为象征符号、价值观、社会规范和物质文化四大类，其中，前三类属于精神文化要素。

象征符号是人类创造的文化象征体系的基本构成要素。象征符号要素是人类文化的重要基础，人类的所有社会行为均依赖于象征符号的使用。譬如在语言、文字、艺术、宗教、科学技术中，均包含着丰富的象征符号。在社会生活中，象征符号是动态的、发展的。随着生活环境的变化，可能赋予已有的象征符号以新的意义，或者用新的符号表达某种意义。

价值观是以理念形式出现的文化要素。价值观指社会成员对于人或事物价值的判断，即对于人或事物的意义、重要性的总体评价，它也是人们判断是非曲直的基本标准。价值观对社会成员的社会态度和行动选择起着直接的指导作用。每一个社会的文化都有自己的核心价值观念，不同的价值观是文化模式差异的重要体现。价值观可以通过多种途径代代相传。文化价值观与社会成员的行动有着密切的关系。关于价值观与社会行动之间的关系问题，社会学理论中有两种观点：其一，认为价值观决定行动者的态度和行动。其二，认为人们的行动创造和建构了价值观。如果将两种观点综合起来，那么对价值观和行动之间关系的认识可能会更加全面。

规范或社会规范是文化的制度要素。社会规范是在既定社会背景下指导、制约人们行动的标准或准则。社会规范包括正式规范和非正式规范。正式规范是以法律、法规形式出现的，违反了会受到惩罚。正式规范主要包括规章规则和法律。非正式规范主要有社会习俗、民风、民德、乡规民约等。社会习俗是一种无形的规范系统，其引导性或约束力来自大众的压力。由于社会习俗是较多社会成员所选择的行为方式，个人在相应的社会环境中也就会遵照众人的行为趋向而选择相同或相似的行动。

物质文化是文化的物质要素。物质文化是人类创造的一切物质产品，以及这些产品的文化形式，其内容极其广泛。物质文化也是人类生存和生活的物质基础。人类在制造、创造物质产品的过程中，也同时创造了文化。所以，通过对物质文化的考察，可以认识和了解人类社会生活的基本状况以及社会结构、制度和文化观念。

（2）从文化分层角度理解文化构成。

社会学从文化分层角度，将文化分为四个层次：文化特质、文化丛、文化区域、文化模式。这些基本概念都是人类学家威斯勒在1923年提出的。

文化特质是组成文化的最小单位。一个社会的文化内容就是各种文化特质的总和。文化特质可以表现为物质文化的形式，也可以表现为非物质文化的形式。文化特质的特点是，每种特质都可以独自成一个单位，有它的特殊历史和特殊形式，不会与其他特质相混淆。

文化丛亦称文化特质丛，指因功能上相互联系而组合成的一组文化特质。它往往与人们的某种特定活动有关，而且往往是物质文化与非物质文化的特殊结合。

文化区域指在地理空间上不同区域中分布的特定的文化现象。即可以说，文化特质丛是有其空间地理分布的，在不同的区域可以发现集中地、成片地分布着的某些文化特质丛。

文化模式，是一个社会中所有文化内容（包括文化特质与文化丛）组合在一起的特殊形式和结构。在文化模式的研究中，有特殊的文化模式与普遍的文化模式之分。

4. 文化分析有哪些视角？

（1）对文化模式进行评价的两个倾向。

在对文化模式的评价上存在着“文化中心主义”与“文化相对主义”两种倾向。

文化中心主义，亦称种族中心主义，指各个国家、各个民族都常有一种倾向，即易于将自己的生活方式、信仰、价值观、行为规范看成最好的，是优于其他人的。文化中心主义将本民族、本群体的文化模式当作中心和标准，以此衡量和评价其他文化，常常敌视和怀疑为自己所不熟悉的文化模式。

文化相对主义则认为各种不同的文化模式是不能评价和比较的，因为从各种不同的文化模式所赖以生存的环境看，每一种文化模式都有其存在的合理性，它们之间没有优劣之分。虽然文化相对主义表现出了一种对外来文化的容忍，但是，由于它否认了事物的绝对的一面，因而发生了明显错误。

文化中心主义和文化相对主义分别从两种极端的立场看待文化模式，都未免失之偏颇，都具有明显的形而上学倾向，而缺少辩证法。从对待中华民族的文化模式的态度来看，我们应该继承和发扬中华民族 5 000 年文化的优良传统，同时也要剔除有害的文化糟粕，吸收外来文化的精华，同时防止外来糟粕的入侵。

（2）比较不同文化的两个分析视角。

关于比较不同文化，社会学提出文化震惊和边际文化两个分析视角。

文化震惊指生活在某一种文化中的人初次接触到另一种文化模式时所产生的思想上的混乱与心理上的压力。文化震惊显示的是，有着巨大差异的不同文化，在相互接触时发生的冲突和碰撞现象。文化震惊是一种客观现象，并没有善恶之分，但是对文化震惊的处理却可能产生两种不同的效果。如果处理不当就可能发生盲目排外现象，或可能产生盲目崇拜，对自己的文化丧失信心，以为一切都是其他文化的好。

边际文化指文化的边缘地带，或两种文化的交界地带。一般说来，一种文化的中心地带，往往位于该文化的起源地域附近，具有比较稳定的、最能代表本文化特色的文化特征。该文化的力量在中心地带最强，因而它接受外来文化或受外来文化影响相对较少、较弱。然而在文化模式的边缘地带，本民族的文化特征大大减弱，外来文化的影响较中心文化增强。边际文化也常出现两种以上文化的混合。边际文化还有另一种情况，就是虽远离中心文化，但并不能密切接触到其他的发达文化，因而这类边际文化处于一种不太发达的状态。

5. 怎样理解文化的社会功能？

（1）认同功能。

所谓认同功能，指文化使得社会群体、社会成员有了共同的可以交流的符号基础、心理基础，他们相互认可，认定自己属于同一种文化。文化认同具有很强的持久性和稳定性，是一种深层次的认同，或可称之为“心灵认同”，这种认同甚至可以超越一般的群体归属界限。

（2）规范功能。

文化使社会有了系统的行为规范，影响、指导、规定着社会成员的社会生活与行为方式。

第一，文化给一个社会提供了基础，是社会交往的前提条件。文化作为人们相互交往的符号基础，使人们能够沟通，也使人们相互间的行为功能协调和相互配合。

第二，文化给一个社会提供了范本，告诉社会成员做事情的规矩、规则是什么。

第三，文化给一个社会提供了最为原始的素材、材料，从事任何社会活动，都只能取材于文化。

第四，文化使社会秩序得以维持、使社会运行得以持续。文化中最为正式的规范体系就是法律、法规，国家的政治制度、经济制度、社会制度正是保障社会秩序、社会运行的最重要的体系。

（3）整合功能。

有了社会要素还不等于一个社会，社会要素之所以能形成社会，是靠了文化的整合作用。

从文化整合的观点出发，一个社会的各种机构都从不同侧面维持着社会的团结。政治机构实现着社会控制，协调着群体利益；经济机构创造着物质财富，支撑着社会的运行；教育机构驯化着社会成员，使之更符合社会需要；军事、公安机构保障着社会的安全；等等。由于文化已经形成了一个完整的体系，文化的各构成部分相互依存，因而，如果文化的某一个部分出现解体，就可能威胁到整个文化体系，并进而导致社会团结、社会整合的瓦解。

（4）教育与教化的功能。

人是经文化的培育、教育、教化而成长起来的。只有通过“文化涵化”，一个人才能成为社会的人，一步一步地接受文化熏陶，掌握文化规则，并按这些规则行事，这样才能被社会或他人接纳。只要生活在社会中，就一定会受到文化教化、涵化功能的影响。正因为有了文化的教化功能，文化才得以一代一代传递和延续。

第二编
社会运行的微观分析

第五章

社会化与个体化

【知识框架】

社会化和个体化与社会学的基本问题——个人与社会的关系问题——有着密切的关系，也可以说是社会学基本问题的更为具体的展开。社会化是个体在与社会的互动过程中，逐渐养成独特的个性和人格，从生物人转变成社会人，并通过社会文化的内化和角色知识的学习，逐渐适应社会生活的过程。“人的社会化”是古典社会学理论家对于早期现代社会的一个经典研究内容，也是有关现代人研究的较为成熟的理论。相对而言，“人的个体化”则是近数十年中发展起来的一个新的理论关注。从社会互构论来看社会化与个体化的基本关系，可以发现，社会化与个体化是对现代社会和现代人发展的理论刻画，个体化在某些方面是对传统社会化的超越。通过社会化与个体化的内容，我们能够把握古典社会学理论与当代社会学理论的一个标志性的界分，同时也能够了解当代中国特色社会学理论的创新性探索。

本章的知识框架如下。

- 社会化与个体化
  - 一、社会化与个体化概要
    - （一）集体化社会与人的社会化
    - （二）个体化社会与人的个体化
    - （三）社会化与个体化的基本关系
  - 二、人的社会化
    - （一）社会化概述
      - 社会化的定义
        - 狭义社会化
        - 广义社会化
          - 文化角度
          - 个性发展角度
          - 社会结构角度
      - 社会化的类型
        - 基本社会化
        - 预期社会化
        - 发展社会化
        - 逆向社会化
        - 再社会化
      - 社会化的理论视角
        - “镜中我”理论
        - “角色扮演”理论
        - 精神分析理论
        - 人格发展“八阶段”论
        - 生命历程理论

- 社会化与个体化
  - 二、人的社会化
    - （二）社会化的条件和主体
      - 社会化的生物及社会条件
      - 社会化的主体
    - （三）社会化的过程和内容
      - 早期社会化
      - 成人继续社会化
      - 代差问题
      - 社会化的内容
  - 三、人的个体化
    - （一）个体化的意涵
      - 个体
      - 个体化过程
      - 个体化与个体分化
    - （二）个体化与人的主体性
      - 人的主体性
      - 人的主体性的发展阶段
    - （三）个体化的机制
      - 自主机制
      - 能动机制
      - 选择机制
      - 创新机制

【学习笔记与拓展知识】

一、社会化与个体化概要

在当代社会的快速转型和变迁的背景下，现代性呈现出一些当今社会所独具的现象，使我们今天的生活与早期现代社会明显地区别开来。研究者往往用“个体化社会”来刻画当代社会的一些特点，早期现代社会的特征则可以概括为“集体化社会”。

（一）集体化社会与人的社会化

1. 集体化社会的发展

西方现代性在19世纪进入了高峰期，与前现代社会相适应的各种秩序逐渐瓦解，各个狭小的、松散孤立的自然社会逐渐被融为一体，形成了一种总体性的社会结构，社会的组织方式也由自然状态向人为状态转变。社会对自然事物的控制和转化能力不断提升，而各种大型社会集体和组织提供了实现这种控制和转化的资源、技术及行动的实体条件。

活跃在这一时期的一些普遍社会现象（社会群体和组织、阶级阶层、民族国家、福利国家等）表明，这种集体性并不是偶然的，而是凸显了这样一个事实：这是一个建构集体性的社会时代。这种建构卷入了当时社会中最重要的行业、群体、集团和组织，从而形成了聚纳和汇集个人的社会机制，使得个人融于现代社会秩序之中。

这一过程对社会学关于“现代社会”的理论预设形成了深刻的影响。譬如，社会被视为整体性的，这种整体性的社会也是结构性的，有着不同的子系统、组成部分和构成要素。社会因而有整合的机制，并在变化中具有进行自我调节和稳定的能力。

2. 人的社会化研究

在早期现代社会的集体化状态下，个人进入了高度组织化的集体之中，这一过程使个人的全部生活基本被纳入了集体性的安排，现代个人的出生、入学、就业、结婚、生育、退休等，几乎都成为集体和整体的构造，集体几乎承载了个人的全部人生。所以，个体立存于这种“集体化社会”之中，可以说是19世纪至20世纪大部分时间里的基本状况。

“人的社会化”理论反映了社会学对早期现代社会的研究和回应。在涂尔干看来，我们研究的起点，就是要考察个人人格与社会团结的关系问题。齐美尔着重对社会交往如何使个人属性转变为社会现象，并发展出共同体生活做了大量的探讨。韦伯对现代社会的总体文化趋势以及这一过程中社会与个人不断增长的工具理性和技术理性给予了阐述。库利对个人的早期社会化以及初级群体的特殊作用做出了奠基性的研究。米德分析了自我观念在社会互动中的发生和形成过程，强调了符号互动能力在人的自我发展和角色社会化中的不可或缺的作用。帕森斯致力于解答“社会系统如何实现自身整合”以及“个体的可整合性”问题，在他看来，个人的可整合性是社会系统均衡与稳定的关键。

（二）个体化社会与人的个体化

1. 个体化社会的到来

二战以后特别是20世纪中后期，当代社会出现了一些明显的新趋势，这一过程使得早期现代性工业化所确立的社会化大生产体系不断受到动摇，大型集体和社会组织对社会结构和社会过程的影响力逐渐降低，推动了“集体化社会”向“个体化社会”的转变。这些趋势的重要方面如下。

（1）社会生活的信息化、网络化和数字化。

（2）经济活动性质的转变，虚拟经济的规模迅速扩大。

（3）社会生产体系的轻型化、小型化和微型化。

（4）社会劳动部门的白领化、年轻化、女性化。

（5）劳动方式的自主化和个体化。

（6）就业方式的开放性和选择性。

2. 人的个体化研究

人的个体化成为当代社会生活中引人注目的一种现象，提供了社会学理论的新生长点。其中，现代主义和后现代主义反映了两种不同的研究取向。

现代主义取向的个体化研究。持这一立场的社会学理论家认为，当今社会仍处于现代性的持续过程，但相对于早期现代化和工业化时期有了很大的区别。如贝克（Ulrich Beck）将当代社会称为“第二次现代化社会”，认为“某种制度化的个人主义”是这一时期的标志，个体化进程因而越发加快并深入了，人们的集体性认同已经从内部解体。吉登斯（Anthony Giddens）主张，我们处在“后传统社会”之中，社会纽带不是由过去继承而是被建立起来的，无论在个人层次还是在集体层次上，这都是“一项艰苦的事业”[①]；以往的集体现象比如阶级变得具有了个人特性，不再像以前那样是“终生经历”[②]。哈贝马斯（Jürgen Habermas）认为，社会的边界发生了动摇，电子媒体技术和大众传播使特定事件在生活世界中变得无所不在，与此同时，差异消失，结构解体，具体角色多样化、生活方式多元化、生活设计个人化。

在现代主义立场的社会学家看来，当代社会是高度发达的现代社会，或称晚期现代性、风险化社会，生活中充满了不平衡、不可靠、不安全的因素，随时可能引发危机和风险。这种观点决定了他们的个体化研究难以避免低沉、彷徨的倾向。

后现代主义的个体化研究。后现代主义理论家认为，人们的集体信念出现了动摇，社会的秩序性和一致性受到了深刻的怀疑。他们主张应当重视的社会现象不是相似性、一致性、连续性、有序、和谐，而是差异性、多元性、裂变性、无序、冲突和对抗。如鲍曼（Zygmunt Bauman）认为，个人经过社会化融入到社会系统再生产过程的方式已经发生了深刻的变化：个人从服从规章制度“有纪律的”演员转变为“有创造能力的”演员[③]；福柯（Foucault）断言，人在西方思想中的核心地位仅仅是一个幻觉，人或许不过是事物秩序中的缝隙而已[④]；鲍德里亚(Jean Baudrillard)则认为，后现代的世界里没有意义，这个世界上不再有肯定的东西，否定性也不再是一种选择：“一切尚在之物都只是一些碎片，所有剩下可做之事也都不过是去游戏这些碎片。游戏碎片——这就是后现代。”[⑤]

后现代主义者往往用犀利的观点和极端的话语来表达对当代社会的批判，认为现代社会处于解体、解构、断裂、碎化、崩溃的过程。这类观点中有一些不乏真知灼见，但总体上反映了一种思想迷失和理论绝望。

---

① ［英］安东尼·吉登斯：《为社会学辩护》，周红云等译，62页，北京，社会科学文献出版社，2003。

② ［英］安东尼·吉登斯：《超越左与右——激进政治的未来》，李惠斌、杨雪冬译，148页，北京，社会科学文献出版社，2000。

③ 参见［英］齐格蒙·鲍曼：《生活在碎片之中——论后现代道德》，郁建兴等译，173～174页，上海，学林出版社，2002。

④ 参见［法］米歇尔·福柯：《词与物——人文科学考古学》，莫伟民译，15页，上海，上海三联书店，2001。

⑤ ［美］乔治·瑞泽尔：《后现代社会理论》，谢立中等译，135～136页，北京，华夏出版社，2003。

（三）社会化与个体化的基本关系

社会互构论基于对社会与个人之间的关系这一社会学基本问题的研究，来阐述社会化与个体化的基本关系。

（1）社会化与个体化是对现代社会和现代人发展的理论刻画。人的社会化与人的个体化是同一现代性过程的两个侧面、两个维度，它们体现了现代社会的持续递进和现代人不断成长的实践经历。也可以说，“社会化”与“个体化”从两个基本的维度体现了巨大的“现代之谜”，集中了现代社会诸多现象中的问题、矛盾和冲突。

（2）社会化与个体化有其各自特定的含义。社会化是每个人必然经历的基础性发展过程。经由社会化，一个人实现了从自然的生物个体向社会人的转变，形成了个性和自我、内化了社会价值标准、获得了角色技能、适应了社会生活。个体化意味着，在当代社会高度发展的基础上，人的社会化过程具有了早期现代社会所没有的特征，从而提升了个人的发展指向，同时也更新了个人的现代性内涵。

（3）个体化在某些方面是传统社会化的超越。个体化不仅内含了自然的生物个体向社会人的转变，而且意味着一个社会人向更新的现代人的持续迈进。当代社会对当代人的社会化提出了新的要求和目标，使得传统意义上的社会化内容势必发生一系列调整和改造，并促使社会化的各种机构以及相应的制度和对策形成转变。这些将推动社会化的研究和实践进入一个新的境界。

二、人的社会化

任何社会都是由具体的人组成的，社会的良性运行和协调发展离不开个体的参与和建设。因此，社会学必须考察：人是如何从一个生物个体成长为一个社会人的？个体的人格和角色技能是如何形成和发展的？怎样培养有利于社会良性运行和协调发展的人格和角色？等等。

（一）社会化概述

1. 社会化的定义

所谓社会化，是指个体在与社会的互动过程中，逐渐养成独特的个性和人格，从生物人转变成社会人，并通过社会文化的内化和角色知识的学习，逐渐适应社会生活的过程。在此过程中，社会文化得以积累和延续，社会结构得以维持和发展，人的个性得以健全和完善。社会化是一个贯穿人生始终的长期过程。

社会化的内涵经历了从狭义到广义的发展过程。一般来说，20 世纪 50 年代以前的社会化研究侧重于个体如何从一个“生物人”转变为一个“社会人”，属于狭义的社会化研究。从50年代开始，在以美国社会学家帕森斯为代表的结构—功能主义社会学和英克尔斯关于人的现代化研究的推动下，形成了广义的社会化研究。在广义社会化的观点看来，社会化不仅是由“生物人”向“社会人”转变的过程，而且是内化社会价值标准、学习角色技能、适应社会生活的过程。社会化贯穿于人生的始终。

近年来，广义社会化研究又有新的发展：一是强调研究个体的社会化对于整个社会良性运行和协调发展的意义，个体社会化过程中的社会环境因素以及个体成长与社会运行和发展之间的互动关系。二是扩大“个体”概念的内涵，“个体”既可以指一个个具体的人，也可以指社会意义上的一个群体或单元，如一个同龄群体、文化群落、某种文化传统等。

广义社会化研究有三个基本角度：

（1）文化角度。社会化是一个文化传递和延续的过程，社会化的实质是社会文化（核心是价值标准）的内化。这种研究角度受文化人类学的影响，属于社会化研究中的文化学派。

（2）个性发展角度。社会化被视为一个人的个性形成和发展的过程，社会人就是经由社会化过程而形成的有个性的人。这个研究角度明显受到心理学中社会化研究的影响，属于社会学中社会心理学派的立场。

（3）社会结构角度。社会化就是要使人变得具有社会性。社会化过程就是一个角色学习过程，个人逐渐了解自己在群体或社会结构中的地位，领悟并遵从群体和社会对这一地位的角色期待，学会如何顺利地完成角色义务。社会化的功能在于维持和发展社会结构。

2. 社会化的类型

社会化包括五种类型：

（1）基本社会化（primary socialization）。基本社会化主要发生在儿童时期，是整个社会化过程的基础。主要任务是向儿童传授语言和其他认知本领，使其内化社会文化规范和价值标准，能够正确理解社会关于各种角色的期望和要求。

（2）预期社会化（anticipatory socialization）。预期社会化大量地发生在青年时期。这一过程的任务不是现在要扮演的角色，而是将来要扮演的角色。如大学生在学校里进行的大量学习都是为将来在工作中所要扮演的角色做准备。

（3）发展社会化（developmental socialization）。亦称继续社会化，是成年人为了适应新形势提出的角色要求而进行的学习过程。

（4）逆向社会化（reversal socialization）。是指晚辈向长辈传授文化规范和知识的社会化。社会化是一个双向过程，即不但有长辈传授知识和规范给晚辈，也有晚辈传授知识和规范给长辈。

（5）再社会化（resocialization）。是指全面放弃原已习得的价值标准和行为规范，重新确立新的价值标准和行为规范。再社会化与发展社会化有本质的不同：

第一，发展社会化着眼于人的完善，而再社会化着眼于人的改造；第二，再社会化的形式一般要比发展社会化剧烈。再社会化虽然着眼于人的改造，但它并不一定是负面的和强制性的。

3. 社会化的理论视角

(1)“镜中我”理论。美国社会学家库利将“自我”概念引入社会化研究，他认为自我或人格是社会的产物，是通过社会互动而产生的。自我意识的形成分为三个阶段：(1) 设想自己在他人面前的行为方式；(2) 在行为之后设想或理解他人对自己行为的评价；(3) 根据自己对他人的评价的想象来评价自己的行为，并做出下一步反应。库利形象地采用了“镜中我”的比喻，即每个人的“自我”观念其实是他人这面“镜子”的反射。

(2)“角色扮演”理论。美国社会学家乔治·米德认为，自我意识是随着符号使用能力的发展而发展起来的。随着符号使用能力的提高，人开始将“我”作为一个符号和对象来加以思考，这时自我意识就开始产生了。米德将“自我”分为“主我”(I) 和“客我”(me)，“主我”是自发的、能动的，为自我和人格的发展提供动力；“客我”是内化了的社会要求和期待，在社会互动过程中形成和发展起来。自我的发展过程就是“主我”与“客我”连续不断互动的过程。米德还认为，社会化的实质是“角色扮演”(role taking)，这一过程分为三个阶段：模仿阶段 (imitation stage)、嬉戏阶段 (play stage) 和博弈阶段 (game stage)。每个阶段的“角色扮演”能力是不同的，“客我”涵盖的内容和范围也是不同的。随着一个人从只能扮演有限的、特定的角色到能够扮演普通的“一般化他人”的角色，“客我”的内涵和外延也在不断扩展。

(3) 精神分析理论。弗洛伊德 (S. Freud) 认为，人格的发展在很大程度上是受“无意识”驱动的。他将人格划分为本我 (id)、自我 (ego) 和超我 (superego) 三个部分。本我的基本成分是人类的基本需求和冲动，特别是性冲动。本我受本能驱动，遵循快乐原则。自我是从本我中分化出来的。由于个体必须接受现实的限制，学会在现实中获得需求的满足，于是形成了服从现实的“自我”。自我遵循现实原则。超我是人格结构中的最高部分，是个体接受社会道德规范的教养而后逐渐形成的，服从社会的道德要求，在整个人格结构中居于管制地位，对人格的其他部分进行审查和监控。超我遵循的是完美原则。

在三者中，自我和超我属于意识层次，本我属于潜意识层次。如果本我、自我和超我三者能和谐一致，那么人格发展过程将会是正常的；如果三者失衡甚至长期冲突，人格发育将会非常困难，甚至出现某些心理疾病。

(4) 人格发展“八阶段”论。美国心理学家埃里克森对弗洛伊德的理论做了修正。[①] 他认为社会文化对于人格发展有重要影响，人格的发展贯穿人的一生。人

---

① 参见黄育馥：《人与社会——社会化问题在美国》，18～25 页，沈阳，辽宁人民出版社，1986；[美] 波普诺：《社会学》(第十版)，李强等译，151～152 页，北京，中国人民大学出版社，1999。

在成长的每个阶段，都会遇到某种心理问题，如果个人能成功地解决这些问题，就会在心理和行为上表现出积极的反应，反之则会出现“认同危机”，给以后的社会化过程留下隐患。他将社会化过程划分为八个阶段：1）信任与不信任（婴儿时期，0～1岁）。2）自主与羞怯、怀疑（幼儿时期，2～3岁）。3）主动与内疚（学前时期，4～5岁）。4）勤奋与自卑感（学龄时期，6～11岁）。5）认同与角色混淆（青少年期）。6）亲密与孤独感（青年期或成年早期）。7）关注后代与关注自我（中年期或成年期）。8）完善与绝望（成熟期或老年期）。

（5）生命历程理论。该理论将个体的生命历程理解为一个由多个生命事件构成的序列。比如，一个人一生中会经历入学、就业、生育、退休等生命事件，这些生命事件按一定顺序排列起来，构成了一个人的生命历程。生命事件发生的先后次序以及生命事件之间过渡关系的不同会对人生形成不同的影响。社会化过程贯穿人的整个生命历程，对生命历程的分析实际上就是对社会化过程的分析。

（二）社会化的条件和主体

1. 社会化的生物及社会条件

（1）语言能力。语言是人类表达思想和感情所使用的工具和符号，一切知识和观念都是靠语言来传达和接受的，人类所具有的语言能力是人类个体接受社会化的一个重要条件。

（2）思维能力。思维能力是人类区别于其他动物的根本特征，也是人类个体能够接受社会化、适应社会生活的最重要的生物基础条件。

（3）学习能力。人的学习能力在社会化中的作用表现为：第一，可以更迅速、正确和深刻地认识客观事物的本质属性，理解所处社会环境的意义，接受社会文化的熏陶。第二，能够根据所了解和学习的知识，确立起自己的思想观念、态度、动机和行为模式，以此来指导自己的社会活动，提高自己适应社会的能力。第三，人的意志能力可以使人主动地加强自己的学习动机，使个体的社会化成为有目的、有计划、积极主动的活动。

（4）较长的依赖生活期。所谓依赖生活期是指人类个体在出生后由于生理、心理、意识和行为能力尚未发展健全，不能独立生活，因此在生活上、心理上依赖他人，受他人照顾、监护的时期。一个人一出生就要在一定的社会环境中生存，和他人发生社会交往活动，潜移默化地接受特定的风俗，养成与所处社会环境相适应的行为习惯。同时，儿童与其抚养人或监护人之间的这种依赖与被依赖的关系，使父母或抚养人在儿童心目中形成权威性，对于个体早期社会化会产生十分重要的影响。

2. 社会化的主体

（1）家庭。家庭是个体出生后接受社会化的第一个社会环境，家庭教育和家庭影响是一个人社会化的开端，家庭带给个人感情的交流和爱的体验，家庭中父母的权威对儿童社会化的指导往往是子女难以抗拒的。家庭的教育和影响对个人早期社会化甚至一生的社会化都具有重要意义。

(2) 学校。学校是专门为社会化目的而设立的学习机构。这个特定的学习环境，给学生提供了有组织、有目的的系统化受教育的各种条件。学校通过一系列的规章制度，使学生必须学习和遵守一定的行为规范和准则，按照规范的要求去扮演自己的社会角色，并理解和把握这种有组织群体中的人际关系。

(3) 同龄群体。同龄群体是指由那些在年龄、兴趣爱好、家庭背景等方面比较接近的人们所自发结成的社会群体。同龄群体对个人有较强的吸引力和影响力，其群体规范和价值往往被个人作为社会化过程中的重要参照系，而成为个人社会化的一个重要环境因素。

(4) 工作单位。工作单位是个人进行职业社会化的主要场所，也是人们检验和发展家庭及学校社会化成果的场所。当一个人结束学校生活走入社会，在工作单位里开始自己的职业生涯，意味着个人社会化开始了一个新的阶段。

(5) 大众传媒。大众传播媒介通过新闻报道、舆论宣传、知识教育、生活娱乐等方式，为广大社会成员理解和接受社会所倡导的价值观念、奋斗目标、社会规范和行为方式等，提供了一个广泛的社会化环境条件。

(三) 社会化的过程和内容

1. 早期社会化

早期社会化包括儿童期和青年期的社会化。儿童期是社会化过程的开端，青年期是人生的一个特殊时期。由于儿童和青少年在生理和心理上都还不成熟，缺乏独立思考和判断的能力，特别需要相对稳定和统一的社会规范和价值标准，和令人敬佩、信服的社会权威形象，否则容易给儿童和青少年的社会化造成不良影响。

2. 成人继续社会化

成年人的社会化主要是初级社会化基础上的发展社会化或继续社会化。由于这一阶段将发生许多重大的生命事件，个人需要扮演的角色比人生其他任何时期都要复杂。如果个体所处的环境发生根本变化（如移民或者个人之前的社会化出现了偏差或失败），继续社会化甚至可能需要再社会化，以适应新的生活环境或弥补早期社会化的缺失。

3. 代差问题

代差是指社会的不同世代之间在价值观念和行为选择方面出现的差异、隔阂甚至冲突。代差反映了社会结构、社会生活变化的速度和程度，社会变化越迅速、越深刻，世代之间的代差也就越深、越宽。代差的存在是客观的、不可避免的，是社会发展过程中的正常现象。对代差的性质要做具体分析。

4. 社会化的内容

（1）生活和劳动技能的学习。在早期社会化阶段，生活技能学习主要是在初级社会群体（家庭、邻里、伙伴群体等）中进行的。进入幼儿园和学校之后，个人通过集中学习而掌握更为丰富的技能和知识。

（2）道德社会化。它是社会成员学习文化价值观和道德规范，并用规则和道德规范指导自己行动选择的过程。道德规范是社会规范体系的一个重要组成部分，在维护社会秩序、保持社会团结方面具有重要作用。个人要成为社会的一员，必须保持与社会主流价值观相一致，了解和遵守社会的各种规则。

三、人的个体化

（一）个体化的意涵

个体化是指在当代经济活动、社会生产和劳动、就业方式及社会生活进一步开放和快速流变的条件下，个人作为社会关系体系中的一个基本单元，作为社会行动过程中的一个实体单位，他的独立性、独特性、主体性日益充分地得到显示和表达的过程。

1. 个体

一般而言，“个体”是作为“整体”的对应概念来使用的，可以泛指任何一个在整体中具有相对独立性的单位，如人类个体、动物个体等。就逻辑学而言，个体既可以是集合概念，也可以是非集合概念。一个相对独立的单体单位可以视为一个个体，若干个单体单位的集合也可以构成一个个体（如一个群体、一个组织、一个社会、一个国家等）。

在社会学中，“个体”概念一般是作为生命现象的单位和非集合性单位来使用的。也就是说，社会学中的“个体”，特指人类社会的最基本的终端单位，即“个人”。

2. 个体化过程

个体化是个人及其自我的生成、转变和发展的过程，每一个人都经由各自独特的社会生活实践，成为一个独特而生动的个体。个体化过程即是一个人如何成为独特而生动的个体，以及作为个体的他（或她）与社会的演替和变迁之间的一体同构关系和过程。所以，在关于“个体化”的讨论中，“人的个体化”与“人的社会化”是相依不离的两个方面。

关于个体化的上述观点从一个侧面体现了社会互构论的基本思想：“在社会互构论看来，个人和社会分别表现了人类生活共同体相互关联的二重含义：个人是社会的终极单元，社会则是个人的存在方式；从共同体的构成而言，它是众多的个人，从众多个人之间的关系上看，它就是社会。人类生活共同体的发展就是个人与社会的互构关系的演变过程。”① 任何个人都既是他自己的同时也是社会的产物，个体化即是个人与社会这两个侧面的一体同构过程。

3. 个体化与个体分化

人成为独特而生动的个体本身就意味着个体之间的分化。当代个人之间的高度分化是个体化的一个基本含义。

社会学家的大量思索和讨论，都这样或那样地涉及了现代人的分化问题。如涂尔干对劳动分工、个人分化、社会团结、法人组织及国家作用的讨论，帕森斯的社会行动的系统、功能分化和功能需要、系统的整合与均衡倾向的理论，达伦多夫对社会的一致与冲突的两面性等分析，布劳关于社会异质性参数及其交叉或重合、宏观社会结构的探索，韦伯的行动、意义赋予、行动的理想类型等研究，舒茨的社会世界和主体间性理论，哈贝马斯的生活世界与系统、生活世界的殖民化和关于交往沟通等理论，吉登斯的结构化理论、社会学的双向解释方法，布迪厄的惯习与场域等的对应关系和实践逻辑，埃利亚斯的个人结构与社会结构的相互依存，等等，都可以发现个体分化这一问题。

社会互构论对当代个体分化的主要观点是：随着现代社会的专业化劳动分工和生产体系的发展，个人之间日益呈现出明显的差别性和异质性。个体的分化是一个不断推进的过程。通过这一过程，个体的独特性得以生动地展开，每一个体与其他个体之间也形成了明显的分殊。个体分化表现为自我利益和权利、行动目标和能力、手段选择和方式等的多元化、差异性和多样性，也表现为个体在社会空间中分布状态的不断变化，个体的专业分工、职业岗位、社会阶层、角色身份等形成了层化、级化甚至极化现象。

（二）个体化与人的主体性

人的主体性是人的个体化的实质性意涵，人的个体化过程是以人的主体性发展到一定水平为标志的。

1. 人的主体性

在社会学中，所谓人的主体性可以理解为，人作为一个社会生活实践的主体，其行动过程体现出的自主性、能动性和创造性。概括地说，人的主体性突出体现为自觉能动性。

2. 人的主体性的发展阶段

可以将人的主体性的发展概括性地描述为三个重要的阶段：

（1）从自然界的剥离——人的“人类化”。人意识到自己是与自然事物以及其他自然生命相区别的个体，是人的主体性发展的初始，标志着人对自己的主体性

① 郑杭生、杨敏：《社会互构论：世界眼光下的中国特色社会学理论的新探索——当代中国“个人与社会关系研究”》，121页，北京，中国人民大学出版社，2010。

认识的第一个阶段。

（2）从传统向现代的变迁——人的个性化。前现代社会只有极少部分人享有特权和主体身份，现代人则是普遍具有主体性的人。个人成为具有主体性的个性化人，是现代人与前现代人的一个实质区别。

（3）现代性的当代发展——人的个体化。当代社会生活变迁使个人的完整性、独立性和独特性充分显示了出来，这种个体化是人的主体性发展的第三个阶段。这是一种我们自身正在经历的过程。

（三）个体化的机制

所谓个体化的机制即指人的个体化过程的带规律性的模式。在人的个体化过程中，贯穿着一些基本的机制。

（1）个体化的自主机制。即个人作为社会实践的主体具有行动的自主性，在行动过程中能够发挥自觉意识和支配能力，对实践过程形成主导和控制作用，并为自己的自主行动后果承担责任。

（2）个体化的能动机制。即个人在行动过程中能够主动地对自我意识、心智状态、身体机能等主观内在因素进行调整，从而积极地应对环境、机遇、挑战等迅速变化的客观外界因素。

（3）个体化的选择机制。即个人在实践中会预先对自己的行动给予意义的预设，制定行动的目标，进行行动方案的策划、手段和方式的比较、步骤和环节的设计，并对可能出现的不确定性做出预测和评估，以达到预期的目标结果。

（4）个体化的创新机制。即个人通过对社会实践的积极投入和参与，使得自己的活动以及社会生活能够成为一种创造性和建设性的过程。当代社会的迅速变化，使得社会生活的性状日益显露出“轻盈”、“流畅”的特点。

【课后题详解】

1. 为什么说人性、自我和社会人都是在社会互动中形成的？

从早期狭义的社会化研究来看，个体从一个“生物人”转变为一个“社会人”的过程离不开社会互动，社会人是个体在社会生活中不断与其他人相互交流和相互作用的结果。

从广义来理解，社会化是指个体在与社会的互动过程中，逐渐养成独特的个性和人格，从生物人转变成社会人，并通过社会文化的内化和角色知识的学习，逐渐适应社会生活的过程。在此过程中，社会文化得以积累和延续，社会结构得以维持和发展，人的个性得以健全和完善。社会化是一个贯穿人生始终的长期过程。一个人无论是形成个性和人格，还是内化和传递社会文化，或者学习角色知识、适应社会生活，包括持续一生的社会化，都是在社会互动过程中完成的。可以说，社会互动不仅是一个社会人形成的前提条件，也是其个性和自我发展的基本过程。

可进一步参见本章学习笔记与拓展知识。

2. 社会化有哪些主要类型？社会化过程涉及哪些社会群体和机构？

参见本章学习笔记与拓展知识。

3. 如何理解“个体化的社会”的来临是当代社会的一个新趋势和新特征？

二战以后特别是20世纪中后期，当代社会出现了一些明显的新趋势，这一过程使得早期现代性工业化所确立的社会化大生产体系不断受到动摇，大型集体和社会组织对社会结构和社会过程的影响力逐渐降低，推动了“集体化社会”向“个体化社会”的转变。这些趋势的重要方面比如：

第一，社会生活的信息化、网络化和数字化。

第二，经济活动性质的转变。

第三，社会生产体系的轻型化、小型化和微型化。

第四，社会劳动部门的白领化、年轻化、女性化。

第五，劳动方式的自主化和个体化。

第六，就业方式的开放性和选择性。

总之，在当代社会的现代性快速推进的过程中，人的个体化成为了社会生活中引人注目的一种现象，甚至可以这样说，个体化现象成为了当代社会的一个问题。

可进一步参见本章学习笔记与拓展知识。

4. 怎样理解社会化与个体化的基本关系？

参见本章学习笔记与拓展知识。

5. 个体化有哪些重要机制？如何理解个体化在某些方面是传统社会化的超越？

个体化的机制参见本章学习笔记与拓展知识。

“人的社会化”理论反映了社会学对早期现代社会的深入研究和独特回应。在一定意义上说，社会化理论中有关人的个性发展、文化传递、角色承担以及“生命历程”等的视角和范式，从不同的侧面刻画了当时个体的集体化和组织化趋势。与此不同，当代个人面对的是一种更为个性化的或“个体化的”社会。进入本世纪以来，“个体化社会”的发展趋势仍在持续。

个体化不仅内含了自然的生物个体向社会人的转变，而且意味着一个社会人向更新的现代人的持续迈进。唯有在现时代，在社会生活高度开放、社会进步高速推进、社会流变的快节奏条件下，个人的完整性、独立性和独特性以及自主选择和自我责任才越来越清晰地表现出来。所以，当代社会对当代人的社会化提出了新的要求和目标，使得传统意义上的社会化内容势必发生一系列调整和改造，并促使社会化的各种机构（家庭、群体、教育、劳动和职业体系，以及国家政府机构、传媒、网络等）以及相应的制度和对策形成转变。这些将推动社会化的研究和实践进入到一个新的境界。

第六章

社会互动

【知识框架】

社会互动（social interaction）是最基本、最普遍的社会现象之一，是个体层次与群体层次、社会结构层次的中介，也是社会学的基本分析单位。对个人而言，人的社会化是在社会互动过程中完成的，社会互动也是个体自我观念形成和人格发展的过程。对社会来说，互动是社会形成的条件，正是在人们的互动过程中，形成各种社会关系，组成社会网络，结成社会群体，进而形成复杂的社会结构。社会互动也是社会结构变化的重要动力，人们通过社会互动建构着处于变动中的社会。社会互动以这样或那样的形式，构成了人类存在的主要部分。社会互动是个人与个人、个人与群体、群体与群体沟通连接的纽带，也是理解人类社会的一把钥匙。

本章的知识框架如下。

- 社会互动
  - 一、社会互动的含义
    - （一）社会互动的含义
    - （二）社会互动的特点
      - 互动关系
      - 互动前提
      - 互动范围
      - 互动情境
      - 互动影响
    - （三）社会互动的维度
      - 向度
      - 深度
      - 广度
      - 频度
    - （四）社会互动的类型
      - 二人互动、三人互动和多人互动
      - 人际互动和群体互动
      - 熟悉情境互动、社交情境互动和工作情境互动
      - 情感性互动、工具性互动和混合性互动
      - 交换、合作、竞争、冲突、强制和顺从与顺应

- 社会互动
  - 二、社会互动的过程
    - （一）社会互动的过程分析
      - 贝尔斯的互动过程分析
      - 芝加哥学派的四阶段说
    - （二）社会转型与社会互动
    - （三）网络时代的社会互动
      - 网络时代的主要互动媒介
      - 网络互动的特点及其影响
  - 三、社会互动研究的主要理论视角
    - （一）经典社会学家对社会互动的分析
      - 涂尔干
      - 韦伯
      - 齐美尔
    - （二）社会互动研究的主要理论视角
      - 符号互动论
      - 拟剧论
      - 本土方法论
      - 人际互动理论
      - 参照群体理论
      - 自我实现预言理论
      - 社会交换论
  - 四、社会角色
    - （一）社会角色的含义
    - （二）社会角色的类型
      - 先赋角色与自致角色
      - 规定性角色与开放性角色
      - 功利性角色与表现性角色
      - 自觉的角色与不自觉的角色
    - （三）社会角色的扮演
      - 社会角色的扮演过程
      - 社会角色表现
    - （四）角色失调与角色调适
      - 角色距离
      - 角色冲突
      - 角色不清
      - 角色中断
      - 角色失败

【学习笔记与拓展知识】

一、社会互动

（一）社会互动的含义

社会互动，也称“社会交往活动”[①] 或“社会相互作用”，是指社会主体之间为了满足各种需要而发生的、以信息传播为基础而形成的个人与个人、个人与群体以及群体与群体之间的相互沟通、相互作用和相互了解，从而在经济、政治、文化及心理等方面产生相互影响和相互依赖的社会行动过程。

---

① 也有人强调社会互动与社会交往的区别。如有分析认为，社会交往比社会互动包括更多的含义，社会交往是一个包括多层次多方面的动态系统结构，既包括社会沟通、社会互动、社会知觉等方面的内容，又包括人际、群际、区际乃至国际等多层次的交往。社会互动只是从一个侧面揭示了社会交往的功能和内容，并不能概括社会交往的全貌。

（二）社会互动的特点

第一，社会互动是一个关系性范畴，必须发生在两个或两个以上的社会主体（包括个体和群体）之间。离群索居的人不能形成具有社会意义的互动。

第二，社会主体之间发生以信息交流为基础的相互依赖性关系和行为是社会互动的前提条件。

第三，社会互动可以是面对面的交往，也可以借助媒介进行。

第四，社会互动与特定的社会情境密切相关，并形成特定的互动模式。

第五，社会互动不仅会影响互动关系，而且会对复杂的社会关系网络和社会结构产生影响。

（三）社会互动的维度

（1）社会互动的向度。向度反映出互动双方关系的性质，主要包括：情感关系、地位关系、利益关系。

（2）社会互动的深度。深度反映了互动双方相互依赖的程度。可以从互动双方利益关联的大小、情感投入的大小、互动延续的时间长短和互动规范的复杂程度等方面来分析。

（3）社会互动的广度。广度表明互动双方交往领域的大小。有些互动局限于特定的领域，有明确的行为规范；有些互动则涉及很多方面，互动方式上较为灵活。

（4）社会互动的频度。频度反映了一定时间内发生社会互动的多少。互动频度的差别往往反映并影响人际关系的疏密与好坏。

（四）社会互动的类型

1. 二人互动、三人互动和多人互动

二人互动关系可以获得在其他任何社会形式中不可能存在的亲密感情和独特性。

在三人互动关系中，每一方都面对着两个人，需要同时考虑两个人的个性特征和需要，很难达到二人互动关系中可能具有的亲密性。

多人互动关系中会形成社会群体和社会网络。大型群体互动中存在着超越个别成员之上的客观结构；正式组织中会形成明确的分工和严密的组织规范来制约人们的互动。

2. 人际互动和群体互动

（1）人际互动是作为行动者的个人之间有意识、有目的的相互作用过程。其特点是：互动发生在具体的个人之间；互动一般是直接的、面对面进行的；互动双方都明白各自的角色、目标和手段；互动双方能感受到交往的结果；个人感情在互动中发挥着较大的作用。

（2）群体互动是群体与群体之间的相互作用过程。群体成员不是以个人身份出现，而是作为群体的代表出现；其行为方式也较为正式，更多地利用书信、函电等传播媒介，以扩大互动的范围；由于群体目标的多重性，群体互动的对象也往往是多方面的；通过加深个人之间的关系可以加强和促进群体交往。

3. 熟悉情境互动、社交情境互动和工作情境互动

情境是人们行动时所处的情况或场景，包括行为主体、角色关系、人的行为、时间、地点与场合等。在不同的情境中，人们的互动方式不同。

（1）熟悉情境互动是指熟人之间的日常交往情境，如家庭成员、亲戚朋友、邻居、下班后的同事之间的交往，交往双方并没有特定的目的，较为随意，没有必要严格遵守规则或社交礼貌。

（2）社交情境互动是在社交场合中发生的，互动并无其他的目的，互动过程有一定的情感投入，有助于促进关系的发展。

（3）工作情境互动是人们在工作场合和工作时所进行的互动过程。人们的行为往往不是纯粹的个人行为，而是在其所属职位上代表了其所承担的角色或所属的群体。

4. 情感性互动、工具性互动和混合性互动

（1）情感性互动是家庭、亲密朋友等初级群体中的人际互动过程。它可以满足个人在关爱、温情、安全感、归属感等情感方面的需要，是人类社会互动中最常见、与人的社会生活关系最密切的互动过程。

（2）工具性互动是个体为了达成某种目的而与他人的互动，互动只是达到目的的一种工具，互动双方并不预期有亲密的情感关系和长期交往。

（3）混合性互动介于情感性互动与工具性互动之间，是个人与亲戚、一般朋友、邻居、同学、同事、同乡等建立的各种社会互动关系，它既有情感性成分，又有工具性成分。

5. 交换、合作、竞争、冲突、强制和顺从与顺应

（1）交换是个人或群体旨在获得报酬或回报而发生的社会互动行为，交换遵循互惠原则，有助于通过创造持续的相互间的义务来维持交换的平等。

（2）合作是社会互动主体之间为达到对各方都有某种益处的共同目标而相互配合的互动形式。成功的合作应具备某种共同目标、达成目标的基本共识、行动过程相互配合、讲信用等条件。

（3）竞争是不同的个体之间或群体之间争夺一个共同目标的过程。竞争目标一般具有稀缺性，竞争过程具有排他性，竞争的目的主要在于获得目标物，而不在于反对其他竞争者。

（4）冲突是个人与个人、个人与群体、群体与群体之间为某种目标或价值观念而采取的斗争、压制、破坏甚至消灭对方等行为的社会互动方式和过程。冲突

既有一定的正功能也有负功能。

（5）强制是指个人或群体将其意志强加于其他个人或社会群体的互动过程。强制借助的力量可以是物质的，也可以是精神的。

（6）顺从与顺应。顺从是互动中的一方自愿地或主动地调整自己的行为，按另一方的要求行事，即一方服从另一方；顺应除包含顺从的含义外，还指互动的双方或各方都调整自己的行为，以实现相互适应。

二、社会互动的过程

（一）社会互动的过程分析

不同的社会互动可能有不同的互动过程。这里介绍两种分析社会互动过程的方法和观点。

1. 贝尔斯的互动过程分析

美国社会学家贝尔斯（R. Bales）于 20 世纪四五十年代提出了一种小群体互动过程分析方法，包括 12 类互动范畴，涉及取向、评价、控制、决定、紧张和整合等六项功能分析，并将社会互动划分为三个阶段。

第一阶段：定向阶段，主要解决情境辨识问题。参加互动的成员在开始互动时往往首先要确认是何种情境。

第二阶段：评价阶段，主要解决态度确定问题。明确了互动情境后，成员们往往要考虑自己该对此情境持何态度。

第三阶段：控制阶段，主要解决行为选择问题，即对此情境做些什么。

上述分析中需要注意：首先，这三个阶段并不是直线发展的，有时可能会重复某一阶段。其次，互动过程分析可能同时涉及工作任务领域和社会情绪领域。最后，在多人互动中，人们与谁互动、进行哪方面的互动都有较强的选择性。

2. 芝加哥学派的四阶段说

美国芝加哥学派的帕克（R. R. Park）和伯吉斯（E. Burgess）对不同群体或不同文化之间互动过程的分析认为，本地社会群体与移民之间的互动过程包括四个阶段：

第一阶段是敌对或竞争，这是最初级和基本的社会互动，是一种个人之间没有社会接触的互动，互动双方是一种竞争、排斥关系。

第二阶段是冲突，由于激烈的竞争，双方可能产生对立情绪，出现以攻击对方为目的的行为。

第三阶段是顺应，冲突在少数情况下会以一方消灭另一方而结束互动，但大多数情况下，冲突的一方或双方会部分地改变其思想、态度和习惯来适应对方，以避免、减少或消除冲突。

第四阶段是同化。顺应的结果是双方在很多方面日益接近、融合，趋于一致，实现同化。[①]

(二) 社会转型与社会互动

社会变迁尤其是社会从传统向现代的转型过程，必然会引起社会互动的方式等方面的变化，社会互动方式的变化反过来又会推动社会变迁。

社会转型引起了社会互动方式和社会互动规则等各方面的变革。人们社会互动的中介、互动方式发生了深刻变革，社会互动的规则也因社会转型和价值观念的转变发生了改变。

中国自改革开放以来，快速工业化、城镇化的转型进程使传统农村“乡土社会”和城市以“单位”为基础的人际互动发生了根本性的变化。这种变化推动城乡社会成员的社会互动从封闭式互动向开放式互动、从依赖性互动向自主性互动、从单一化互动向多样化互动的转变。

(三) 网络时代的社会互动

现代传媒技术的发展对社会互动产生了十分重要的影响。随着互联网的兴起，网络越来越成为人们互动的重要媒介，也形成了新的人际关系形式——“网缘关系”，使社会互动方式等各个层面都发生了革命性的变化。

1. 网络时代的主要互动媒介

(1) BBS。BBS 是 bulletin board system 的英文简写，中文翻译为电子布告栏、电子公告板或网络论坛。

(2) 网络聊天工具。常见的网络聊天工具如 QQ、MSN、飞信等等。

(3) 博客与微博。博客（blog）又称为网络日志，是一种通常由个人管理、不定期张贴新文章的网站。微博，即微型博客（micro-blog），是一种基于用户关系的信息分享、传播以及获取平台。

(4) 手机。手机属于移动通信设备，是人们互通信息的重要媒介，并已成为集通信、照相和摄像、录音和上网等多种功能于一体的小型全能型工具。

2. 网络互动的特点及其影响

互联网的兴起使人际交往超越了传统的时空界限，人们有可能与世界任何角落的人互动。人类社会的整体联系更为紧密。[②]

(1) 网络互动的超时空性。人们可以实现跨国界、跨地区的即时互动，还为

---

① 参见［英］亚当·肯顿：《行为互动——小范围相遇中的行为模式》，张凯译，23～24 页，北京，社会科学文献出版社，2001。

② 参见［美］林南：《社会资本——关于社会结构与行动的理论》，张磊译，211～216 页，上海，上海人民出版社，2005。

人们实现非即时性、非在场的互动提供了便利。

（2）网络互动的匿名性和符号性。在网络空间中，成员的身份可以是匿名的，可以随意地选择进入虚拟社区的标识，从而在很大程度上突破性别、年龄、种族等各种现实身份的区隔。

（3）网络互动的自由、自治性。这一特点使得传统社会中的权威地位和等级属性很大程度上被消解，人们有可能成为同一虚拟社区的平等成员，形成共享和共同参与的格局。

同时，也会带来新的社会问题。其一，网络化并没有带来人们之间平等、自由地利用网络技术与平台进行沟通与互动；其二，网络给人们的交往带来便利的同时，也对日常社会交往造成了冲击。此外还有对个人隐私的侵害，不实的信息迅速而广泛地传播造成公共信任危机等。

三、社会互动研究的主要理论视角

（一）经典社会学家对社会互动的分析

1. 涂尔干的社会互动思想

涂尔干强调社会的客观性和强制性，反对把社会现象还原为个体的心理现象。在后来的研究中，他开始关注为何人们会有共同的取向和观念等问题，更为关注个人与社会的关系问题。

2. 韦伯的社会互动思想

韦伯认为，社会学的对象和目的是研究社会行动及其意义，并剖析其原因、过程和效用。隐藏在阶级、民族、国家、制度等社会宏观结构背后的社会现实，是人们之间富于意义的和象征性的互动。社会学必须要“在意义的层次上”理解宏观结构与过程，要渗透到人们的意识之中，去发掘他们是怎样观察、定义和理解这个世界的。

3. 齐美尔的社会互动思想

德国社会学家齐美尔被认为是欧洲最早的互动论者之一。在齐美尔看来，各种社会现象、结构和过程最终只不过是人们之间具体互动的反映。他把社会定义为一个由体现着社会交往原则的个人之间的交往和关系形成的错综复杂的网络，各种组织是这种交往的社会内容的表现形式。社会学的任务就是从复杂的社会生活中抽象出社会交往的“纯粹形式”。

（二）社会互动研究的主要理论视角

1. 符号互动论

符号互动论（symbolic interactionism）的代表人物有米德、库利、布鲁默等。

其基本观点是：第一，符号在人们的社会互动过程中起着重要的中介作用。第二，人的行为是有意义的行为。第三，意义不是固定不变的东西。第四，互动过程中人们往往通过扮演他人的角色来解释其思想和意向，并以此为根据来指导自己的行为。第五，在互动过程中，人们往往从他人对自己的态度和看法中形成并修改自我概念。

2. 拟剧论

拟剧论（dramaturgy）是美国社会学家戈夫曼（E. Goffman）从符号互动论中发展出来的分析日常生活中人与人之间互动的理论与方法。拟剧论认为，世界是一个大舞台，社会生活就像是一出戏剧，我们出生进入日常生活舞台后主要的任务就是学习和表演剧中的角色。

3. 本土方法论

本土方法论（ethnomethodology）又称“俗民方法论”或“常人方法学”，由美国社会学家哈罗德·加芬克尔（H. Garfinkel）创立，用于分析人们在日常互动中如何建立和共同使用对现实的定义，考察社会成员在建构和解释他们的社会现实并对其赋予意义时所使用的方法和步骤。

4. 人际互动理论

（1）人际吸引。人际吸引是社会互动的重要推动因素，个人性格等心理因素是影响人际吸引的主要因素之一。

（2）非语言沟通。有研究表明，大量的互动意义都是通过非语言方式表达的。非语言沟通方式最典型的是身体语言，包括用表情、眼神接触、身体姿势和动作等象征符号表达互动的意义。

（3）刻板印象。人们关于事物或人们是什么样子的假设及观念，即刻板印象（stereotype），是一种普遍的社会现象。刻板印象也是在人际互动中自我实现的。

（4）人际空间。是人际交往中关系亲密的人构成的个人空间。美国社会心理学家霍尔（Edward Hall）区分了人际互动中的四种人际距离：亲密距离（亲密关系的互动者之间的距离）、私人距离（朋友、熟人和日常谈话的距离）、社会距离（一种非个人或正式的关系距离）和公众距离（是更加正式的关系）。

5. 参照群体理论

参照群体理论（reference group theory）是由美国社会心理学家海曼（Herbert H. Hyman）1942年在研究个人的社会地位时提出的，用以表示个人在确定自己的地位时与之相对比的群体。个体往往将参照群体（即个体在心理上所认同的群体）的价值和规范作为自己的社会观和价值观的依据，也作为评价自身和他人的标准。对个体来说，参照群体有两个基本的作用，一是规范作用，二是比较作用。前者是指参照群体在个体内化价值规范，形成社会态度的过程中具有重要的影响。后者是指参照群体往往是个体对自我、他人进行评价时所采用的比较性标准。

6. 自我实现预言理论

“自我实现预言”理论（self-fulfilling prophecy）是默顿在20世纪40年代提出的，其理论基础是托马斯提出的“情境定义”（definition of the situation）概念和理论。这一定理表明，人们不只对情境的客观方面有反应，更重要的是人们对情境所具有的意义也有反应，一旦人们赋予情境某种意义，其随后的行为以及这一行为的结果就将受这种意义的影响。一种最初是虚假的但被广泛接受的预言、期望或信念，最终却实现了，这不是因为它本来是真实的，而是因为太多的人把它当作是真实的并依此去行动。实际上，这也是人类活动和社会现象不同于自然现象的一个基本特征。

7. 社会交换论

社会交换论形成于20世纪50年代末60年代初，主要代表人物有霍曼斯（G. Homans）、布劳（P. Blau）等。这一理论认为，人与人之间的社会关系是行动者之间的资源交换关系，社会互动的实质是人们交换酬赏（指个人在与他人的交往中所得到的收获，包括金钱、社会赞同、尊重和服从等）和惩罚的过程。

四、社会角色

社会互动总是和社会角色联系在一起。日常生活中，大多数的社会互动都是社会角色之间的互动。人际互动之所以有序进行，是因为互动的双方都遵循一定的角色规范而进行交往。社会角色的形成和扮演，也是在社会互动中完成的。

（一）社会角色的含义

社会角色是指与人们的某种社会地位、身份相一致的一整套权利、义务的规范与行为方式。它是人们对具有特定身份的人的行为期望，构成了社会群体或组织的基础。

1. 角色是社会地位的外在表现

角色是地位的外在的、动态的表现形式，而地位则是角色的内在依据。

2. 角色是人们的一整套权利、义务的规范和行为模式

任何一种社会角色总是与特定的权利、义务的行为模式相联系的。权利和义务总是相伴而生的，某种社会角色扮演者要按照社会的期望履行义务，相应地，也享有这个角色所具有的权利。

3. 角色是人们对于处在特定地位上的人们行为的期待

人们对于处在某种地位上的人，往往预先期望他具备一套与此地位相一致的角色行为模式。如果不能满足人们对这种角色的期待，人们就会认为他们承担这

样的角色是不称职的。

4. 角色是社会群体或社会组织的基础

推而广之，任何社会群体和组织都由不同的社会位置及其外显的角色编织而成。角色是社会群体与社会组织的基础单位，如果失去了这些角色，社会群体与组织也就不复存在。

(二) 社会角色的类型

1. 先赋角色与自致角色

从人们获得角色的方式可以将社会角色区分为先赋角色和自致角色。先赋角色也称归属角色，指建立在血缘、遗传等先天的或生理的因素基础上的社会角色。自致角色也称成就角色、自获角色，指主要通过个人的活动与努力而获得的社会角色。

2. 规定性角色与开放性角色

从社会角色规范化的程度，可以将角色划分为规定性角色和开放性角色。规定性角色是指有比较严格和明确规定的角色，即对此种角色的权利与义务、应当做什么和不应当做什么都有明确规定。开放性角色是指那些没有严格、明确规定的社会角色。这类角色的承担者可以根据自己对角色的理解和社会对角色的期望而从事活动。

3. 功利性角色与表现性角色

根据角色所追求的目标，可以将角色区分为功利性角色和表现性角色。功利性角色指那些以追求效益和实际利益为目标的社会角色。这种角色行为的价值就在于实际利益的获得。表现性角色指不是以获得经济上的效益或报酬为目的，而是以表现社会制度与秩序、社会行为规范、价值观念、思想道德等为目的的社会角色。表现性角色在一个社会中所起的主要是表现社会公平、社会正义的作用。

4. 自觉的角色与不自觉的角色

根据人们承担社会角色时的心理状态，有自觉的角色和不自觉的角色之别。自觉的角色，指人们在承担角色时，明确意识到了自己正担负着一定的权利、义务，意识到了周围人都是自己所扮演的角色的观众，因而努力用自己的行动去感染周围的观众。不自觉的角色，指人们在承担某一角色时，并没有意识到自己正在充当这一角色，而只是按习惯性行为去做。在长期充当某一社会角色后，人们的角色扮演过程就会从自觉走向不自觉。

社会角色还可以从其他角度进行分类，比如按照角色承担的延续时间长短，可把社会角色划分为永久性角色和伴随性角色。永久性角色是伴随人一生的角色，伴随性角色是随着社会位置或年龄因素的变化而改变的角色。按照角色承担者对角色期望所达到的程度，可把社会角色分为理想角色与实际角色。理想角色是社会对某种角色理想的、期待的行为方式；现实角色，是处于某一社会位置上的人实际上表现出来的角色。

（三）社会角色的扮演

1. 社会角色的扮演过程

（1）角色确定。角色确定也叫做角色定位，即确定一个人的实际地位、身份、能力及其他条件与他所承担的角色是一致的、等同的过程。

（2）角色表现。人们在确定了所要担当的角色后，直接面临的一个问题就是怎样把这个角色表现出来。

（3）角色建构。角色建构就是角色扮演者在扮演社会角色过程中，努力将角色演得更好，赋予角色更丰富内涵的行为。

2. 社会角色表现

角色的表现过程也是人们对角色扮演者的认知和接受过程，扮演某一社会角色涉及一系列的环节。

（1）布景与道具。社会角色的表现也需要布景与道具，所不同的是社会舞台上所需要的是真正的实物。布景或道具有两个方面的作用：一是象征性作用，二是实用性作用。

（2）衣着、仪表与言谈举止。一个角色的更为直接的表现是他自己的仪表、风度。言谈、举止、姿态、风度等不仅是社会角色的外形表现，也是其内在品质的体现，在角色的表现上占有更重要的地位。

（3）前台、后台及角色配合。在角色的表现上，应注意前台与后台之分。所谓前台的表现，指人们正在充当这些角色时的表演。所谓后台的表现，指在表演某种角色以前的准备活动。在角色表现的设计、安排上要注意两种场合的区分。要使角色有出色的表演，还必须实现角色之间的配合。

（四）角色失调与角色调适

角色失调是角色扮演中出现的社会角色内部或角色之间的矛盾、失调等现象，是角色扮演中经常出现的现象。

1. 角色距离

在现实生活中，社会赋予某种角色的规范与角色扮演者的实际表现常常存在一定的差距，这种情况称为角色距离。角色距离存在的原因可能是角色扮演者对角色领会的不足、无法胜任或拒绝按照他人对角色的期待去扮演角色。

2. 角色冲突

在日常生活中，一个人扮演着很多种角色。角色扮演的过程中，有时候这些不同角色期望之间会发生矛盾、对立或抵触的情况，这种一个人承担的多种角色之间的矛盾一般称之为角色冲突。

3. 角色不清

角色不清指社会大众或角色的扮演者对于某一角色的行为标准不清楚，不知道这一角色应该做什么、不应该做什么和怎样去做。社会的急剧变迁，常常是造成社会角色不清的最主要原因。

4. 角色中断

角色中断是在一个人前后相继所承担的两种角色之间发生了矛盾的现象。角色中断的发生是由于人们在承担前一种角色时并没有为后一阶段所要承担的角色做好准备，或前一种角色所具有的一套行为规范与后来的新角色所要求的行为直接冲突。

5. 角色失败

角色失败是角色扮演过程中发生的一种极为严重的失调现象。它是指由于多种原因，角色扮演者无法进行成功的表演，最后，不得不半途终止表演，或者虽然还没有退出角色，但已经困难重重。

【课后题详解】

1. 简述社会互动的含义、特点与类型。

参见本章学习笔记与拓展知识。

2. 简述网络时代社会互动的特点。

(1) 网络互动的超时空性。人们可以实现跨国界、跨地区的即时互动，还为人们实现非即时性、非在场的互动提供了便利。

(2) 网络互动的匿名性和符号性。在网络空间中，成员的身份可以是匿名的，可以随意地选择进入虚拟社区的标识，从而在很大程度上突破性别、年龄、种族等各种现实身份的区隔。

(3) 网络互动的自由、自治性。这一特点使得传统社会中的权威地位和等级属性很大程度上被消解，人们有可能成为同一虚拟社区的平等成员，形成共享和共同参与的格局。

3. 简述社会互动的过程与主要环节。

参见本章学习笔记与拓展知识。

4. 符号互动论中芝加哥学派与艾奥瓦学派的观点有哪些不同?

一般来说，人们将符号互动分为两派：一个是以布鲁默为代表的芝加哥学派，另一个是以库恩为首的艾奥瓦学派。前者重视用人文科学方法来研究互动过程，后者主张用实证主义方法来研究互动结构。美国社会学家乔纳森·特纳认为，布鲁默和库恩常常发生分歧，正如当前互动主义者之间的分歧一样。他们的分歧主要围绕以下五点。(1) 个体的本质是什么? (2) 互动的本质是什么? (3) 社会组织的本质是什么？（4）什么是研究人类社会的最恰当的方法？（5）社会学理论应采取何种最佳形式？他认为，布鲁默与库恩代表了两种对立的观点，而大多数互动主义者则处于两者之间并具有一定的倾向性。

5. 试用自我实现预言理论分析社会现象与自然现象有什么不同。

“自我实现预言”用以分析在日常生活的各个方面都可以见到的一种集体性的行为方式。在这一行为方式中，一种最初是虚假的但被广泛接受的预言、期望或信念，最终却实现了，这不是因为它是真实的，而是因为太多的人把它当作是真实的并以此去行动。例如，银行破产的谣言使许多人从银行提走存款，结果谣言变成了事实。自我实现预言的似是而非的正确性，就在于预言者把实际的事件过程当做是依据。

自我实现预言的理论基础是托马斯提出的“情境定义”，也称“托马斯定理”，即“如果人们在认识中把某种情境定义成是真实的，那么这种情景就会造成真实的影响”。这一定理表明，一旦我们赋予情境某种意义，我们随后的行为以及这一行为的结果将受这种意义的影响，这也是人类活动和社会现象的一个特征。而人类未涉足的自然界，则不具有这种特征。

“自我实现预言”的结果很可能是，一旦人们形成某种自我预言，那么它很可能就会真的实现：积极的期望促使人们向好的方向发展，消极的期望则使人向坏的方向发展。默顿指出，当“托马斯定理”被加以夸大时，其基本观点就会被歪曲，导致谬误或极大地背离其愿意，就会导致极端的主观主义，就会把“托马斯定理”变为这样一种不合逻辑的命题，即如果人们不认为情境是真实的，那么其结果也将不会是真实的。默顿认为，这种现象不但在个体身上发生，也在社会或公众身上发生。社会或公众型的自我实现预言，指的是个体间或集体间互动所导致的预言成为现实，例如，敌对国家的领导人如果相信他们之间的战争是不可避免的，那么，在这一信念的促动下，他们会逐渐变得不和，并且总是为对方的“进攻”行动和自己一方的“防御”行动担心，结果可想而知，双方努力进行军备竞赛，有关战争的预言最终会变成实际的战争。

6. 什么是社会角色？它和社会互动的关系是什么？如何处理社会转型期的角色失调问题？

参见本章学习笔记与拓展知识。

第七章

社会网络与社会群体

【知识框架】

社会网络分析与社会群体分析是社会结构分析的重要视角。人的各种社会关系的交织，构成了社会网络，而在社会网络中密切互动的人们则在产生共同利益和集体意识的基础上形成各种各样的社会群体。社会生活是以群体形式进行的，社会群体既是人们生存与生活的基本单位，又是社会的结构要素之一，它在个人与社会之间发挥着重要的桥梁作用。

本章的知识框架如下。

- 社会网络与社会群体
  - 一、社会网络
    - （一）什么是社会网络
    - （二）社会网络的类型
      - 符号资源网络与物质资源网络
      - 信息网络、资金网络、情感支持网、社交网等
      - 人际关系网、家庭网、组织关系网、国际关系网
      - 初级网络与次级网络
      - 强关系网络与弱关系网络
      - 闭合性网络与开放性网络
      - 团体格局网络与差序格局网络
    - （三）社会网络的功能
      - 社会资源获取功能
      - 组织管理辅助功能
      - 日常生活联系功能
      - 积极功能与消极功能
    - （四）社会网络分析
      - 社会网络分析的基本概念
        - 点（或结点）
        - 位置
        - 关系
          - 数量
          - 密度
          - 范围
          - 强度
          - 方向
      - 社会网络分析的理论
        - 机会链理论
        - 二级传播理论
        - 弱关系优势理论
        - 社会资本理论
        - 结构洞理论

- 社会网络与社会群体
  - 二、社会群体
    - （一）什么是社会群体
      - 社会群体的含义
        - 社会群体概念
        - 广义社会群体
        - 狭义社会群体
      - 社会群体的特征
        - 成员关系
        - 相互交往
        - 群体意识和规范
        - 分工协作
        - 行动能力
      - 社会群体形成与发展的基础
        - 个体方面
        - 社会方面
    - （二）社会群体的类型
      - 初级群体与次级群体
      - 正式群体与非正式群体
      - 内群体与外群体
      - 所属群体与参照群体
      - 血缘群体、地缘群体、业缘群体、趣缘群体
      - 先赋群体与自致群体
      - 利益群体与信仰群体
    - （三）社会群体结构及其作用过程
      - 群体凝聚力
        - 发展水平
        - 影响因素
        - 作用表现
        - 群体的离散
      - 群体规范
        - 群体规范形成的心理机制
        - 群体规范的内化
        - 群体规范的行为约束力
        - 群体规范的维续作用
      - 群体内部关系
        - 群体规模
        - 社网图
        - 群体内部信息沟通方式
        - 群体内部关系的处理
      - 群体领导与决策
        - 群体领导
        - 领导形式
        - 领导作风
        - 群体决策
        - 群体决策的阶段
    - （四）社会群体的分化、冲突及其管理
      - 社会群体的分化
        - 群体分化
        - 群体分化的基本形式
        - 群体分化的因素
      - 社会群体冲突
        - 群体冲突
        - 群体冲突的类型
        - 群体内部冲突
        - 群体间冲突
      - 社会群体冲突的管理
        - 正确看待群体冲突
        - 建立有效化解机制

- 社会网络与社会群体
  - 三、初级社会群体
    - 初级群体的基本特征
      - 成员有限
      - 直接互动
      - 扮演多重角色
      - 交往富于感情
      - 成员难以替代
      - 高度整合
      - 非正式控制手段
    - 初级群体的功能
      - 正功能
        - 承担社会化任务
        - 满足情感需要
        - 维护社会秩序
      - 负功能
        - 压抑个性
        - 干扰正式组织关系
    - 社会转型期的初级群体
      - 初级群体的衰落趋势
        - 功能转移
        - 关系松懈
        - 名存实亡
      - 初级群体衰落的社会影响
        - 积极影响
          - 增进个人自由
          - 促进社会整合
          - 实现组织目标
        - 负面影响
          - 削弱社会支持
          - 增加控制难度
          - 导致人际冷漠

【学习笔记与拓展知识】

一、社会网络

社会互动是社会形成的基础，人们在互动中形成了各种社会关系，组成社会网络，结成社会群体，从而形成复杂的社会结构。

（一）什么是社会网络

社会网络是行动者在互动中形成的社会联系。社会网络与社会互动之间有着密切关系，一方面，社会网络是社会互动的背景，大多数社会互动都发生在社会网络结构之中。另一方面，社会互动虽然是在社会结构中进行的，但同时社会互动也形成新的社会网络。个人会有意识地通过各种社会互动与交往来建构社会网络，以获取各种资源。

（二）社会网络的类型

根据网络中所交换的资源，可分为符号资源（如信息、观念、价值、规范、消息等）网络、物质资源（指物质事物，也可能是金钱等可以换取物质事物的符号）网络和情感资源（指赞赏、尊敬、喜欢、高兴等）网络。

按社会网所涉及的社会关系的类型，可分为信息网络、资金网络、讨论网、聊天网、情感支持网、社交圈、生意圈等等。

按网络的主体是个人还是群体，可分为人际关系网、家庭网、组织关系网、国际关系网等。

按网络成员之间关系的亲密程度可分初级网络与次级网络。

按网络中联系的强弱程度可分强关系网络和弱关系网络。强关系是指人们在其中投入更多时间、更多情感，并且彼此更为亲密也更为频繁地提供互惠性服务的关系。弱关系则是指那种自我卷入不多甚至没有卷入的关系。大多数人在社会中拥有更多的弱关系网络。

按网络成员相互联系的密切程度可分为闭合性网络与开放性网络。闭合性网络中成员间交往频繁、联系紧密。开放性网络中成员间交往稀少、联系松散。

按网络的结构模式，可以分为团体格局网络与差序格局网络。西方社会是团体格局的社会，团体格局里人们争的是权利；中国社会结构和西方不同，按费孝通的观点是差序格局的社会，其社会关系是以“己”为中心，差序格局里的人们攀关系、讲交情。

（三）社会网络的功能

获得实际收益，是社会网络最一般的功能。许多的社会网络分析都关注社会交往与网络被工具性地加以利用的情况。具体而言，社会网络的功能体现在以下方面。

第一，社会资源获取功能。人们可以通过社会网络获取资源，改变自身的社会地位。

第二，组织管理辅助功能。根据社会网络的嵌入性观点，基于网络的社会关系在几个方面会影响经济交易，如影响对信息与机会的获得，减轻与交易或企业相关的风险和不确定性等。

第三，日常生活联系功能。社会网络在日常社会生活中有重要的社会支持功能，各种网络能为其成员提供各种支持和保障，包括物质上的，更重要的是情感和精神方面的。

另外，社会网络在经济社会发展中的重要作用，其发挥作用的机制主要是提供信息、降低交易成本、促进信任和化解风险等。

大多数社会网络分析都强调社会网络的积极功能，但是它也有消极功能。如：建立和维护社会网络是有代价的；过分依赖社会网络反而限制了人们获得信息的其他机会与渠道；社会网络的强势关系还可能形成利益集团和联盟，导致对社会资源的垄断等。

(四) 社会网络分析

1. 社会网络分析的基本概念

(1) 点或结点 (nodes)。是指各类社会行动者，可以是个人、位置、法人或集体行动者，或者任何一个能与另一个实体发生联系的实体。这些单位被概念化为点或结点。

(2) 位置 (position)。社会结构由位置组成，位置是点的归类，一个位置可以包括许多点，占据同样位置的点具有共同的特征。

(3) 关系 (ties)。是指在网络分析图中结点之间的连线。网络中所有结点之间联系的真实数量和潜在数量称为联系的数量；网络中个人关联的程度称为密度；网络内任何两个人间存在关系的数目称为网络的可接触性；范围个体在网络中能够直接接触他人的数目称为范围；网络中人们之间的社会联系的强弱程度称为网络强度；资源在网络中的流动方向和顺序称为网络的方向。通过联系的数量、密度、范围、强度、方向等方面可分析社会网络的特征。

2. 社会网络分析的理论

怀特提出的"机会链"理论，解释了内部劳动力市场的升迁现象。

科尔曼等人提出的二级传播理论，以非正式关系解释传染病流传及信息流通问题。

格兰诺维特 (M. Granovetter) 提出的"弱关系优势理论"，对劳动力市场中寻找与变换工作做了讨论。

林南等人的社会资本理论把资源获取作为中介变量，以社会网络解释寻找工作等现象。社会资源是"财富、地位、权力和与个人有直接或间接联系的那些人的社会关系"。

边燕杰等人提出并用在中国社会的实证研究证实了"强关系"假设，发现在伦理本位的中国社会中，职业流动者的社会网络主要是由亲属和朋友两类强关系构成。[①]

博特 (R. Burt) 提出的"结构洞"理论，认为社会网络中的无直接联系或关系间断的现象，从网络整体看好像是网络结构中出现了空洞。第三者会尽力保持结构洞的存在，从而使另外两者高度依赖于自己的活动。

二、社会群体

(一) 什么是社会群体

1. 社会群体的含义

社会群体又称社会团体，是指处在社会关系中的一群个人的集合体。这个集

① 参见边燕杰、张文宏：《经济体制、社会网络与职业流动》，载《中国社会科学》，2001 (2)。

合体的存在，不仅个人自己能够意识到，而且也被群体以外的人们所意识到。群体成员有共同的认同及某种团结一致的感觉，对群体中每个人的行为都有相同而确定的目标和期望。

社会群体有广义和狭义之分。广义的社会群体，泛指一切通过持续的社会互动或社会关系结合起来进行共同活动，并有着共同利益的人类集合体；狭义的社会群体，指由持续的直接的交往联系起来的具有共同利益的人群。

2. 社会群体的特征

（1）有明确的成员关系。

（2）有持续的相互交往。

（3）有一致的群体意识和规范。

（4）有一定的分工协作。

（5）有一致行动的能力。

3. 社会群体形成与发展的基础

个人与社会的双重需要，是群体形成、存在和发展的重要基础。

从社会成员个体方面来看，个体只有在群体生活中，才能满足其生理、安全、情感以及自尊等各方面的需要。人们结合起来对付自然环境等各方面的威胁和压力，是群体形成的最重要的动力和原因。

从社会方面来看，群体是社会生产过程的必然产物，群体生活是社会生活的本质。社会存在的前提是物质资料的生产，正是物质资料生产以及人类自身生产的需要，促成了群体关系的发生和群体的形成。

（二）社会群体的类型

1. 初级群体与次级群体

初级群体（primary group）又称基本群体或首属群体，是指其成员相互熟悉、了解，因而以感情为基础结成亲密关系的社会群体。次级群体（secondary group）又称次属群体，是指其成员为了某种特定的目标集合在一起，通过明确的规章制度结成正规关系的社会群体。

2. 正式群体与非正式群体

正式群体的正规化程度高，其成员间的互动采取制度化、规范化的方式，成员的权利、义务及彼此间的关系都有明确的且常常是书面形式的规定。非正式群体的正规化程度低，其成员间的互动采取随意的、常规的方式，成员的权利、义务及彼此间的关系并没有明确的尤其是成文的规定。

3. 内群体与外群体

内群体（in-group）指成员对其有团结、忠心、亲密及合作感觉的群体，也就是成员在心理上自觉认同并归属于其中的群体。外群体（out-group）泛指内群体成员之外的其他任何“别人”的结合。内群体与外群体常常互相隔离，乃至处于对立的地位。

4. 所属群体与参照群体

所属群体（membership group）也称隶属群体，指的是成员身份所属的群体，它规定了成员的身份及其日常活动空间等方面。参照群体（reference group）并非成员身份所属的群体，而是指某些成员用做其所属群体的参照对象的群体，这些成员通过参照群体来认知、评价所属群体，并由此影响到对其所属群体的情感和态度以及成员自身的价值观，削弱或者加强所属群体的团结。

5. 血缘群体、地缘群体、业缘群体与趣缘群体

血缘群体是指基于成员间血统或生理联系而形成的群体，包括家庭、家族、氏族、部落、部族等具体形式。地缘群体是基于成员间空间或地理位置关系而形成的群体，包括邻里、老乡、民族社区等具体形式。业缘群体是基于成员间劳动与职业间的联系而形成的群体，包括各种各样的社会经济组织、政治组织和文化艺术组织等等具体形式。趣缘群体是基于成员间兴趣、爱好、志向等的相同或相近而形成的群体，包括通常人们所说的各种业余爱好群体。

6. 先赋群体与自致群体

先赋群体是指个人生来就具有该群体的属性，且此种属性一般不能由个人选择和改变的群体。自致群体是指个人通过后天努力获得进入资格或个人自由选择的群体。

7. 利益群体与信仰群体

利益群体是指人们在获取利益以满足自身需要的社会活动中形成的、以利益关系为主要联系纽带的社会群体。信仰群体则是指社会生活中基于共同的价值观和信仰而形成的各种群体。

（三）社会群体结构及其作用过程

1. 群体凝聚力

群体凝聚力也称群体内聚力，指群体吸引其成员，把成员聚集于群体中并整合为一体的力量。

（1）群体凝聚力的发展水平。一般表现为三个层次：第一是人际吸引，群体中尚未形成规范压力，或者，成员尚未了解、接受规范；第二是成员对规范的遵从，把个人的目标与群体的目标相结合，自觉接受群体规范的约束，与其他成员建立更深的关系；第三是成员把群体的目标自觉地看成自己的目标，并将群体规范内化为自身的行为准则。

（2）群体凝聚力的影响因素。第一，从个人和群体的心理互动上看，群体自身是否对其成员具有吸引力和成员个人是否感受到这种吸引力，都对群体凝聚力发生重要影响。第二，从个人和群体间的利益关系看，这两种利益能否保持一致，也影响着群体凝聚力的状况。第三，从成员在群体中的关系结构看，这一结构是

否遵循一致性原则和互补性原则，也直接影响着群体凝聚力的高低。第四，从群体成员与其领导的关系看，群体成员是否了解和信任其领导的才能，以及领导的合法性资格、领导个人魅力，这些都对群体凝聚力有很大影响。第五，从群体与其环境的关系看，如果一个群体内部不存在分裂性因素，当其面临环境的巨大压力与威胁时，其凝聚力也会大大增强。

（3）群体凝聚力的作用表现。保持群体的整体性、协调性，控制群体成员，保证成员的自信心与安全感。群体凝聚力对社会的作用则视群体意识及其价值规范的内容而有正面、负面及中性之分。

（4）群体的离散。是与群体凝聚相反的过程，表现为群体凝聚力的消解。群体内部冲突往往是导致群体离散的重要原因，但并非所有的冲突都必然导致群体的分裂、瓦解，应当联系特定群体的规模、内部结构以及冲突是否涉及群体的核心价值观念等做具体分析。

2. 群体规范

群体规范指在某一特定群体活动中，被认为是合适的成员行为的一种期望，是群体所确立的一种标准化的观念。

（1）群体规范形成的心理机制。人们在共同的生活中，对于外界事物的经验具有一种将其格式化、规范化的自然倾向，这种规范化的经验被称为定型，它有助于人们在重新遇到此类事物时尽快做出反应。群体规范的形成还受模仿、暗示、从众、服从等因素的影响，是群体成员为着目标的实现而发生相互作用的结果。

（2）群体规范的内化。群体规范在群体成员中不断内化为人们的心理尺度，成为对各种言行的判断标准。

（3）群体规范的行为约束力。群体规范引导人们在满足需要时应有的行为目标和适当的行为方式，从而规定了人们日常行为的范围和准则。

（4）群体规范的维续作用。由于能够促成群体成员行为的一致和协调，群体规范发挥了维持群体生存的功能。

3. 群体内部关系

群体内部关系指成员间彼此交流与作用的状态和过程，是群体结构的重要组成部分。我们可以从三个方面对其进行考察。

（1）群体规模。群体规模的大小直接影响着群体成员间关系的数量和形式。随着群体规模的增大，群体内潜在关系也在增多。大群体不可能依赖于自发的或随意的协约，它需要有具体的、明确的任务分工和责任规定。规模巨大意味着具有正式的组织、权力层、管理人员以及广泛的次级群体关系。

（2）社网图。可以分析和显示群体成员间关系的状态及该群体结构的紧凑程度。但在研究大规模群体时，社网图需借助计算机等工具进行处理。

（3）群体内部信息沟通方式。一般有两种形式："星型"结构为代表的分散方式和“轮型”结构为主的集中方式。群体内部信息沟通方式可以分析群体成员的地位结构类型和凝聚力状况。

(4) 群体内部关系的处理。第一，成员的利益必须受到保护，成员能为实现自己的目标从事活动，但不妨碍群体目标的实现；第二，群体赋予其成员以一定的地位和作用，并以此谋求成员之间的统一；第三，群体能够满足其成员的各种欲求并提高其能动性。

4. 群体领导与决策

(1) 群体领导。是指在群体内部关系网络中处于中心位置，并能对群体其他成员进行引导和施加影响的角色。

(2) 领导形式。一般有两种主要形式：一种是工具性领导，指引该群体为达到最终目标而奋斗；另一种是表意性领导，力求造成群体的团结与和谐。

(3) 领导作风。主要有三种基本类型：第一，权威型，这种类型的领导人独自决定群体政策和分配任务，几乎是单纯发号施令；第二，民主型，这种类型的领导人倾向于与群体成员讨论、交流以确定政策和任务，从而保证群体行动的一致；第三，放任型，这种类型的领导人散漫怠惰，几乎不对群体成员加以指导或组织，任其自由行动。

(4) 群体决策。是指在群体活动中，群体针对遇到的问题而做出判断和决定的过程，是群体发挥作用的重要步骤。

(5) 群体决策的阶段。第一阶段是搜集信息，群体成员通过分析这些信息来决定自己的态度；第二阶段是对搜集到的信息做出评估，此时，成员表明自己的看法，并对他人的意见做出反应；第三阶段是做出决定，在这一阶段，随着联盟的组成和一个正在形成的多数派将其观点强加于少数人而会出现紧张情绪；一旦决定做出，就出现第四阶段，这时成员们普遍努力恢复他们之间的融洽关系，以保证群体继续团结。

(四) 社会群体的分化、冲突及其管理

1. 社会群体的分化

(1) 社会群体分化。是指群体功能专门化和群体地位多样化。社会群体功能专门化是指原来同时承担多种社会功能的某种社会群体变为承担专门或单一功能的多种社会群体或正式组织。社会群体地位多样化是指原来在社会结构中地位相同或相近的社会群体日益转变为各种地位存在差别的群体。

(2) 群体分化的基本形式。群体分化表现为水平分化和垂直分化。社会群体水平分化是指以社会分工为基础，群体类别增多，群体异质性增加的过程。水平分化的群体之间在根本利益、态度、行为和社会表现等方面没有明显差别，具有较强的一致性，群体之间易于协调和整合。社会群体垂直分化是指群体之间地位差距拉大，不平等程度提高。垂直分化使得各群体之间在根本利益、态度、行为

和社会表现等方面差别较大，群体之间容易发生矛盾和冲突。

（3）群体分化的因素。1）群体分化的自然因素，是指基于人的生物特征的群体差别，如性别分化和年龄分化。2）群体分化的社会因素，是指由于社会制度以及人们的价值观等因素而产生的群体差异，如基于利益的群体分化、基于价值观的群体分化等。3）群体分化的社会变迁因素。随着社会的变迁与发展，社会群体分化也趋向加速。社会群体分化一方面增加了社会活力，另一方面也加剧了群体之间的竞争和冲突，群体协调与整合难度加大，对社会管理和社会建设带来更多挑战。

2. 社会群体冲突

社会群体冲突，是指同一群体内部成员之间或不同群体成员之间为了某种目标或价值观念而互相排斥和斗争的方式与过程。

社会群体冲突的类型多种多样。从引发冲突的目标看，有物质利益性冲突，也有非物质利益性冲突，如信仰、价值观的冲突。从冲突的主体看，有人与人之间的冲突、人与群体之间的冲突以及群体与群体之间的冲突。从冲突发生的范围看，有群体内冲突和群体间冲突。下面主要介绍群体内冲突和群体间冲突。

（1）群体内冲突。群体内冲突是指群体成员之间为了某种目标或价值观念而互相排斥、斗争的方式与过程。群体内冲突可能会影响群体凝聚力，不利于群体团结和群体成员的健康发展，甚至会导致群体瓦解。不过，群体内冲突对于群体及其成员的影响与群体规模、群体结构、冲突对象、冲突规模等方面密切相关，需要具体问题具体分析。

（2）群体间冲突。群体间冲突是指不同群体之间为了某种目标或价值观念而互相排斥、斗争的方式与过程。群体间冲突会损害社会凝聚力，破坏社会团结，导致社会不稳定，对社会生产、社会成员的生活乃至生命健康造成负面影响，甚至会阻碍社会发展，导致社会倒退。不过，群体间冲突的影响并不必然是负面的。

3. 社会群体冲突的管理

（1）正确看待当前我国社会群体冲突。

（2）建立科学有效的社会群体冲突化解机制。

三、初级社会群体

（一）初级群体的基本特征

（1）成员有限。初级群体一般是指 2 人到 30 人的小群体。

（2）成员间有直接的、经常的面对面互动。

（3）成员间相互扮演多重角色，表现了全部个性。

（4）成员间的交往富于感情。

(5) 成员难以替代。

(6) 群体整合程度高。

(7) 群体控制依靠非正式手段。

二、初级群体的功能

1. 初级群体的正功能

(1) 承担着社会化的任务。

(2) 满足人们的情感需要。

(3) 有助于维护社会秩序。

2. 初级群体的负功能

(1) 可能压抑个性的形成和个人积极性的发挥，限制个人的社会发展。

(2) 有可能干扰正式组织关系，破坏组织结构，妨碍组织效率的提高和组织目标的实现。

3. 社会转型期的初级群体

(1) 初级群体的衰落趋势。社会分化加剧，初级群体原有功能不断发生转移。初级关系日趋松懈。一些初级群体已经名存实亡。

(2) 初级群体衰落的社会影响。

积极影响。初级群体衰落有可能提供更多的个人自由；有可能促进更大范围的社会整合；人们更多地依靠正式分工及规章制度等次级关系来处理问题，从而有助于提高工作效率，实现组织目标。

负面影响。初级群体的衰落削弱了社会支持网络。初级群体的衰落削弱了非正式控制手段的影响力，增加了社会控制的难度。初级群体的衰落带来人际关系的疏远、冷漠，人们的情感等精神需要难以得到有效满足，这成为现代社会许多社会问题的根源。

【课后题详解】

1. 什么是社会网络？社会网络有什么功能？

社会网络是行动者在互动中形成的社会联系。社会网络的主要功能是：

第一，社会资源获取功能。人们可以通过社会网络获取资源，改变自身的社会地位。

第二，组织管理辅助功能。根据社会网络的嵌入性观点，基于网络的社会关系在几个方面会影响经济交易，如影响对信息与机会的获得，减轻与交易或企业相关的风险和不确定性等。

第三，日常生活联系功能。社会网络在日常社会生活中有重要的社会支持功能，各种网络能为其成员提供各种支持和保障，包括物质上的，更重要的是情感和精神方面的。

另外，社会网络在经济社会发展中的重要作用，其发挥作用的机制主要是提供信息、降低交易成本、促进信任和化解风险等。

社会网络既有积极功能，也有消极功能。如：建立和维护社会网络是有代价的；过分依赖社会网络反而限制了人们获得信息的其他机会与渠道；社会网络的强势关系还可能形成利益集团和联盟，导致对社会资源的垄断等。

2. 什么是社会群体？社会群体具有哪些基本特征？

参见本章学习笔记与拓展知识。

3. 社会群体有哪些基本类型？

参见本章学习笔记与拓展知识。

4. 什么是群体凝聚力？影响群体凝聚力的因素有哪些？

群体凝聚力也称群体内聚力，指群体吸引其成员，把成员聚集于群体中并整合为一体的力量。

群体凝聚力的影响因素主要有：第一，从个人和群体的心理互动上看，群体自身是否对其成员具有吸引力和成员个人是否感受到这种吸引力，都对群体凝聚力发生重要影响。第二，从个人和群体间的利益关系看，这两种利益能否保持一致，也影响着群体凝聚力的状况。第三，从成员在群体中的关系结构看，这一结构是否遵循一致性原则和互补性原则，也直接影响着群体凝聚力的高低。第四，从群体成员与其领导的关系看，群体成员是否了解和信任其领导的才能，以及领导的合法性资格、领导个人魅力，这些都对群体凝聚力有很大影响。第五，从群体与其环境的关系看，如果一个群体内部不存在分裂性因素，当其面临环境的巨大压力与威胁时，其凝聚力也会大大增强。

5. 试析初级社会群体的基本特征。

参见本章学习笔记与拓展知识。

6. 试分析现代社会初级群体衰落的原因及其影响。

当前，我国社会正处于从传统向现代的转型期。随着这一转型过程的推进，初级群体的性质和地位都将发生变化，并对社会生活产生重要影响。

从发展趋势看，在转型期，初级群体将日渐衰落。（1）社会分化加剧，初级群体原有功能不断发生转移。（2）初级关系日趋松懈。（3）一些初级群体已经名存实亡。

初级群体日趋衰落对社会生活的影响既有其积极的一面，又有其消极的一面。

（1）积极影响。初级群体衰落有可能提供更多的个人自由；有可能促进更大范围的社会整合；人们更多地依靠正式分工及规章制度等次级关系来处理问题，从而有助于提高工作效率，实现组织目标。

(2) 负面影响。初级群体的衰落削弱了社会支持网络。初级群体的衰落削弱了非正式控制手段的影响力，增加了社会控制的难度。初级群体的衰落带来人际关系的疏远、冷漠，人们的情感等精神需要难以得到有效满足，这成为现代社会许多社会问题的根源。

21世纪
社会学系列教材

第八章

家庭、婚姻、性与社会性别

【知识框架】

家庭、婚姻、性与社会性别共同构成了“人类初级生活圈”的整体存在状态，是人类社会生活的重要组成部分。可以说，几乎所有社会关系与社会运行的各种机制，都已经从家庭、婚姻、性与社会性别中产生出来。人们给家庭、婚姻、性与社会性别赋予了许多不同的定义和价值。哲学、人类学、心理学、伦理学、法学、经济学等相关学科，也各有自己的研究角度和理论体系。在这一领域中，社会学与其他学科的区别在于：我们的研究有一个最基本的假设——家庭、婚姻、性与社会性别都是作为连接个人生活与社会运行的中介，体现着和作用于双方的相互关系的。对这一领域的研究，是社会学重要的分支，具有重大的理论意义和应用价值。

本章的知识框架如下。

- 家庭、婚姻、性与社会性别
  - 一、研究概述
    - （一）研究对象：初级生活圈
      - 基本构成单位
        - 男人
        - 女人
        - 孩子
      - 基本社会活动
        - 物质再生产
        - 人口再生产
        - 精神财富再生产
      - 再生产的社会管理
        - 法律和制度的共通性与互补性
        - 社会转型期的被怀疑、被批评和更新无法替代的人类关系
    - （二）研究意义
      - 对社会生活的深刻影响
      - 相关支持系统及影响
        - 爱情
        - 生活方式
        - 经济活动
        - 年龄构成
    - （三）研究角度
      - 个人活动与社会运行
      - 个人选择与社会管理
      - 生活实体与社会设置

- 家庭、婚姻、性与社会性别
  - 二、婚姻家庭社会学
    - （一）定义
      - 婚姻
        - 作为生活实体的婚姻
        - 作为社会设置的婚姻
      - 家庭
        - 作为生活实体的家庭
        - 作为社会设置的家庭
      - 家庭类型
        - 核心家庭
        - 主干家庭
        - 联合家庭
        - 其他多人共居组合形式
      - 家庭、家族与宗族
    - （二）婚姻家庭的宏观研究
      - 家庭的规模与结构
      - 家庭关系
      - 家庭功能
      - 影响婚姻家庭的社会因素
    - （三）婚姻家庭的过程研究
      - 婚姻准备
        - 学龄前：亲密
        - 青春期之前：知心
        - 青春期之后：吸引
        - 成年之际：关切与体贴
        - 择偶
          - 择偶动机
          - 择偶标准
          - 通婚圈半径
          - 般配程度
          - 家庭因素
          - 择偶经历
      - 结婚
        - 结婚行为
        - 结婚投入
        - 结婚价值
      - 婚姻的维系、发展与破裂
        - 两性地位与角色
        - 共同生活目标
        - 婚姻目标
        - 婚姻质量
        - 离婚率
          - 离婚结婚比
          - 人口离婚率
          - 追踪离婚率
          - 最终离婚率
  - 三、性社会学
    - （一）性社会学概述
      - 定义
      - 研究角度
      - 基本命题
    - （二）性的概念
      - sex
      - sexuality
      - 世界卫生组织的 sex 和 sexuality 定义
      - 性社会学视角下的性
    - （三）性的社会因素
      - 性的生命周期
        - 青春期之前
        - 性成熟第一步
        - 性成熟第二步
        - 性成熟的标志
        - 老年期的性
      - 性与性别的互构系统
        - 性与性别的互构
        - 传统中国的四种性别形象
        - 传统中国的女性
      - 性的阶层规定
      - 性的话语管治与行为培训
      - 涉性的人际交往
      - 性生活中的社会因素
    - （四）性在社会活动中的表现
      - 性、爱情、婚姻三者的关系
      - 性在互联网上
      - “性的少数人群”的“出柜”
      - 性权利、性健康与性快乐
      - 性产业
      - 性教育
      - 与性有关的社会问题

家庭、婚姻、性与社会性别
- 四、性别角色与社会性别
  - （一）从性别角色到社会性别
    - 性别角色
    - 社会性别
  - （二）性别概念的重构
  - （三）性别的社会定轨
  - （四）社会性别理论在中国

【学习笔记与拓展知识】

一、研究概述

（一）研究对象

家庭、婚姻、性与社会性别完全可以分别作为社会学的研究对象，但是三者实际上又是一种系统的、整体的存在。引申社会学关于初级群体的基本概念，可以把它视为人类“初级生活圈”。

1. 基本构成单位

男人、女人和孩子是初级生活圈的最基本构成单位，三者构成了人类最基本的供养关系。

2. 基本社会活动

自人类形成开始，人们就在从事着三种最基本的社会活动：物质再生产、人口再生产和精神财富再生产。由于三种再生产的互动发展，人们必然不断地寻求更合适的初级生活圈的形式。

3. 再生产的社会管理

（1）大多数关于家庭、婚姻、性与社会性别的法律和制度，都基于某个共同的法理，具有极强的共通性与互补性。即使在发达国家中，逐渐增加的性、爱情与婚姻的相对分离，实质上也只是试图把三者统一于某个不同的法理或生活信仰指导下的初级生活圈之中。

（2）大多数关于家庭、婚姻、性与社会性别的法律和制度，都是在某种既有社会形态进入转型时期后，首当其冲地被怀疑、被批判。新的社会形态总是首先致力于改造初级生活圈，以适应和牵动个人生活与社会运行的共同更新。

（3）初级生活圈是最深刻、最直接、最重要的人类关系。人类活动中生物的、心理的和社会的三种最基本因素及其相互作用，在其中反映得最充分、最集中，人类在这个初级生活圈中获得丰富、有价值的体验，是“事业”等其他社会生活所无法替代的。

(二) 研究意义

在初级生活圈之中，生物的、心理的、社会的三种因素在相互作用的运行中，稍有不协调，就可能引发比过去时代更为严重的冲突。这种多因素的系统化运行，是工业化之后家庭、婚姻、性与社会性别的总体发展趋势，既是风险增加的原因之一，也是机会更多的依据之一。

家庭、婚姻、性与社会性别还有众多的相关事物或支持系统。这些“外在物”既界定了初级生活圈的范围，又作用于它的运行。

(1) 爱情。爱情是第一个也是最主要的相关物。爱情的多种目标可以组合成不同的目标序列，但显然与家庭、婚姻和性的目标序列有所不同，甚至相去甚远。如何使爱情与家庭、婚姻和性达到一致与一体的和谐与完美是人类的千古话题和历史渴望。

(2) 生活方式。它既指社会的和群体的，也指家庭成员个人的和共同的。从产生和发展的依次过程来看，参与者的生活方式常是先于某一具体的初级生活圈的诞生而存在，并制约着该家庭日后共同生活方式的具体形态。

(3) 经济活动。包括生产、消费和财产的处理等等。人们通常认为这些都是家庭的功能。各种经济活动只是相关物，而不是家庭的本质特征。

(4) 参与者的年龄构成。对某一具体家庭、婚姻和性活动来说，不同的先决年龄显然会造成不同的形态和运行机制。

(三) 研究角度

从个人活动的角度来看，家庭、婚姻、性与社会性别都是个人选择与行为的结果，表现为一种客观存在的生活实体。从社会运行的角度来看，它们又都是社会管理的产物，表现为一种强制式的社会设置。结果，它们总是同时既作为生活实体，又作为社会设置而存在和运行。

作为生活实体，人们总是按照自己的意愿，力图把性生活、爱情、协作的共同生活、生命的繁衍等一系列有价值的事物，包纳融合成一个初级生活圈。在不同历史和不同文化中，人们的需求和价值目标的排序也会不同。这就成了动力，促使生活实体具有多变和多样的存在形态。

但是，社会为了确保自己的运行，必然对生活实体进行管理，力求把绝大多数人的初级生活圈置于某些特定的位置与相互作用关系之中。这就是社会设置。同时，社会也总是不断调整和发展自己的这种设置，在转型期内甚至会进行相当彻底的改造或重构。家庭、婚姻、性与社会性别的另一发展动力即来源于此。

显然，生活实体与社会设置之间，在目标排序、发展倾向、与其他相关事物的关系等方面，不可能时时处处保持一致，反而经常产生互动甚至相互冲突。因此，家庭、婚姻、性与社会性别不仅会有自主的运行，而且会对个人生活和社会运行发挥巨大的作用。在良性运行的社会中，这种作用更多的是建设式或协调式的，在转型社会中则可能凸显为众所瞩目的社会问题。

生活实体先于社会设置而存在，高于社会设置而发挥作用。但是家庭、婚姻、性与社会性别的现实存在形态，往往是生活实体与社会设置之间相互作用、相互妥协的结果。这就是性社会学对于自己的研究对象的两个基本命题。

二、婚姻家庭社会学

（一）定义

1. 婚姻

作为生活实体的婚姻，其定义可以概括为：持续的性关系＋共同生活。第一个要素既排除了一夜情，又涵盖了多妻多夫或“同性婚姻”。第二个要素则既排除了单纯具有性行为的双方，又容纳了情感的、经济的和潜在的生育等内容。

作为社会设置的婚姻，则是指：第一，两个人按照社会所要求的契约关系和程序来组建共同生活（当事人的“婚”）；第二，双方都与对方原来的家庭结成确定的关系（当事人家庭之间的“姻”）。在社会设置中，当事人的地位、角色、权利、义务是最根本和最重要的，性关系与共同生活则在其次。

婚姻的生活实体与社会设置，在相互矛盾之中统一为某时某地的婚姻存在形态。个人不得不遵守社会的婚姻制度，或者说已经被社会化为能遵从婚姻制度的人。社会也不得不在法律上承认事实婚姻，或者说，社会默认了婚姻的生活实体是先于社会设置而存在的。

2. 家庭

家庭作为生活实体，其定义可以概括为：实体婚姻＋子女＋生活共同体。家庭生活共同体是以供养关系为基础的，不具有血缘关系与继承关系的人也完全可以组成一个家庭，家庭成员其实可以放弃血缘与继承关系却并不影响家庭的产生与维系。

作为社会设置，家庭的定义强调：血缘＋供养＋继承，以及由此所产生的各种权利义务关系。对于社会来说，家庭首先是人口生产的基本单位，必须强制规定具有血缘关系的个人之间的供养、赡养、财产分配和遗产继承等一系列权利义务关系。在中国，最典型的社会设置就是户籍制度中的“户”。

3. 家庭类型

核心家庭，又称夫妇家庭，指父母与未婚子女共同居住和生活。它有三种具体形式：仅由夫妻组成（无子女）、夫妻加未婚子女（含领养子女）、仅有父或母与子女（单亲家庭）。

主干家庭，指父母（或一方）与一对已婚子女（或者再加其他亲属）共同居住生活。

联合家庭，指父母（或一方）与多对已婚子女（或再加其他亲属）共同居住生活，包括子女已成家却不分家。主干家庭与联合家庭又合称扩展家庭。

此外还有其他家庭，包括无父母的未婚子女共同居住、跨代或缺代以及由实体婚姻产生的其他多人共居组合形式。

4. 家庭、家族与宗族

在中国，理解家庭的定义还必须分清家庭、家族与宗族的异同。家族一般是以“五服”为界，宗族则指同宗同姓同地域的各个家族结成的群体。家庭一般是“五服”之内的，但并不严格限定在某一辈分之内，而是更强调共居和共同的经济生活。其中最重要的是经济核算范围。家庭主要是婚姻的产物，而家族却是血缘的产物。所以中国人的结婚，不仅意味着两个个人的成婚，也表明两个家族的联姻。以往的一切包办婚姻都以此作为最主要的理由。

（二）婚姻家庭的宏观研究

1. 家庭的规模与结构

随着社会的发展，家庭也日益从联合与主干家庭向核心家庭转化。从生活实体来看，由于家庭的共同生产功能大幅度减少，大家庭的人际关系不易协调，住房逐渐增加，社会流动扩大等原因，我国也出现了核心家庭化的趋势。从社会设置来看，分家分户的手续日益简化，顺应了核心家庭的增加趋势，但是赡养、继承、分配、亲情纠葛等矛盾却在显著增加。

2. 家庭关系

在家庭内的人际关系中，性爱、生殖、亲情这三大内容，是其他社会关系所不具有的。因此家内人际关系的准则，既要作为社会设置而遵从一般道德规范，又会作为生活实体而具有不同的特征。

家内人际关系至少是由几大因素形成的：夫妻权力结构、个性异同、性的地位与作用、交流与交换的状况、代际差异、相关的人与事的作用，等等。

3. 家庭功能

家庭的功能在本质上是个人的基本需求的表现。家庭的功能也在变化。在特定时空中，某些个人需求只能通过家庭功能的实现才能满足。时空一变，同样的个人需求又可以不经过家庭，甚至通过破坏家庭功能而获得满足。

4. 影响婚姻家庭的各种社会因素

（1）家庭的变化受到计划生育国策的巨大影响。

（2）社会设置的变化也影响了婚姻家庭的生活实体。

（三）婚姻家庭的过程研究

1. 婚姻准备

婚姻准备就是当事人在性、爱情、婚姻三方面持续地社会化与个性化的过程。

双方认可彼此，就会试图建设生活实体，产生实际的结婚行为。符合社会设置的要求了，国家就会准予办理法定手续。选择独身也是婚姻准备，只是结果相反。

婚姻准备可以粗略地分为四个社会化时期。

学龄前儿童主要是从父母那里体验到婚姻所具有的心理与情感意义。儿童的“过家家”、“扮新郎新娘”和大部分性游戏，都是在模仿和寻求婚姻情感中的第一要素：亲密。到青春期之前的少年，主要是在最初的社会人际关系中品味和学习婚姻情感中的第二要素：知心。青春期之后，对性与性别的认知使得青年在男女界限中领悟着婚姻情感中的第三要素：吸引。成年之际的青年，对人生、社会和性别有了更多的经验，便开始培养婚姻情感的第四要素：关切与体贴。

婚姻准备中最引人关注的问题就是择偶（生活实体意义上的恋爱）。在定量研究中，它可以用一系列指标来测度或标定。

第一，择偶动机。第二，择偶标准。第三，通婚圈半径（最终择偶的空间范围，常用双方先前长期居住地之间的直线地理距离来标志）。第四，通婚者的般配程度（“门当户对”的程度）。第五，择偶的家庭因素。主要考察三方面：当事人对“门当户对”的考虑，原家庭对其择偶活动的参与程度，当事人从属原家庭的程度。第六，择偶经历。主要考察爱上过、交过朋友、恋爱过以及有过性行为的累计人数。

2. 结婚

对于结婚，主要考察下列方面。

第一，结婚行为的具体形式。包括婚前性行为、怀孕、同居、举办婚礼、法定登记等“婚姻基础”。

第二，结婚投入，即双方（包括其原家庭）投入的情感和资源的总量是多少，双方比例结构如何，在其原有总储存量中占多少比例。

第三，结婚对双方的价值。即双方所认定的结婚价值与原有基本人生观的吻合程度。

3. 婚姻的维系、发展与破裂

婚姻总是处于特定社会环境中，因此，社会学从经济活动、文化素质、居住条件、闲暇时间的利用、姻亲关系等方面，大量研究了社会与个人的关系和作用。分层、流动、代际差异、社会化程度等等因素对婚姻的作用，更是社会学研究的珍宝。

中国正处于急剧转型期，婚姻领域的悲喜剧也大多来源于转型中的不适应，大致有以下几种情况。

第一，婚内两性地位与角色在变化。传统婚姻的“和和美美”是以“夫唱妇随”为基础的，现在却不得不转向交换、互动、妥协等陌生的行为方式。

第二，夫妻共同生活目标更难以建立。夫妻双方对生活的价值取向不仅变得更加多元，而且常常难以排序。夫妻共建一个值得双方主动彻底投入的目标就更加困难了。

第三，婚姻目标日益浪漫化。社会与个人都在转型，客观上开始需要婚后再次逐步浪漫起来，才能靠内聚力来抵御外界可能的危害。更多的夫妻则是还没学会创造浪漫。

第四，婚姻质量。它可以分成三种主观满意度：对配偶的、对双方共同生活状况的以及与假想的“第三者”进行比较的。但也有学者主张，所谓婚姻质量只有一个判断标准，那就是当事人自己的主述。

第五，离婚率。它的统计方法至少有四种：（1）离婚结婚比。即当年离婚总对数除以当年结婚总对数。（2）人口离婚率。即千人中当年离婚对数的比例。（3）追踪离婚率。即以某年全体结婚者为基数，考察在若干年后已离婚者所占的比例。（4）最终离婚率。即现有的已婚和曾婚人口中，有多少人曾经离过婚。

离婚以及离婚后的生活形态也存在着生活实体（分居、遗弃等）与社会设置（办理法定手续）之间的不同。有些婚姻已破裂者不愿或无法正式离婚，有些离婚者却仍有婚姻实体。

三、性社会学

（一）性社会学概述

1. 定义

性社会学是社会学与性学的交叉学科，是社会学在性现象这个领域中的运用。

2. 研究角度

第一，探索人类种种性现象中所包含着的、所反映着的各种社会因素；第二，研究人类性现象与人类社会之间的关系、作用和运行机制。

3. 基本命题

人类的所有性行为与人类的其他任何社会行为一样，并不是“生物本能”，而是人所处的社会使然。因此，那些用来解释其他社会行为的社会学理论，同样也可以用来解释人类的性行为。

这个命题有三层含义：第一，人类的性行为是经过社会化的；第二，人类的性行为不是个人的单独行为，而是处于交往当中的人际行为；第三，人类的性行为与其他行为一样，也对社会发挥着作用。

（二）性的概念

1. sex

在古代汉语中并不存在现代意义上的“性”这样一个概念与词语。1903 年，在日语字典中首先出现了把英文的 sex 翻译为“性”的记载，后传入中国，到五四时期已经成为一个新的中文词语，直到今日。sex 主要指的是生物学和行为学意义上的“性”。

2. sexuality

sexuality 这个词语在英语国家中，主要是在 20 世纪 60 年代以后才走出学者的书斋，在大众中逐渐普及开来；1972 年为《牛津字典》收录。目前 sexuality 已经成为一切非医学的性研究的根基与中心。

3. 世界卫生组织的 sex 和 sexuality 定义

世界卫生组织在 2001 年关于 sex 和 sexuality 的定义是：前者是指决定人类男女两性的性象谱的生物特征的总和。后者则是指包括性、性别、性别认同与性身份、性取向、性爱倾向、情感依恋/性爱和生殖的人的核心方面。它以思想、幻想、欲望、信仰、态度、价值、行为、实践、角色和关系予以体验或表达。性是生物的、心理的、社会经济的、文化上的、伦理上的和宗教上/精神上的诸因素相互影响的结果。

4. 性社会学视角下的性

在性社会学的视角下，性，其实是一般存在，不是特殊现象；是社会化的行为，不是单纯的生物属性；是人际活动，是网络化的组织，不是个体的独自行为；是情景中的现象，不是随心所欲；是初级生活圈的构成之一，不是独立行为。

性，作为生活实体历史地与社会设置发生互动与冲突。在“不孝有三，无后为大”的中国传统社会中，人们的性，仅仅在合法生殖的意义上才可能被社会赋予正面的价值。五四以来的现代化进程中，性又被仅仅局限于专偶的婚姻之内。20 世纪 80 年代之后，性开始在爱情的旗帜下，在实际生活中变得越来越合情合理。21 世纪以来，在个人权利与激情快乐的意义上，性正在逐渐展现其新的内涵与价值。

（三）性的社会因素

1. 性的生命周期

个体的性的发展经历了性的社会化与个性化的过程。性的生命周期在中国表现为从无性到有性再到无性的过程。

（1）青春期之前。少儿被规定为无性的，社会倾向于保护少儿的“天真纯洁”，不大容易接受对少儿的深入性教育。

（2）性成熟的第一步。青春期的性生理与性心理发育，被社会规定为性成熟的第一步，即适应社会对性别特征的规范，以便确认自我在社会中的位置与功能。包括三层认同：接受自己或男或女的外生殖器构造和遗精、月经等生殖功能，即认可自己的第一性征；接受自己或男或女的体像，即第二性征；向社会规范的典型男女性别气质与性魅力靠拢，即第三性征。

(3) 性成熟的第二步。是通过处理自我性行为来学习社会对于性关系与性行为方式的具体规范。自我性行为包括性唤起（自我感知到的性欲勃发）、性梦、性幻想和手淫。

(4) 性成熟的标志。社会规定，性成熟的最终标志是合格的性交合。它必须以传统性别角色为基础，以婚内（包括封建社会的“合法嫖娼”）为界限，以夫妻恩爱为调节，以生儿育女为唯一价值目标，以节欲保身为评判标准，而且不可言传。

(5) 老年期的性。人到老年，社会又规定他（她）应该是无性的，其实是不再从事性交合。表面看来是适应年龄上的生物衰老，本质上则是因为老年男女不大容易完成上述合格的性交合，因此他们的其他形式的性活动便被视为不正常而遭贬禁。

2. 性与性别的互构系统

(1) 性与性别的互构。

两性的生物差异已被社会重新解释为性的性别角色。它是多重的，其具体内容随着社会管理的侧重点的变化而变化，甚至会相互矛盾，从而形成共时态的多重性别道德标准。

(2) 传统中国的四种性别形象。

其一，如果为了强调生殖（传宗接代）具有至高无上的社会价值，男人被要求成为性的永动机（生殖之源），女人则是以生身之母的身份被高度崇拜。其二，如果社会需要加强礼法秩序的建设，那么男人的理想人格就应该是“非礼勿视”的正人君子，女人的楷模则是突出她的无性欲状态的“端庄”。其三，如果从节欲保身的社会视角出发，男人应该心如枯井，而有性欲的女性则被视为使男人纵欲亡身或纵欲亡国的“狐狸精”、“祸水”。其四，如果仅就性生活而论，那么男人就应该主宰一切，而女性则仅仅是纯粹的性交对象。以上四种自相矛盾的性别形象之所以能够并行不悖，就是因为性与性别并不是人的自然属性之必然产物，而是被制度嵌定在不同的社会位置之上，以便共同支撑体制的大厦，而且只有被如此设置，性与性别才能获得存在的合理性与合法性。

(3) 传统中国的女性。

中国传统女性从小就被社会化为无性人或少性人。她对自己的性器官、性欲和性的想象充满自卑。社会制止性信息的传播，强制地造成了性方面的男（自）尊女（自）卑。少女被规定为“性盲”。因此所谓“阴冷”（女性性冷淡）实际上是社会文化的产物，是由于礼法规范不允许女性认同自己的性。

3. 性的阶层规定

特定社会总是把占据优势地位的那些阶层的性关系与性行为模式，规定为总人口的典范或准则。当阶层间良性运行时，性偏见不过是笑谈；但当阶层发生冲突时，它又常被当作最锐利的武器，而且往往奏效。

在社会化过程中，个人同时也接受了本阶层对其他阶层的性偏见，又据此不断地对本阶层进行美化，直到他（她）决意投入跨阶层流动时为止。

4. 性的话语管治与行为培训

在中国，乱伦禁忌主要靠“骂娘话”来承袭，因为骂娘话几乎是少儿最早学到的语汇之一。它告诉人，不可那样做，否则要挨骂。

贬斥激情是最主要的行为培训。特定社会对性的管理，往往表现为压制任何一种富于激情的个人活动。

划定行为界限则是另外一种主要的行为培训，而且往往是防患于未然。

当前，一种以激情崇拜为代表的新的行为培训的实践正在蓬勃兴起，一个以科学词汇为主的性的新话语系统正在广为传播。这既是中国性文化巨变的原因，也是它继续发展的动力。

5. 涉性的人际交往

性交往首先需要创造理由，需要在个人目标与社会规范的运行中，寻找某种可接受的解释；然后还需要对多个目标进行排序和选择；最后还必须把一次性的性行为与长期的性关系协调好。

涉性的人际交往的具体过程，就是学习如何鉴别和理解各种性信号的指向、强度和含义，如何判定或推动共鸣。这种学习始于观察家内的异性交往，强化于同龄群体的示范，受制于本阶层与本社会的共识。但是它又是极其个性化的和性别化的，因此往往在建立性关系很久以后，双方才能达到默契的程度。

6. 性生活中的社会因素

性行为要求“自私”，否则自己就无法达到性高潮；但是性关系却要求“无私”，否则无法与对方共享。这就是社会因素对于性生活的最主要影响。

经典性学判定性生活状况时，主要用两大指标：性高潮频率（而不是性交次数）和性爱抚种类的多少。性社会学则重点考察性生活中的人际交往状况。

社会因素对性生活的影响，还集中地体现在当事人的性目标和性态度上。

（四）性在社会活动中的表现

1. 性、爱情、婚姻三者的关系

根本问题是：在三者的相互关系中，哪个因素占据着主导或优势的地位？

在以往的社会中，基本上是婚姻主宰着爱情，即“愿天下有情人皆成眷属”和“先结婚后恋爱”。婚姻也主宰着性，即“性专一”。自从20世纪80年代初中国社会开始加速转型以来，性的因素（主要是性生活满意度）对夫妻感情和婚姻质量的作用日益增大，爱情正在逐渐变成性生活和婚姻生活中必不可少的内容。最近30多年来中国性文化的主要变化，就表现为在三者的相互关系中，爱情与性的作用越来越大，而婚姻的主宰地位正在日益丧失。因此，婚前和婚外的爱情关系和性关系也在增加。它们与婚姻主宰的矛盾正在日益显化，而且已经成为热门话题甚至发展为社会问题。

2. 性在互联网上

21 世纪以来，互联网在中国的迅猛发展，为人们的性活动提供了更多的机会与更加简便、快捷与隐秘的实施手段。这主要表现为信息的输出输入与交流、联系的建立与维系、自我呈现与想象的实现与分享、性方面的偶像或者某种共识的构建等等。互联网上的性已经越来越影响到传统的大众传媒乃至非网民的日常生活。

有的国际学者把这称为“虚拟的性”（virtual sex），有的学者则称为“在线性活动”（online sexual activity），但是更为贴切的应该是“cybersex”，即“电脑空间中的性”。我国台湾学者翻译为“网路性爱”，在大陆则应该是“网上之性”。它是指主要以互联网为载体的各种可以获得性的满足感的实践。

互联网的这类现象挑战了以往社会对于性的界定：在上述各种活动中，双方都没有身体的直接接触，甚至根本就没有对方，却产生了性的反应与效果。那么这究竟算不算性呢？目前国际学术界对此的研究刚刚起步。

3. “性的少数人群”的“出柜”

女同性性爱（lesbian，“拉拉”）、男同性性爱（gay，“同志”）、双性恋（bisexuality）、跨性别（transgender）、变性、易装（trans-sexuality）与“酷儿”（queer）等在国际上被统称为“LGBTQ”，包括所有在社会中处于少数地位的那些社会性别与性实践。时至 21 世纪，“性的少数人群”在世界范围内日益获得平等的地位，而且在中国也开始展示自己的存在。他们把自己的现身称为“出柜”。这一现象已成为性社会学的主要研究领域之一。

4. 性权利、性健康与性快乐

性是构成每个人人格完整的一部分。它的充分发展依赖于人的基本需要的满足，比如，人们对接触、亲密、情感表达、快乐、温柔和爱的强烈渴望。性是个人与社会结构相互作用的基础，充分发展的性对个人、人际关系和社会的安康幸福都是必不可少的。性权利是一种普遍的权利，它基于人类天生的自由、尊严和平等。因为健康是根本的人权，所以性健康一定是基本的人权。

5. 性产业

中国对性产业的官方术语是“卖淫嫖娼”。自从 1825 年英国出版《妓女论》的将近两个世纪以来，国际上对此大致有 10 大类 29 种理论解释。当代女性主义则有两种对立的主张。一种认为性产业是男权社会压迫女性的工具，因此应该拯救卖淫妇女或者“罚嫖不罚娼”。另外一种则认为，女性有权支配自己的身体，因此性服务也是一种正当的工作。

6. 性教育

自从 20 世纪 80 年代以来，中国的现代性教育已经起步。这样的现代性教育是预防性病、艾滋病的基本措施，还有助于提高婚姻质量、保护妇女儿童权益、自主生育等各项工作。

性教育应该是一种义务教育。这不仅包括青少年有义务去学，也包括父母有义务使子女受到性教育，更包括政府与各级各类学校有义务充分地提供性教育。

性教育不仅应该包括性健康知识，还必须包括社会性别、性权利与性快乐的内容，使之真正成为成长教育、人格教育与发展能力的教育。

性教育的方法应该在更加个性化的学校教育的基础上，大力加强各种社会化的性教育，其中最重要的就是互联网上的教育。教育者也必须从单纯的学校教师或医生，扩大为各种社会团体、民间组织与志愿者。

7. 与性有关的社会问题

这类问题由性活动直接产生，而且以性为载体，作用于社会的其他领域，如性病与艾滋病的传播，性犯罪造成的暴力征服和人身侵害，婚内强奸罪和性骚扰罪，重婚、纳妾、拐卖妇女等，以及未婚先孕、少女母亲等问题。

四、性别角色与社会性别

（一）从性别角色到社会性别

性别角色是指：社会针对具有不同生物性别的人所制定的、足以确定其身份与地位的一整套权利、义务的规范与行为、表现的模式。

以往性别角色被视为一种“先赋角色”（亦称“归属角色”），即性别是先天的、生物的、第一性的，个体自己的努力很难改变它。因而强调性别的生物属性，强调个体对于性别角色的遵从。那些脱离或者违反了性别角色的行为，往往被看作是“性别角色混淆”或者“倒错”，是一种不良状态。

在中文里，“gender”一般翻译为社会性别。“社会性别”用来指称各种词性，尤其是阴性词、阳性词等。它的对应概念则是“性别”或称“生物性别”（sex）。后者主要指生理构造上是男还是女，一般并不包括人的其他社会特征。女权主义把这个词借用过来，专指作为社会与文化的构成，通过社会化而学习到的、与两种生物性别相关的、对于一整套规范的期望，以及落实了的行为。[①]

（二）性别概念的重构

传统“性别”被重新划分为以下层次：染色体性别（X 和 Y 染色体构成的差异）、第一性征（生殖系统和性系统的差异）、第二性征（体型体貌等方面的差异）、第三性征（性格、气质、举止等方面的差异）。还有人提出第四性征（性取

① 转引自周颜玲：《有关妇女、性和社会性别的话语》，见王政、杜芳琴主编：《社会性别研究选译》，379～392 页，北京，三联书店，1998。

向)、第五性征(思维方式)等等。

这种重构的基本理论取向是:第一,社会性别不是从染色体性别开始依次决定后面的各个层次;第二,各个层次之间并不必然应该统一;第三,社会性别不是一个固定的范畴,而是可以而且容易变化的。总之,这种重构强调:“性别”是社会结构的一部分而且是社会所造成的,是多元的、可变的。

(三) 性别的社会定轨

英文中的“feminism”一般被翻译为“女权主义”;在我国台湾则一般被译为“男女平权主义”。20 世纪 90 年代以后,中国的许多女性研究者认为,将其翻译为“女性主义”更为合适。

女权主义者一般用来指称这样的理论或理论家:他们认为性别之间的关系是不平等的,是一方压制另一方,一方服从另一方的。他们认为这是一个政治权力的问题,而不是一种自然的事实,并且这一问题对于政治理论及实践是至关重要的。

女权主义者认为:自从进入农业社会以来,大多数的人类社会都是“以男权为中心”的,也有人称之为“父权社会”。这样的社会对于男人和女人设置了一整套文化模式、行为规范和评价体系,形成了性别的定轨。该社会中的个体,从出生开始就被不断地培训,以适应这个定轨,直到被社会化为一个“合格的”、“成熟的”男人或者女人。

(四) 社会性别理论在中国

中国社会开始转型之后,社会性别问题的影响也在急剧增加。中国的社会性别理论基本上是引进的。这造成其传播范围仍然主要局限在较高阶层的女性之中,而且缺乏针对中国具体情况的研究和探讨。

对于中国社会学的整体来说,首先需要承认和重视社会性别理论和女性主义理论对于本学科发展的重大意义,尽快尽多地吸收其研究成果;然后需要在各种社会学研究中大力引进“女性视角”。对于具体的分支学科来说,则应该探讨是否应该从“研究女性”走向“女性来研究”再发展到“为女性而研究”,最终实现“不只是女性来研究,也不只是研究女性”的真正的社会性别研究。

【课后题详解】

1. 请尝试着评论“人类初级生活圈”的概念。

家庭、婚姻既是一种生活实体,也是一种社会设置。引申社会学关于初级群体的基本概念,可以把它视为人类“初级生活圈”。在初级生活圈中贯穿着基本的供养关系。以《社会学概论新修（第四版）》的图 9—1 为例，男人、女人和孩子是初级生活圈的最基本构成单位，其间的连接线表示人类最基本的供养关系。图中间的斜虚线则表示女人与孩子被生物地连接在一起。图的顶部中央表示男人与女人主要通过性、爱情与婚姻来实现连接与互动。整个图形表达的是：把男人与女人连接起来的纽带，客观上出现生殖的结果，迫使男人与女人不得不供养孩子，使之成长为新一代的男人与女人。从个体的产生与成长来看，它就是最初的“社会”；从社会的构成来看，它又是最初级的“单元”；从历史发展来看，它源远流长。人类就是在这样一个初级生活圈中生生不息。

参见本章学习笔记与拓展知识。

2. 举例说明：家庭与婚姻作为社会设置和生活实体，各发挥了什么样的作用？

从个人活动的角度来看，家庭、婚姻都是个人选择与行为的结果，表现为一种客观存在的生活实体。但是从社会运行的角度来看，它们又都是社会管理的产物，表现为一种强制式的社会设置。结果，它们总是同时既作为生活实体，又作为社会设置而存在和运行。例如，在“未婚同居”这样一个广为流传的通俗词语中，“未婚”是指它不符合社会对于婚姻的设置，而“同居”却是承认它其实就是婚姻的生活实体。这两者之间的冲突，有时会被某些人巧妙地使用。例如：在惩罚“未婚同居”的时候，依据的是社会设置里面的一条“不登记就是未婚”，也就是不承认生活实体意义上的“以夫妻名义公开同居就是事实婚姻”。可是在惩罚“包二奶”时，却又反过来，强调其已经构成“事实婚姻”，因此可以比照重婚罪，绝口不提“不登记就是未婚”。

参见本章学习笔记与拓展知识。

3. 性社会学所说的性，与你的日常认识有哪些异同？

性社会学所说的性涉及以下方面。

（1）sex。

在古代汉语中并不存在现代意义上的“性”这样一个概念与词语。1903 年，在日语字典中首先出现了把英文的 sex 翻译为“性”的记载，后传入中国，到五四时期已经成为一个新的中文词语，直到今日。sex 主要指的是生物学和行为学意义上的“性”。

（2）sexuality。

sexuality 这个词语在英语国家中，主要是在 20 世纪 60 年代以后才走出学者的书斋，在大众中逐渐普及开来；1972 年为《牛津字典》收录。目前 sexuality 已经成为一切非医学的性研究的根基与中心。

（3）世界卫生组织的 sex 和 sexuality 定义。

世界卫生组织在 2001 年关于 sex 和 sexuality 的定义是：前者是指决定人类男女两性的性象谱的生物特征的总和。后者则是指包括性、性别、性别认同与性身份、性取向、性爱倾向、情感依恋/性爱和生殖的人的核心方面。它以思想、幻想、欲望、信仰、态度、价值、行为、实践、角色和关系予以体验或表达。性是生物的、心理的、社会经济的、文化上的、伦理上的和宗教上/精神上的诸因素相互影响的结果。

(4) 性社会学视角下的性。

在性社会学的视角下，性，其实是一般存在，不是特殊现象；是社会化的行为，不是单纯的生物属性；是人际活动，是网络化的组织，不是个体的独自行为；是情景中的现象，不是随心所欲；是初级生活圈的构成之一，不是独立行为。

根据自己的日常认识并参见本章学习笔记与拓展知识。

4. 从性别角色到社会性别的转变，最深刻的学术意义有哪些？

在中文里，“gender”一般翻译为社会性别。“社会性别”用来指称各种词性，尤其是阴性词、阳性词等（但是汉语词汇基本上没有这种区分）。它的对应概念则是“性别”或称“生物性别”(sex)。后者主要指生理构造上是男还是女，一般并不包括人的其他社会特征。女权主义把这个词借用过来，专指作为社会与文化的构成，通过社会化而学习到的、与两种生物性别相关的、对于一整套规范的期望，以及落实了的行为。

社会性别的概念颠覆了传统上性别角色的自然主义解释。如女权主义认为，社会性别是一个政治权力的问题，而不是一种自然的事实；并且认为这一问题对于政治理论及实践是至关重要的。自从进入农业社会以来，大多数的人类社会都是“以男权为中心”的，也有人称之为“父权社会”。这样的社会对于男人和女人设置了一整套文化模式、行为规范和评价体系，形成了性别的定轨。该社会中的个体，从出生开始就被不断地培训，以适应这个定轨，直到被社会化为一个“合格的”、“成熟的”男人或者女人。长期以来，性别之间的关系是不平等的，是一方压制另一方，一方服从另一方的。

从性别角色到社会性别的转变对社会学乃至社会科学的理论和方法上都带来了深远的影响。

参见本章学习笔记与拓展知识。

第三编
社会运行的宏观分析

第九章 社会组织

【知识框架】

社会组织是社会发展到一定阶段的产物，它与初级社会群体是一种此消彼长的关系，并取代初级群体成为社会结构的标志。与之相应，人类社会的群体生活也就发生了重要变化。

社会组织一般有四个构成要素，即规范、地位、角色和权威，它们的相互关系和联系构成了社会组织的基本结构。组织目标就是组织必须通过自身的活动去达到的某种有待实现的未来状态。它是组织开展活动的依据和动力，代表着一个组织的未来和发展方向。每一个社会组织都有其确定的目标体系，即便是同一类型的组织，目标体系也有所差别。组织结构是指组织内部正式规定的、比较稳定的相互关系形式。组织理论是人们对组织现象的理论认识，是有关组织成因、性质、结构、功能、运作机制等方面的概念、判断、推论的总称。组织管理主要分为家长制和科层制两种方式，它们有各自的特点和局限性，适合于组织发展的不同时期和发展阶段。

本章知识框架如下。

- 社会组织
  - 一、社会组织概述
    - （一）社会组织的含义与构成要素
      - 社会组织的含义
      - 社会组织的特征
      - 社会组织的构成要素
        - 规范
        - 地位
        - 角色
        - 权威
    - （二）组织的研究变项
      - 结构变项
      - 人及资源变项
      - 环境变项
    - （三）社会组织的分类
      - 常见的组织分类标准
        - 以功能和目标为基础的分类
        - 以受惠者为基础的分类
        - 以组织谋求的顺从方式为基础的分类
        - 以组织所使用的技术为基础的分类
        - 以组织的规模为基础的分类
        - 以组织内部关系为基础的分类
      - 我国社会组织的分类
        - 以产业为标准的分类
        - 以机构编制为标准的分类

- 社会组织
  - 二、社会组织目标
    - （一）组织目标的含义及分类
      - 组织目标的含义
      - 组织目标的分类
        - 主要目标和次要目标
        - 长期目标和短期目标
        - 平衡性目标和改进性目标
        - 显目标和隐目标
    - （二）组织目标的制定原则
      - 互惠原则
      - 评估原则
      - 选择原则
    - （三）影响组织目标的因素
      - 文化环境对目标的影响
        - 经济环境
        - 社会环境
        - 政治环境
      - 组织内部不同目标层次的相互影响
      - 组织参与者对目标的影响
    - （四）测定组织目标实现程度及绩效的标准
      - 有效性
      - 效率
      - 人道主义或人文关怀
  - 三、社会组织结构
    - （一）组织结构的含义
    - （二）组织结构的内容
      - 组织结构的设计原则
        - 目标任务原则
        - 有效跨度原则
        - 分工协作原则
        - 统一指挥原则
        - 责权对等原则
        - 精简与效率原则
        - 统一领导与分级管理原则
      - 组织结构的基本形式
        - 直线职能式结构
        - 矩阵组织结构
        - 事业部组织结构
      - 组织结构中的非正式群体
        - 非正式群体的概念
        - 非正式群体的产生
        - 非正式群体的功能
    - （三）转型社会的组织结构
      - 改革前后组织结构的变化
      - 转型时期组织结构变化的特点
      - 转型期组织结构调整的任务
  - 四、社会组织理论与管理
    - （一）组织理论的研究角度
      - 管理学的研究角度
      - 经济学的研究角度
      - 心理学的研究角度
      - 政治学的研究角度
      - 社会学的研究角度
    - （二）组织理论的发展形态
      - 理性系统组织理论
      - 自然系统组织理论
      - 开放系统组织理论
      - 行动者系统组织理论
    - （三）社会组织管理
      - 组织管理的含义
      - 组织管理方式
        - 家长制的管理方式
        - 科层制的管理方式
      - 组织管理中的官僚主义现象
        - 家长制产生的官僚主义现象
        - 科层制产生的官僚主义现象

【学习笔记与拓展知识】

一、社会组织概述

(一) 社会组织的含义与构成要素

1. 社会组织的含义

对社会组织一般有两种理解：一种是广义的组织，即泛指一切人类共同活动的群体，包括家庭、家族、村社等初级群体；另一种是狭义的组织，即相对于初级群体的次级组织形式，也可称之为正式社会组织。它是指人们为了实现某种共同目标，将其行为彼此协调与联合起来所形成的社会团体。

组织活动是一种整体性和结构性活动，它包括四个方面的内容：第一，组织的目标结构。组织内部不但每个成员有各自追求的目标，整体组织也有确定目标。组织目标通常既代表组织的整体，也反映组织成员的利益和社会要求。第二，组织的心理结构。组织是以分工为基础所形成的人群组合，在组织内部由于人们长期的相互作用和相互影响，逐渐会形成某种固定的行为方式和心理结构，从而使社会组织千差万别。第三，组织的技术结构。组织作为一个整体不可能脱离科学技术，也可以说，组织就是运用知识和技术的人群。第四，组织的整体活动。指在特定的关系模式中一起工作的人群，组织成员要按组织规则活动，认真完成组织规定的任务。

2. 现代社会组织的特征

第一，现代组织的非人格化特征。与传统的人类活动不同，现代组织中人与人之间是一种普遍关系，组织规章制度的目的是为了限制人类行为的随意性，否定人的自主性和个性，个体行为需要符合组织的要求，从而把一个社会人转变为“组织人”。

第二，现代组织的整体合理性与个体非合理性特征。现代组织的存在和发展依赖组织目标的实现程度。在组织内部，个体必须在固定的职位上发挥功能，只能按组织的要求行动。实际上，每一组织都以功能合理性为基础，个体无法知道也没有必要知道组织活动的终极目标。因此，现代组织的个体活动与过去相比，很难做到行为的完全合理，个体很难控制组织的发展过程和行为后果。

第三，现代组织的道德与非道德性的两重性特征。现代组织从本质上说是理性思考的结果，它是人类创造出来的物质工具，目的是提高人类社会活动的效率。这种工具无论用于道德性的慈善目的还是非道德的残忍目的都是可能的。

3. 社会组织的构成要素

（1）规范：规范是指稳定的规则与规章制度。

（2）地位：地位是指人们在社会关系空间中所处的位置。

（3）角色：角色是指按一定社会规范表现的特定社会地位的行为模式。

（4）权威：权威是指一种合法化的权力。

（二）组织的研究变项

组织研究的变项主要包括三个类别：

1. 结构变项

组织内部的基本变项包括组织的结构、部门化、操作规则和相互行为。

2. 人及资源变项

在组织内部，人的因素是一种可变性最大的因素，也是对组织目标实现及结构运转影响最大的因素。人与组织的关系主要表现在三个方面：一是人的特征，包括体力、外表、知识、才能、性格、价值观念、参照群体、专业技能、社会地位等；二是与组织进行交换的形式，包括表现、互动、期望、激励状态等；三是能否与组织相认同，包括的因素有组织外所属群体、是否为另一次级群体成员、角色状况和位置状况等等。

资源变项主要是指维持组织正常运行所需要的物质因素，包括资本、原料和设备的投入因素等。

3. 环境变项

环境变项主要包括宏观和微观两类。宏观环境变项包括如组织所处的社会政治、经济、文化及历史等；微观环境变项是指组织工作所面临的市场、内部关系和人力资源等。

（三）社会组织的分类

1. 常见的组织分类标准

（1）以功能和目标为基础的分类（代表人物是帕森斯）。

经济生产组织：是指那些制造物品或进行生产的组织，这类组织的典型形式是实业公司。经济生产组织把经济功能放在首位，其运作方式是通过经济功能的实现对整体组织的发展做出贡献。

政治目标组织：是指那些为保证整体社会目标实现而形成的各类组织形式。这类组织的活动取向是实现社会共同价值的目标，以及形成和部署社会的权力。例如，政府机构和权力组织等。

整合组织：是指那些从社会层次上提供功能的组织形式，这类组织的活动主要涉及调解冲突和指导动机，为实现社会制度的期望或促使社会各部分良好配合的组织。例如，精神病医院等。

模式维持组织：是指那些具有“文化”、“教育”和“价值承载”功能的组织。例如，教会和学校等。

(2) 以受惠者为基础的分类（代表人物是彼得·布劳）。

互惠组织：这种组织的成员因共同的兴趣而结合在一起，参与程度较低。组织成员参与程度的多寡会直接影响到组织权力的大小。

服务组织：以服务为主，主要是为组织的受惠者提供良好的服务。

经营性组织：是指那些可以用货币形式衡量活动价值的组织，例如银行、公司、工厂、零售店等。

大众福利组织：社会公众都是这类组织的受惠者，如邮局、飞机场等。

(3) 以组织谋求的顺从方式为基础的分类［代表人物是艾提佐尼（Amitai Etzioni)］。

疏远型组织：是利用职权指导个人或群体活动的组织。

功利型组织：以实际性奖励和非实际性奖励为基础的组织。

道德型组织：以劝导和感召来将人们的行为引导到被认为是正确的轨道上的组织。

(4) 以组织所使用的技术为基础的分类。

长链组织：是指那些需要在时间序列中执行功能的组织形式，如汽车工业中的流水线作业形式和建筑工业中的工序结构及其工作安排等。

媒介组织：指将希望保持相互依赖的人群结合在一起，如银行系统。

集约组织：指将各种各样的工艺技术或方法结合在一起以改变人或对象的组织。这种组织是将丰富多样的高技术结合在一起，以完成像航天飞机之类的空间技术那样的计划。

(5) 以组织的规模为基础的分类。

按照规模可分为小型的组织、中型的组织和大型的组织。比如，同是企业组织，就有小型企业、中型企业和大型企业；同是医院组织，就有个人诊所、小型医院和大型医院；同是行政组织，就有小单位、中等单位和大单位。按这个标准进行分类是具有普遍性的，不论何类组织都可以做这种划分。以组织规模划分组织类型，是对组织现象的表面的认识。

(6) 以组织内部关系为基础的分类。

按组织内部是否有正式分工关系分类，可分为正式组织和非正式组织。如果一个社会组织内部存在着正式的组织任务分工、组织人员分工和正式的组织制度，那么它就属于正式组织。政府机关、军队、学校、工商企业等都属于正式组织。正式组织是社会中主要的组织形式，是人们关注和研究的重点。如果一个社会组织的内部既没有确定的机构分工和任务分工，没有固定的成员，也没有正式的组织制度等，这种组织就属于非正式组织。非正式组织可以是一个独立的团体，比如学术沙龙、文化沙龙、业余俱乐部等，也可以是一种存在于正式组织之中的无名而有实的团体。这是一种事实上存在的社会组织，这种组织现在正日益受到重视。在一个正式组织的管理活动中，应特别注意非正式组织的影响作用。对这种组织现象的处理，将会影响到组织任务的完成和组织运行的效率。

2. 我国社会组织的分类

（1）以产业为标准的分类。

第一产业组织：是指以自然为开采对象的产业组织形式，包括农业、林业、牧业、渔业等。

第二产业组织：是指在第一产业组织基础上形成的产业，包括工业（制造业、电力、煤气）和建筑业。

第三产业组织：包括流通部门和服务部门两大类。流通部门的行业包括交通运输业、商业饮食、邮电通信、物资供销和保管仓储业。服务部门的行业可分为生产和生活服务部门、教科文卫等服务部门、社会公共服务机构，等等。

（2）以机构编制为标准的分类。

国家机关编制的组织，包括国家权力、行政、司法机关等组织，各级各类党派组织，全国政协及各地办事处，人民团体等。

国家事业编制组织，指为国家创造和改善生产条件，促进社会福利，满足人们文化、卫生等需要，其经费实行预算拨款制的国家事业机构。其中，事业单位实行企业管理的组织机构也被列为国家事业编制。具体包括农、林、水利、气象事业组织，文教卫生事业组织，科学研究事业组织，勘察设计事业组织，社会福利事业组织，城市公用事业组织，交通事业组织，等等。文史档案馆、各种援外机构等也都归属于事业组织形式。

近年来，这些事业单位组织多数都已经转型为社会化和市场化的组织形式，成为自主经营、自负盈亏的经营性组织。

国家企业编制组织，指直接从事工农业生产、交通运输和商业流通等活动，其产生的价值可用货币表现的相对独立的经济实体，其类别有国有企业和集体企业两种，具体包括冶炼、各类农场、建筑业、铁路交通、商业服务业系统等。

二、社会组织目标

（一）组织目标的含义及分类

1. 组织目标的含义

组织目标是每个组织都必须通过自身的活动去达到的某种有待实现的未来状态。它是组织开展活动的依据和动力，代表着一个组织的未来和发展方向。

组织目标对组织的存在和发展具有重要意义。第一，组织目标是组织的灵魂。第二，组织目标是确定组织活动路线的基础。第三，组织目标是衡量组织活动效益与效率的标准。

2. 组织目标的分类

(1) 主要目标和次要目标。主要目标是指那些直接关系到组织主要受益人群体的需求和愿望的满足的目标。次要目标指组织必须满足各种各样的次要受益人群体的需求与愿望。

(2) 长期目标和短期目标。长期目标指在比较长的时间内才能达成的目标，通常是一年或几年后完成的目标。短期目标指组织短期内实现的目标，实现周期往往较短。

(3) 平衡性目标和改进性目标。前者是指有意识地做出了与组织的宏观环境相适应的决策，这种目标的实施采取了一种适应性战略。后者是指一种以改进工作和以更高效率完成计划的愿望为基础的目标，这是社会组织在转型社会时期较为常见的一种目标形式。

(4) 显目标和隐目标。前者指组织所建立的官方的、正规的目标，并印制出版，主要供给组织之外的股东、政府或各类宣传机构参阅。后者是指组织在事实上所实际朝向的非官方目标。

(二) 组织目标的制定原则

制定组织目标是一个复杂的决策过程，一般应遵循三项原则。

(1) 互惠原则，即目标对所有参与人员都有利。

(2) 评估原则，即运用能够进行测量的技术以评估目标实现程度。

(3) 选择原则，是指组织在确定目标时要遵循选择最优目标的科学程序。

(三) 影响组织目标的因素

1. 文化环境对目标的影响

文化环境包括一般组织环境和具体工作环境，它们对组织目标的存在及实现产生决定性的影响，如教育现状、法制情况、技术创新、原材料供应、竞争对手情况等。文化环境是组织目标实现过程中影响资源分配和利用的重要因素，包括经济环境、社会环境和政治环境。

经济环境指影响经济发展的外部经济秩序，包括银行体制、财政政策、对物质资源的利用和大众消费特征。

社会环境通常指占统治地位的社会价值观。它包括人们评价事物的尺度、看问题的方法及善恶标准等。

政治环境是指国家与个人、政府与团体之间相互关系的现实状况。政治因素主要对组织的经营管理思想产生影响，它涉及组织目标确定应符合现实政治目标的需要，即应保持在现行政治轨道中选择目标，才具有其合法性。

2. 组织内部不同目标层次的相互影响

组织内部的目标具有多重性特点。组织在确定总体目标之后，就要把它转换成具体可操作的目标，并分出等级和先后序列。

3. 组织参与者对目标的影响

个人与组织都有特定的目标指向。组织就是许多人为达到某种共同目的而形成的社会团体。可以说，个人参加组织是为了实现自己的目标，而组织目标不可能与每个成员的目标完全一致，这便出现了组织目标与个人目标的冲突。随着社会的发展，个人目标的影响会越来越大，但人类终归要通过组织手段来达到自身的目的。因此，组织与个人一直是不断协调的关系。

(四) 测定组织目标实现程度及绩效的标准

1. 有效性

指组织实现各种目标的能力，它意味着组织能以最终实现全部目标的方式来安排和使用它的资源。

2. 效率

指组织在实现目标的过程中，消耗的资源与产出的结果之间的比例关系，资源的消耗应当带来相应的正面的结果。

3. 人道主义或人文关怀

指组织应最大限度地发展个人才能，而不仅追求效率。随着社会的进步，“注重人的因素”、“以人为本”变得越来越重要。如果一个组织过分强调生产性标准，而忽视人道主义标准，不关心其成员的需求和愿望，那么，这种状况必将降低组织实现目标的能力。

三、社会组织结构

(一) 组织结构的含义

所谓组织结构是指组织内部正式规定的、比较稳定的相互关系形式。传统的组织理论家比较注重包括组织的稳定、明确的相互关系形式、清楚的职权和严格的沟通渠道在内的正式结构。他们强调结构的客观性、非人格化和形式化等特点，认为组织结构是最重要、最持久的概念。现代组织理论家则开始注意结构与环境之间的关系，相信灵活的结构形式更适应环境的需要，也更有效率。

(二) 组织结构的内容

1. 组织结构的设计原则

(1) 目标任务原则。结构设计应因事设职，因职设人。

(2) 有效跨度原则。因受到个人精力、体力、能力、时间以及管理对象和环境条件等多方面因素的制约，管理者所能直接有效管理的下级人数是有限度的。

(3) 分工协作原则。分工与协作是组织活动效率的保障。分工可以提高效率和明确责任，协作则是实现组织总体目标的必要条件。

(4) 统一指挥原则。指每个下级应该只对一个上级负责。如果一个下级同时接受两个或两个以上的领导者的指挥，他就会无所适从，无法确定自己的行动。

(5) 责权对等原则。组织设计应严格保证组织内的每一职位拥有的权力与其所承担的责任对等，即委以重任者给予重权，责任轻者则权力也相应减少。

(6) 精简与效率原则。结构设计应尽可能简单，减少层次和职务，以保证组织结构最有效地使用资源。

(7) 统一领导与分级管理原则。高级管理者负责处理组织的总体事务和下级处理不了的问题；属于下级管辖范围内的事务，则由下级全权处理。

2. 组织结构的基本形式

(1) 直线职能式结构（又称生产区域管理制）。

它以直线制为基础，在各级生产管理者之下设置相应的职能部门，从事专业管理。

这种组织的特点是各级主管者没有专业分工，所有管理职能都集中于一人之手，一个下级单位只接受一个领导的指令，上下级关系简单、明确、清楚。这种形式保持了直线式集中统一指挥的优点，又具有职能分工专业化的长处，提高了管理工作效率。这种组织形式的不足之处在于：下级缺乏必要的自主权，各专业职能部门之间的联系较弱，企业间信息传递速度较慢。

(2) 矩阵组织结构。

矩阵组织结构又称规划矩阵结构或规划目标结构。它把按职能划分的部门和按产品（或工程项目、服务项目）划分的小组结合成一个矩阵。这种结构把纵向单位的人力资源分派到横向单位以满足各单位之需要。当工作完成之后，他们再回到原来的部门，等待重新分派工作。

矩阵组织结构的优点是：第一，与传统管理观念不同，矩阵组织中的项目负责人员又是职能部门的人员，使得组织内各部门之间的联系得到加强，集权和分权也较好地结合起来，有利于多方面的合作和提高效率；第二，把不同部门的专业人员结合起来，有利于激发职员的积极性和创造性，培养和发挥业务人员的工作能力，提高他们的技术水平和管理水平；第三，矩阵组织结构有较强的灵活性、机动性和适应性，每个小组所负责的产品或项目任务，可根据环境的变化而采取相应的对策；第四，提高了中层和基层管理人员的积极性和责任感，充分利用他们的专业知识和技能处理日常工作，使高层管理者能集中精力考虑企业发展的重大问题。

矩阵组织结构也有诸多的不足之处：第一，由于实行双重领导，当两个部门的意见不一致的时候，下级人员会无所适从，产生矛盾；第二，从职能部门工作情况看，人员的频繁流动也会给管理带来困难，增加管理费用；第三，工作缺少长期性，当小组工作任务完成后，人员便要回到原单位，会削弱对工作的责任感。

矩阵组织结构比较适用于某些需要集中各方面专业人员参加完成的项目或业务，及一些设计或研制等创新性质的工作，如军工、航天工业（飞机、导弹）等。

（3）事业部组织结构。

事业部又称分权组织，或部门化结构。它的特点是把组织的生产经营活动按照产品种类和地区分成若干个事业部。事业部是一个相对独立的生产经营单位，有自己的产品和市场，实行独立核算。事业部设有相应的职能部门，有直接提供利润的职能，是总公司控制下的利润中心，由事业部组织产品的生产、销售、采购等全部活动。

事业部结构的优点主要是：可使组织最高领导层成为强有力的决策机构；具有较高的稳定性和适应性；有利于调动各事业部发挥生产经营的主动性和积极性；有利于提高管理者的专业知识和领导能力；有利于总公司考核评定各部门的生产经营成果，促进各事业部的利益与公司整体利益的协调一致。事业部的缺点是：职能机构重叠，造成了一定的人力、物力和财力的浪费；各事业部独立核算，容易产生本位主义，难以协调一致；职权下放过大，增加了协调难度；各事业部之间竞争激烈，造成人才和技术的相互封锁等。

3. 组织结构中的非正式群体

（1）非正式群体的概念。

非正式群体是指由一定数量的个人（通常规模比较小）经过长期的相互作用所形成的社会群体。非正式群体内部有确定的结构，它们通常有自己的领导、一系列群体目标、一套用以规范群体成员行动的价值和规范，但其开始和延续初期并没有自觉的目标或方向。

（2）非正式群体的产生。

非正式群体通常在两个背景下产生：一是在正式关系中，人们不可能做到完全的非人格化。事实上，每一个组织成员之间都存在着情感吸引、厌恶、敌视、偏见等。随着时间的延长，工作中的上下级关系也不再是正式的社会关系，而出现了许多新的变化。二是在组织中经常接触的个人有可能基于相互同情、钦佩、兴趣和趣味相投等而在他们正式关系中加入某些非正式的行为模式。

（3）非正式群体的功能。

非正式群体的正功能。对组织成员而言，第一，减轻单调、厌烦和疲劳。第二，获得非正式地位的机会。第三，充分表露情绪反应。第四，提供独立的机会。对管理工作本身而言，第一，有助于完成工作任务。第二，减轻管理者的工作负担。第三，提供工作满意感。

非正式群体的负功能。第一，抵制变革。第二，目标冲突。第三，遵从行为问题。第四，谣言问题。

（三）转型社会的组织结构

1. 改革前后组织结构的变化

改革开放以前我国社会组织结构的基本特点是“政企不分”和“党政合一”，

它是建立在条块分割（不同部门之间及不同地区之间的分割）基础上的高度中央集权体制。这种一元化模式强调政府管理社会，尤其是管理经济的全面性与合法性。因此，改革前中国社会的组织结构是一种刚性结构，在一般情况下这一结构始终处于高度的整合状态。

经济改革引入市场机制，要求企业组织成为自主的生产单位，而"党政分开"、"政企分开"则顺应这一要求，使企业与政府在功能上以及相应地在结构上开始分化。

2. 转型时期组织结构变化的特点

第一，与农业社会向工业社会转型相联系，我国组织结构普遍受初级关系畸形发展的影响，非正式结构冲击和干扰正式结构。在旧体制逐渐失去其功能，而新型结构尚未确定时期，人们对市场规则、商品经济认识上的模糊，使得非正式结构的社会关系往往超越了正式结构而起主宰作用。第二，与传统社会向现代社会转型相联系，在1978年之前，我国社会组织的正式结构以单位制度结构为主要特征，分化程度较低，说明组织结构的转换需要一个过程，并可能表现出它的反复性和曲折性。第三，与产品经济向市场经济的转型相联系，我国社会组织由于长期处于产品经济环境下，无论是社会组织的内部关系，还是各个社会组织之间的关系，主要是纵向行政控制结构，缺乏建立在功能互补基础上的横向联系。因此，需要从整体社会结构上进行调整。

3. 转型期组织结构调整的任务

第一，关注非正式结构及影响，控制其消极功能，尽快建立完备的市场规则，实行公务员制度及考核上岗制度，保证组织内部两种结构都有利于组织目标的实现。第二，以功能分化为导向促进组织结构的分化，形成多元开放式结构，并在分化的基础上，加强管理的整合功能。第三，以功能互补为基础，以市场为中介，打破条块分割的行政控制结构，在组织内部和组织之间建立横向联系网络，充分发挥市场调节对资源合理配置的作用。坚持效率优先的原则，努力建立和完善统一的市场体系，打破地区之间、行业之间和企业之间人为设置的壁垒，改善企业公平竞争的条件。

四、社会组织理论与管理

（一）组织理论的研究角度

1. 管理学的研究角度

管理学关注的中心问题是组织——特别是工厂组织——如何提高工作效率，所以它对组织现象进行解释的基本逻辑是效率机制。管理学考察的重点是在资源供给和制度安排既定的情况下，如何对组织结构进行合理的设计，对组织构成要素进行有效的组合，对组织运作流程进行妥善的安排等一系列问题。

2. 经济学的研究角度

经济学关注的中心问题是组织作为一种新的资源配置方式是如何产生比传统的、分散的个体生产组织形式更高的效率的。在经济学看来，组织是资本与劳动力的一种组合方式，这种资源配置方式可以产生规模经济效应和范围经济效应，管理只是一个不可或缺的中间环节。既然如此，经济学考察的重点首先是怎样寻求一种最佳的资源配置方式，然后才是具体管理的问题。

3. 心理学的研究角度

心理学考察的重点是在组织框架下，人是怎样思维和行动的，特别是人性、人的需要、人际关系、激励等因素对个人行为从而对效率会产生什么影响。尽管心理学有关研究的指向也是效率问题，但解释的基本逻辑却是行动者行动背后的心理机制。

4. 政治学的研究角度

政治学关注的中心问题是利益关系问题。在政治学看来，组织过程实际上是一个政治过程，每个组织及其内部各个群体、个人都有着自身独特的利益，因而形成了复杂的利益博弈关系。基于这种认识，政治学对组织现象进行解释的基本逻辑是竞争机制，考察的重点是组织之间以及组织内部的权力关系是怎样形成的，如何调整各种利益关系以使之处在一种相对均衡状态之上。

5. 社会学的研究角度

社会学在组织研究方面的中心问题是相对于家庭、作坊及非正式组织等其他人际关系模式，正式组织有什么样的优势，形成这种优势的机制又是什么。在社会学看来，组织是一种集体行为的结构，它可以将个体的行动有机地整合起来，使人们在充满不确定性的环境中获得一种相对的确定性。因此，社会学对组织现象的研究是综合性的，考察的重点既包括组织的生成机制，也包括组织的运作机制。例如，探讨个人与组织之间的交换关系，以及组织与环境是如何影响社会运行与发展的。

（二）组织理论的发展形态

我们把20世纪初以来的组织理论分为四种形态，即理性系统组织理论、自然系统组织理论、开放系统组织理论和行动者系统组织理论。

1. 理性系统组织理论

理性系统组织理论产生于20世纪初期，主要代表人物是马克斯·韦伯、泰罗（F. W. Taylor）和法约尔等人。韦伯主要在分析权威类型的基础上提出科层组织理论，认为“科层制是最理想的组织形式”。泰罗通过一系列细致的实验，指出专业化分工、合理化的工艺流程和标准化的训练是组织效率的根本保障。法约尔则从宏观的角度重点探讨了正式组织结构与一般管理过程的关系。这种形态的组织理论有一个共同的特点，即把组织看成一个理性工具，认为组织的效率源于组织成员的理性。这种理论倾向一方面反映了西方近代以后的主流思维方式，另一方面确实能够较好地解释西方工业化初期产生的组织现象。

2. 自然系统组织理论

自然系统组织理论产生于20世纪30年代，是在对理性系统组织理论的批判过程中形成的，主要代表人物是梅约（Elton Mayo）、马斯洛（A. Maslow）、赫茨伯格和麦克格雷戈（Douglas McGregor）等人。梅约主要研究了组织非正式结构对工作效率的影响；马斯洛和赫茨伯格分别从不同的角度考察了人的需要、动机和激励等问题；麦克格雷戈则主要探讨了人性及人的行为假设与管理模式的关系问题。这种形态的组织理论的共同特点是把组织现象看成一个自然历史发展的过程，认为组织并不是一种纯粹的理性工具，而是人们为了完成某种特定的任务建立起来的人际关系结构，因此建立在情感认同基础上的非正式关系以及在这种关系中表现出来的形形色色的动机、需求对组织目标的实现有着重大的影响。自然系统组织理论一方面承认组织是人们围绕某种目标精心设计，具有规范化、标准化工作流程和严格奖惩制度的系统；另一方面又强调非正式关系及人的主观能动性的重要地位，间接地指出了组织及其运作过程实际上受到特定历史条件的制约。

3. 开放系统组织理论

开放系统组织理论流行于20世纪70年代到90年代初。在这期间，人们探讨的主题是组织与环境的关系，形成了权变理论、制度学派、组织环境理论等几个很有影响的理论流派。权变理论的主要代表人物是洛尔施（J. W. Lorsch）和劳伦斯（P. R. Lawrence），基本观点是认为组织的最佳结构取决于它的环境条件、技术、目标和规模等因素，所以应根据具体情况对组织进行设计和管理。制度学派有新旧制度主义之分，代表人物分别是西斯尼克（P. Selznick）和迈耶（J. Meyer）。旧制度主义的基本观点是认为组织是一个制度化的组织，是处在社会环境、历史影响中的一个有机体，组织的发展演变是一个自然的过程，是和周围环境相互作用的产物。新制度主义认为以往的理论过于注重组织的技术环境，因而主张把研究的重心放在制度环境上，强调合法性机制的重要性。组织环境理论侧重研究了组织变量与环境变量的关系，同时进一步分析了一般环境与具体工作环境的关系，主要代表人物有汤普森（W. Thompson）、配鲁（C. Perrow）等。这种形态的组织理论的显著特点是人们的注意力已从组织内部转移到组织环境上，组织被当成一个开放的、动态的系统加以研究。

4. 行动者系统组织理论

行动者系统组织理论代表了20世纪五六十年代以来组织研究领域有别于开放系统组织理论的一种研究取向。这种研究取向在承认有限理性的前提下，重点探讨了组织之间、个人与组织之间的互动关系及其结果，期间也形成了几个重要的学术流派，包括决策理论、组织经济理论、社会网络学派和法国学派。决策理论的主要代表人物是西蒙，有限理性这个概念正是由他首先提出的。西蒙认为管理就是决策，所以他研究的主要兴趣是决策及其实施过程。组织经济理论的主要代表人物是康芒斯（J. R. Commons）、科斯（R. Coase）和威廉姆森（O. E. Williamson）等人，他们把交易作为基本分析单位，认为人与人的相互行为均可以理解为交易活动，但这种交易行为的发生是需要付出代价的，所以如何降低交易成本就成为组织管理的核心问题。社会网络学派的理论渊源比较复杂，目前最有影响的是格兰诺维特和博特等人。格兰诺维特等人基本上都把社会网络看成一种社会资本，强调关系网络的功利性和工具性。法国学派的主要代表人物是克罗泽（M. Crozier）、费埃德贝格（E. Friedberg）等人，他们从组织现象的复杂性出发，把考察的焦点对准作为行动者的组织成员，从权力关系的角度分析了这些行动者的特质及其行动逻辑，进而展示组织实际运作过程。在法国学派看来，组织只是行动者的行动依据或者背景，而不是实际行动的体系。可见，虽然各个学派分析的角度不同，观点各异，但共同点是把组织看成是行动者的系统，其解释逻辑也超越了以往组织理论最关注的效率合法性等问题。

（三）社会组织管理

1. 组织管理的含义

组织管理是指运用权威来协调组织内部的人力、物力以实现组织目标的活动，主要目的是提高组织活动的效率，这种效率除了受环境的影响之外，还依赖于对组织的管理。

组织与管理可以说是一个事物的两个方面，设计合理的组织结构是管理的基础，也是管理的必要条件。

2. 组织管理方式

（1）家长制的管理方式。

它产生于农业社会，是小农经济的产物，它与初级社会群体有着十分密切的关系。其特征有以下几点。

第一，组织内部的权力集中于最高领导人手里。第二，分工不明，责任不清。第三，任人唯亲，因人设位。第四，办事无章可循、无法可依。第五，终身制。

家长制管理方式适合于小规模的组织结构、分工不发达的传统社会，管理的好坏取决于个人的经验和素质，因此，这种管理方式局限性很大。家长制不再适应现代社会的发展，它逐渐被一种新的管理方式——科层制所取代。

（2）科层制的管理方式。

科层制是一种以正式规则为主体的管理方式，这种组织具有细密的分工和复杂的规章制度体系。科层制是现代社会组织管理的典型方式，其特征包括以下几点。

第一，明确的分工。第二，明确的职权等级。第三，明确的规章制度体系。第四，私人关系和公务关系的分离。第五，量才用人。第六，管理权力依附于职位，而不依附于个人。

3. 组织管理中的官僚主义现象

(1) 家长制产生的官僚主义现象。主要表现为遇事推诿、相互扯皮、敷衍塞责、热衷于谋取私利、不关心下级痛痒、“一言堂”及命令主义等。

(2) 科层制产生的官僚主义现象。主要表现为：

第一，浮夸习气。权力实行单轨制，且层次过多，下级呈报上级的信息又不能越级汇报，故信息失真程度逐级增加。

第二，墨守成规、缺乏灵活性。科层制要求成员严格按规则办事，以保证组织效率。但长期受规则的限制，则人的主动性和革新精神会泯灭，管理人员容易变得目光短浅、不近人情、打官腔、缺少生气。

第三，繁文缛节、文牍主义。任何规则都有例外，为了处理例外情况，需要制定新的规则，新规则还会有例外，仍需制定规则。如此下去，规则越来越多。

第四，例行公事、文山会海。许多管理部门陷入繁杂的日常事务而不能自拔。

【课后题详解】

1. 怎样理解组织的概念及其特点？

参见本章学习笔记与拓展知识。

2. 组织目标对社会组织的重要意义是什么？

组织目标对组织的存在和发展具有重要意义。

第一，组织目标是组织的灵魂。组织是依靠特定的目标来维持其存在的，组织内部的一切活动也是围绕目标而进行的。失去目标，便意味着组织活动失去合法性基础。

第二，组织目标是确定组织活动路线的基础。它包括两个方面：对内是指组织在制定方针、政策和策略时，要以满足目标要求为准绳。组织内部的各项方针、策略和政策正确与否，就看它是否有利于组织目标的实现。对外来说，是向社会大众宣告本组织的宗旨、性质和任务，明确其发展方向，使人们认识并了解这个组织，以便加入该组织或与该组织发生联系。

第三，组织目标是衡量组织活动效益与效率的标准。组织活动都是围绕着组织目标进行的，这种活动是否有效益或效率，以及效益和效率如何，就看它活动的结果接近于组织目标的程度。

3. 如何理解组织结构中的非正式群体？

(1) 非正式群体的含义：是指由一定数量的个人（通常规模比较小）经过长期的相互作用所形成的社会群体。非正式群体内部有确定的结构，它们通常有自己的领导、一系列群体目标、一套用以规范群体成员行动的价值和规范，但其开始和延续初期并没有自觉的目标或方向。

（2）非正式群体通常在两个背景下产生。一是在正式关系中，人们不可能做到完全的非人格化。事实上，每一个组织成员之间都存在着情感吸引、厌恶、敌视、偏见等。随着时间的延长，工作中的上下级关系也不再是正式的社会关系，而出现了许多新的变化。二是在组织中经常接触的个人有可能基于相互同情、钦佩、兴趣和趣味相投等而在他们正式关系中加入某些非正式的行为模式。

（3）非正式群体的功能。

非正式群体的正功能。对组织成员而言，第一，减轻单调、厌烦和疲劳。第二，获得非正式地位的机会。第三，充分表露情绪反应。第四，提供独立的机会。对管理工作本身而言，第一，有助于完成工作任务。第二，减轻管理者的工作负担。第三，提供工作满意感。非正式群体的负功能主要表现在以下几个方面：第一，抵制变革。第二，目标冲突。第三，遵从行为问题。第四，谣言问题。

4. 比较研究组织现象的五个学科角度的异同。

参见本章学习笔记与拓展知识。

5. 简述组织理论给我们的启示。

参见本章学习笔记与拓展知识。

第十章

社区

【知识框架】

英文 community 一词既有“地域社会”的含义，也有“精神共同体”的意思；中文“社区”作为它的对译语，于是就兼有这两重意义。社区就是一个小社会。社会学家常把它作为研究大社会的起点，实地调查也往往以社区为单位来进行。因此，社区研究是社会学研究的重要内容之一。当前我国城市和农村蓬勃开展的社区建设活动从实践方面推动了社会学的社区理论创新。现代科学技术的发展使得人类生活里出现了“虚拟社区”（virtual community）的新事物，即“人们（网民）在电子空间（cyberspace）里通过精神交往所形成的具有共同归属感的联合体”。虚拟社区与实在社区（real community）最主要的区别在于地域空间的界定上，前者更强调作为“共同体/社区”的心理基础而不是它的地域属性。

本章的知识框架如下。

- 社区
  - 一、社区概述
    - （一）社区的含义
    - （二）社区与社会的区别
    - （三）社区的类型
      - 纵向角度的划分
        - 传统社区
        - 发展中社区
        - 现代社区或发达社区
      - 横向角度的划分
        - 法定的社区
        - 自然的社区
        - 专能的社区
        - 精神社区
    - （四）社区研究的理论和方法
      - 西方社区研究的理论
      - 中国社会学中的社区学派
      - 社区研究的方法
        - 人类生态学（人文区位学）的方法
        - 社会/文化人类学的方法
        - 社会体系（系统）的方法

- 社区
  - 二、农村社区
    - （一）农村社区概述
      - 农村社区的含义
      - 农村社区的类型
      - 典型的传统中国农村社区的主要特征
    - （二）改革开放以来农村社区的变化
      - 产业结构的变化
      - 劳动力就业结构的变化
      - 家庭的变化
      - 人际关系的变化
    - （三）新农村建设
  - 三、城市社区
    - （一）城市社区的含义与特点
    - （二）城市社区的分类
      - 传统街坊社区
      - 单位型社区
      - 混合型社区
      - 新兴商品房住宅社区
      - 过渡型边缘社区
    - （三）城中村
    - （四）城市社区建设
      - 城市社区建设的背景
      - 社区建设的内涵与实质
      - 社区建设的根本途径
  - 四、虚拟社区
    - （一）虚拟社区的含义
    - （二）虚拟社区的特征
      - 交往具有超时空性
      - 人际互动具有匿名性和彻底的符号性
      - 人际关系较为松散，社区群体的流动较为频繁
      - 自由、平等、民主、自治和共享的准则
    - （三）虚拟社区与实在社区的关系
      - 虚拟社区是对实在社区的反映和重构
      - 虚拟社区会反作用于实在社区
      - 两者在功能上是互补的

【学习笔记与拓展知识】

一、社区概述

（一）社区的含义

社区是进行一定的社会活动，具有某种互动关系和共同文化维系力的人类群体及其活动区域。社区概念一般包含以下四层意义。第一，社区总要占有一定的地域，如村落、集镇等，其社区形态都存在于一定的地理空间中。第二，社区的存在总离不开一定的人群。第三，社区中共同生活的人们由于某些共同的利益，面临共同的问题，具有共同的需要而结合起来进行生产和其他活动。第四，社区的核心内容是社区中人们的各种社会活动及其互动关系。

(二) 社区与社会的区别

第一，社会中的各种关系尽管纷繁复杂，但并不强调“共同”；而社区则十分强调共同的亚文化和共同的社区意识等。

第二，社会不注重地域的概念。所谓的社会空间，通常是指人们活动的内容范围以及活动在其中的社会组织；社区空间则不同，它是社会空间与地理空间两者的结合，既为社区中人群的活动提供了组织空间网，也为此提供了地理的活动区域。

第三，社区中的各种关系比社会的关系更紧密。与社会相比，同一社区内的人们交往频率更高些，而且，人们之间的婚姻和亲属关系、朋友关系、分工关系等通常是建立在“共同生活”基础上的。在此意义上，“共生”程度的差异可以说是社区联系较社会更紧密的重要原因之一。

第四，社区的功能与社会相比具有更为明确和专门化的特征。从社会结构上看，社区总是作为社会的一个组成部分而存在的中观体系，社会中的人总是生活在一种甚至几种相互交织的社区内。

(三) 社区的类型

1. 纵向角度的划分

(1) 传统社区。主要指人类社会发展史上曾出现过的社区的残余形态。

(2) 发展中社区。它是传统社区向现代社区转型中的社区形式，既保留了前者的一些特点，又吸收了后者的许多内容。我国的许多集镇和乡村都属于这类社区。

(3) 现代社区或发达社区。表现为现代城乡融为一体，人们在日常活动中穿梭往返于城乡之间，乡村生活十分方便，水平甚至高于城市。

2. 横向角度的划分

(1) 法定的社区，即通常讲的地方行政区。它们的界限可以明确地标示在地图上并加以法律形式的规定。

(2) 自然的社区，即人类在生产和生活中自然形成的聚落（settlement）。其中最主要的就是村落、集镇和城市。自然社区与法定的行政区有时是重合的，有时则是不重合的。

(3) 专能的社区。它是指人们从事某些专门活动而形成于一定地域空间上的聚集区。一所大学、一座军营、一个矿区等都是一种专能的社区。

(4) 精神社区。其社区成员没有明显的共居地，但却有共同归属感，有着某些共同的信仰和亚文化。例如，有的散居的民族，他们虽然遍布世界各地，但从其认同感、归属感和互动关系上仍可看作一个精神的或心理的社区[①]。

---

① 这里的“社区”（community）宜理解为“共同体”。如英国当代人类学家安德森（Benedict Anderson）就把“民族”界定为一种“想象的政治共同体”。参见［英］安德森：《想象的共同体——民族主义的起源与散布》，吴叡人译，5页，上海，上海人民出版社，2003。

(四) 社区研究的理论和方法

1. 西方社区研究的理论①

社区研究可溯源至德国社会学家斐迪南·滕尼斯（Ferdinand Tönnies）。在1877年出版的《共同体与社会》② 一书中，他第一次对社区做了较为系统的描述。他所说的“社区”指的是一种基于血缘关系或自然情感的社会有机体，颇接近平常所说的乡村传统小社会；而“社会”则是由契约关系和选择意志造就的机械结合，如股份公司、都市、国家等等。滕尼斯在提出社区（共同体）这一概念时，并不着重它的地域特征，而是强调具有共同归属感的社会团体。

社区研究在20世纪前半期的美国社会学中占有重要地位，芝加哥学派便以研究城市社区而出名，其中的三位代表人物是帕克（Robert E. Park，又译作派克）、伯吉斯（Ernest W. Burgess）和沃思（Louis Wirth）。该学派的城市社会学理论是在对芝加哥市的各种实地研究中诞生的。帕克创立了人文区位学（human ecology，又译作人文生态学）的理论，提出从社区整体研究城市的观点。伯吉斯首先提出了城市区位的“同心圈理论”，后人又补充了“扇形理论”和“多核心理论”。1938年，沃思在《作为一种生活方式的城市性》③ 一文中提出了城市人口与区位的三个特点，即众多人口、高人口密度和高人口异质性，并认为这些特点给城市带来许多不可避免的通病。芝加哥学派的主要观点，特别是沃思的观点，后来被称为“都市决定论”。20世纪60年代以后，这一理论受到“人口组成学派”和“亚文化理论”的挑战。后者认为高人口数量、高人口密度和高人口异质性并不必然冲击城市中的人际关系和社会秩序，例如美国“唐人街”居民生活并不因城市人口众多而受妨害，他们仍然保留着自己文化圈内的活动。他们因而认为，不同的人口组成和文化背景（如族裔背景、阶级背景、家庭结构等）都会对城市败坏现象的产生起重要作用。

2. 中国社会学中的社区学派④

吴文藻在20世纪30年代曾积极倡导社区研究，推进社会学中国化。将“社区”作为“community”的中文译名，即由吴先生确定。吴先生认为，“社区乃是一地人民实际生活的具体表词，它有物质的基础，是可以观察得到的”。“社区研究较之社会调查要进一步，它不但要叙述事实，记录事实，还要说明事实内涵的

---

① 参见Borgatta，Edgar F.，Rhonda J. V. Montgomeng（eds.），*Encyclopedia of Sociology*，New York：Macmillan Reference USA，in 5 vols，2nd edition，2000，“community”条目，vol. 1，pp. 362 - 369。

② *Gemeinschaft und Gesellschaft*，亦译作《社区与社会》或《礼俗社会与法理社会》。

③ Louis Wirth，“Urbanism as a Way of Life，” *American Journal of Sociology*，vol. XLIV，July，1938，No. 1，pp. 1 - 24.

④ 参见郑杭生、李迎生：《20世纪的中国社会学》，144～169页，北京，党建读物出版社，1999。费孝通曾将其称为“中国功能学派”，见《中国大百科全书·民族卷》，136页，北京，中国大百科全书出版社，1986。

意义，解释事变发生的原因。”[①] 他本人借助功能学派人类学的理论指导学生对中国边疆民族地区进行实地调查研究，获得了包括《云南三村》[②] 等在内的一大批成果。这种学术传统对于我国现阶段的社区研究仍有深刻的影响。[③]

3. 社区研究的方法

社区研究的分析方法也可以说是一种分析理论。不同的分析方法是用不同的研究观点对同一对象——社区进行剖析的。

(1) 人类生态学（人文区位学）的方法。它主要着眼于人类与环境的关系。人类在对环境的选择、支配以及调适中，形成了自身时空活动的特征，如人口的集中与离散、因民族而异的多种文化类型等等。

(2) 社会/文化人类学的方法。从微观层面讲，它注重的是“民族志方法”，强调研究者长期参与到一个特定的小地方的日常生活中，通过主客互动获得对一种文化的体验并在此基础上对其作出解释。从宏观层面讲，它重在对文化和社会形态的考察。

(3) 社会体系（系统）的方法。它首先把社区看做一个互动系统，而后分三方面进行研究。一是研究系统本身的结构与功能，如社区的群体组织、主次体系等结构以及经济、政治、教育、宗教、福利等多种功能的研究；二是研究互动关系，如同化、合作、竞争等，特别是社区冲突的研究，是互动研究的重要内容；三是研究社会场域（空间），这种研究方法主要从人们活动的社会范围（组织网等）来考察人们的社区互动[④]。

二、农村社区

(一) 农村社区概述

(1) 农村社区的含义：农村社区是指以农业生产为基础的规模较小、社会结构比较简单、人口密度较低的地域性生活共同体。它是一个相对完整的社会结构体系，不仅包括以从事农业生产为主体的农业人口，而且还包括各种社会群体和社会组织，如家族、邻里、农会等，人们通过以血缘和地缘关系为基础的社会关系交流感情、共同解决生活和生产等方面的问题。

(2) 农村社区的类型：按所从事的主要产业可以将农村社区划分为农业村、

---

① 吴文藻：《现代社区实地研究的意义和功用》(1935)，见《吴文藻人类学社会学研究文集》，144～150页，北京，民族出版社，1990。

② 费孝通等：《云南三村》，天津，天津人民出版社，1990。

③ 参见胡鸿保：《中国社会学中的人类学传统》，载《黑龙江民族丛刊》，1998 (4)；王铭铭：《继承与反思——记云南三个人类学田野工作地点的“再研究”》，载《社会学研究》，2005 (2)。

④ 参见张小军：《社会场论》，第3章，北京，团结出版社，1991。

林业村、牧村、渔村和矿业村等；按照农村社区是否为一个行政单位来进行划分，可以分为自然村和行政村两类；根据居民点分布状况和社区演变过程可以将农村社区划分为散村社区、集村社区、集镇社区。散村是指居民点一般在贫困落后的山区、边区、库区等地散布的村落，居民聚居的程度低，或七八家或十几家聚居在一起。集村是人口较多、规模较大、村民居住集中、一般几十户甚至上百户聚居在一起的大型村落。集村一般在平原比较常见，社会分工比较发达，从事非农产业的人口增多。集镇是指人口规模较大、拥有一定的工商服务业设施和集市的乡镇。

(3) 典型的传统中国农村社区主要具有以下特征：第一，经济活动以农业生产为主；第二，人口密度低，人口聚居的规模小；第三，血缘、地缘关系浓厚，具有较强的社区意识与社区归属感；第四，社会结构简单，同质性较强，社会整合程度高。

(二) 改革开放以来农村社区的变化

(1) 产业结构的变化。随着农村经济体制的改革、农村商品经济的发展，我国农村的产业结构发生了显著性变化，产业结构得到了比较合理的调整。在种植业得到发展的同时，林、牧、副、渔和第二、第三产业有了很大的发展。尤其是沿海地带等某些经济比较发达的农村社区，乡镇企业发展迅速，工业化程度比较高，从事第二、第三产业的劳动力已经超过了从事种植业的劳动力。

(2) 劳动力就业结构的变化。随着农村的社会分工的加强、产业结构的调整以及劳动力的流动，农村社区的劳动力就业结构出现了农业劳动力就业的比重下降、非农就业外出务工的比重迅速增加的趋势，同质性的农民已经分化为职业、收入明显不同的若干群体。农村社区的剩余劳动力脱离土地、向非农产业的转移是农村就业结构转变的重要原因。20世纪80年代以来，中国农村发生了两波脱离农业的高潮。一是改革初期乡村工业的发展，使得农民从农业的过密化生产中脱身出来。他们“离土不离乡”，就业和收入来源实现了多元化。二是90年代以来，市场经济的持续深入和沿海加工业的发展，带来新一波农民脱离农业的高潮，数以亿计的农民“离土又离乡”，进入沿海或者大中城市务工经商。

(3) 家庭的变化。中国农村传统家庭以主干家庭和联合家庭为主要形式。改革开放以来，农村家庭成为生产的基本单位，并且承担着赡养老人、抚养子女的重要功能，主干家庭是实现这些功能的最好选择，因此，主干家庭仍是农村家庭的稳定的家庭结构形式。而计划生育政策的实施、子女经济的独立、父子分家趋势的加强使得核心家庭的数量不断上升，联合家庭的比重减少。由于民工潮的迅速发展，农村中形成了大量的“空巢家庭”和“隔代家庭”。在家庭的横向夫妻关系中，由于妇女地位的提高，夫妻关系趋向于平等化。在家庭的代际关系中，由于老人权威地位的丧失和传统伦理道德观念的弱化，“孝道”观念遭受了猛烈冲击，养老成为突出的社会问题。

（4）人际关系的变化。在社会转型时期，农村社区在保留着传统人际关系中的注重血缘与地缘关系、强调人情、重视熟人间的信任关系等成分的同时，村民的人际交往中更显现了现代性的特征，主要表现在：农村社区的人口流动和经济发展使人际交往范围在逐步扩大，业缘关系的重要性日渐突出；经济利益交换日趋明显，农村人际关系越来越理性化、功利化；商品经济的发展使农村的契约化人际关系逐渐建立起来。

（三）新农村建设

为了治理“三农”问题，促进农村社区的发展，我国将新农村建设作为农村社区建设的重大历史任务。新农村建设是指按照新时代的要求，对农村进行经济、政治、文化和社会等方面的建设，最终实现把农村建设成为经济繁荣、设施完善、环境优美、文明和谐的社会主义新农村的目标。进入 20 世纪 90 年代中期以来，我国的农村发展面临着突出的问题：在农业收益率下降和农业成本上升的共同作用下，农民收入增长困难，城乡居民收入差距进一步拉大；农村劳动力特别是大量青壮年劳动力到非农产业的转移和流动对农业生产、农户和农村活力构成潜在威胁。新农村建设是要将农村建设成为与城市协调发展、迈向现代化的新型社区的一项战略举措。开展社会主义新农村建设是防止农业萎缩和产业断裂、防止城乡收入差距扩大而引起的农村凋敝、促进城乡经济社会协调发展的有效手段和措施。

新农村建设是包含着经济建设、政治建设、文化建设、社会建设四位一体的综合概念，在内涵上体现出的是农村物质文明、精神文明、政治文明“三位一体”协同发展。新农村建设的“新”主要在于：以前关于加快农业和农村经济发展的重大政策措施，多是侧重于从某一领域、某一方面进行突破，建设社会主义新农村则是从宏观层面、从战略高度，从多方面着手，通过综合措施全面推进农村政治、经济、社会和文化事业的发展。通过这些综合建设，最终把农村建设成为经济繁荣、设施完善、环境优美、文明和谐的社会主义新农村。[①]

三、城市社区

（一）城市社区的含义与特点

城市社区是指在特定的区域内，由从事各种非农业劳动的密集人口所组成的地域生活共同体，其主要特点是：（1）人口集中，异质性强；（2）经济和其他活动频繁；（3）具有各种复杂的制度、信仰、语言和多样化的生活方式；（4）具有

---

① 参见郁大海：《新农村建设的时代要求》，载《政治与法律》，2006（6）。

结构复杂的各种群体和组织；（5）家庭的规模和职能缩小，血缘关系淡化，人际关系较松散；（6）思想、政治、文化相对发达。

（二）城市社区的分类

根据我国城市社区发展的实际状况以及社区这一概念被使用的现实语境，在对我国城市社区进行分类时，在此将城市社区分类的单位限定为城市基层社区。

（1）传统街坊社区。这类社区以城市旧街和老街区为主，居民住宅与商业、工业用地混杂，邻里的互动较为频繁，社区认同感强，但是社区存在资源少、硬件设施不足、住宅拥挤等问题。

（2）单位型社区。这类社区隶属于某一单位，如高校、部队或国企等，也有些社区由几个单位筹建，社区自设各种服务设施，居住用地与生产用地有明显界线，居民的生活角色与工作角色重合，同质性较强。

（3）混合型社区。这类社区是20世纪70年代末以来在独立地段或城市边缘兴建的居住功能较为单一的大型居住区，往往有多功能的小型商业中心和幼儿园、学校等公共服务设施，社区的空间仍为单位制所分割，形成区中区或区中公寓。

（4）新兴商品房住宅社区。这类社区是伴随着我国住房的市场化改革而形成的，具体可以细分：一是封闭性的高级住宅区或别墅区；二是封闭性的混合性生活社区；三是中低档的经济适用房物业管理社区。

（5）过渡型边缘社区。又称为“城中村”，它是属于农村向城市演替的社区，由于城市化的发展，农用地渐渐转化为城市建设区，故在地理空间上一般处于城乡结合部或城郊，具有边缘性和过渡性。

（三）城中村

广义而言，城中村是指已划入城市总体规划发展区内的、农业用地已经很少或没有、居民也基本上非农化的村落；狭义而言，特指那些农地与居民早已非农化，村庄也已经转制为城市建制，只是习惯上仍称为“村”的社区聚落。城中村是一个由血缘、地缘、宗族、民间信仰、乡规民约等深层社会网络联结的城市乡土社会，具有城市社区和农村社区的双重特性：既享有城市的某些基础设施和生活方式，还保持着乡村的某些景观以及小农经济思想和价值观念。

（四）城市社区建设

（1）城市社区建设的背景：城市社区建设是在政府能力有限和社会资本的下

降与丧失的双重背景下出现的一股潮流。[①] 政府倡导社区建设的主要目的是为了解决社会转型期所出现的各种矛盾，如国有企业亏损、工人下岗、贫富分化、腐败问题、老龄化加剧与城市流动人口增多，这些都为政府的治理提出了一系列的挑战。由于政府能力的有限性，单纯依靠政府的力量显然无法解决这些复杂的矛盾，因此动员民间力量，与基层社会结合，在城市基层开展社区建设就成为一条行之有效的途径。另外，随着政府机构的改革和“单位制”被打破，城市居民逐渐由“单位人”转变为“社区人”，由此产生了一系列的变化：政府的管理职能和服务重心向社区转移，形成“小政府—大社会”的格局；企业转变了经营机制，“企业办社会”的职能也逐渐剥离，推进社会发展的大量社会事务要在社区落实；城市居民的社会资本（如规范、信用）正逐渐丧失，居民与社会的隔离状况日益严重，必须依托于社区这一源头为居民重建新的社会规范和社会信任。因此，面对上述提出的种种问题和矛盾，原有的以行政管理为主、条块分割的城市管理体制已经不能适应新形势的要求，必须尽快发展和完善基层社区的功能，加强社区建设工作。

（2）社区建设的内涵与实质：社区建设是对社区工作的总体概括，是指在党和政府的主导下，依靠社区力量，利用社区资源，强化社区功能，解决社区问题，促进社区健康发展的过程。社区建设的实质是社区资源和社区力量的整合过程，即将社区中所有的资源、所有的力量拧成一股绳，形成合力来共同建设社区。[②]

（3）社区建设的根本途径。从社区建设的角度看，最根本的解决途径是：建立现代公民社会，培育社区自治组织和社会中介组织，形成社区成员参与社区管理和社区决策的自下而上的动力机制；改变社区管理模式，建立社区治理体制，通过政府与社区组织、社区居民、非营利组织等多元主体之间的平等合作来共同管理社区公共事务，最终走向“善治”。

四、虚拟社区

（一）虚拟社区的含义

虚拟社区（virtual community）是与传统的实在社区（real community）相对应而言的。它也具有实在社区的要素：比如有一定的活动区域（如各网站开设的BBS、聊天室、网上论坛、网上沙龙等），有一定数量固定的人群（网民），人与人之间有着频繁的互动（如聊天、发/跟帖子、咨询与求助、发表言论）。实在社

① 参见赵孟营、王思斌：《走向善治与重建社会资本》，载《江苏社会科学》，2001（4）；王思斌：《体制改革中的城市社区建设的理论分析》，载《北京大学学报》（哲学社会科学版），2000（5）。

② 参见唐忠新：《城市社会整合与社区建设》，北京，中国言实出版社，2000。

区中的各种活动同样也可以在虚拟社区进行，如网上教育、网上就业、电子商务、网上婚恋等等。

虚拟社区是指由网民在电子网络空间进行频繁的社会互动所形成的具有文化认同的共同体及其活动场所。

（二）虚拟社区的特征

（1）交往具有超时空性。信息技术的发展使得建立超越地域限制的社区成为现实。在虚拟社区中，人们可以借助于计算机网络技术，在瞬间实现跨国界、跨地区的互动，这种压缩时空的交流深刻地改变了传统的传播和沟通方式，为人类交往提供了革命性的新形式。

（2）人际互动具有匿名性和彻底的符号性。虚拟社区成员的身份是匿名的，交往以符号作为中介，同时还有“身体缺场”的特点。成员可以随意地选择进入社区身份的标识，性别、年龄、种族等各种身份的区分已没有实质意义。人际互动的匿名性使互动有了更多的互塑性和建构性的色彩，成员可以尝试充当不同的角色，塑造不同的行为模式和自我。

（3）人际关系较为松散，社区群体的流动较为频繁。首先，成员可以根据自己的喜好随意选择进入还是退出社区，而且不同的社区具有不同的功能，人们会根据自己的需要在不同的社区内流动，以实现购物、交友、娱乐等目的；其次，在有些情况下，成员的交流对象具有不稳定性，交流过程也具有短暂性；最后，社区内维系社区组织和制约社区成员的制度和机构的力量都较为薄弱。这些都导致了人际关系的松散性和群体流动的频繁性。

（4）自由、平等、民主、自治和共享的准则。虚拟社区成员的身份获得不再受地域、年龄、性别、职业等因素的局限，世界各地的人都可能成为同一社区的成员，成员之间基本都是平等的关系，由于网络人际互动的匿名性和人际关系松散，传统社会里的权威地位和等级属性近乎消解。成员共享社区文化、信息资源、人际资源，网络上每一种文化产品都具备“世界性”与“全民性”。同时，社区实行民主化与自治性的管理。虚拟社区为成员在社区管理中发挥自主性和创造性创设了自由、民主的环境。

（三）虚拟社区与实在社区的关系

（1）虚拟社区是对实在社区的反映和重构，实在社区中的生活方式和观念、规范会影响到虚拟社区的建构。

（2）虚拟社区会反作用于实在社区，为实在社区的重组和再造增加新的元素。虚拟社区的生存观念、行为规范和准则等会对实在社区造成一定的冲击，影响到实在社区的发展。

（3）两者在功能上是互补的。虚拟社区在社区成员某些低层次需求（如“饮食男女”）的满足上往往是无能为力的，但在满足高层次需求方面，如自我发展与完善、获得信息和自我实现等方面，虚拟社区则有着实在社区无法比拟的优势。当代有句流行语说，尽管互联网不是万能的，可是离开它却是万万不能的。

【课后题详解】

1. 滕尼斯区分 gemeinschaft（“礼俗社会”）与 gesellschaft（“法理社会”）用意何在？我们通常所说的社区与滕尼斯的概念有什么差异？

在 1877 年出版的《共同体与社会》（亦译作《社区与社会》或《礼俗社会与法理社会》）一书中，德国社会学家滕尼斯第一次对社区做了较为系统的描述。他所说的“社区”指的是一种基于血缘关系或自然情感的社会有机体，颇接近平常所说的乡村传统小社会；而“社会”则是由契约关系和选择意志造就的机械结合，如股份公司、都市、国家等等。滕尼斯的划分意在指出，现代性的兴起在某种意义上是对传统的亲密关系的侵蚀，或者造成实质的情感关系的危机。

我国目前对社区的界定往往强调其地理空间，但是这种法定基层社区和滕尼斯所强调的具有心理归属感的“共同体”还有很大差距。现代城市是由社会分工和契约联系起来的缺乏感情的、关系疏远的组织和团体，现代城市生活盛行的是一种消解情感、崇尚理性的生活方式，滕尼斯笔下的那种休戚与共、具有共同精神文化和归属感的“传统社区”已经在城市中逐渐失落。

2. 作为社区研究方法之一的“民族志方法”有什么优点，又有哪些局限性？

“民族志方法”强调研究者长期参与到一个特定的小地方的日常生活中，通过主客互动获得对一种文化的体验并在此基础上对其做出解释。其优点是能够获得对“地方性知识”的深刻体验和理解，其缺点是难以把握宏观的社会文化变迁。

3. 怎样理解社会转型与社区制度创新的关系？试从“中国经验”的视角展开论述。

我国社会转型时期，由于社会经济结构和利益格局的变化，出现了诸多复杂和深层次的社会问题和矛盾。社会各个阶层面临的社会与经济压力增大，人们在面对社会转型的各种困惑和矛盾时，除了需要个人的努力外，还需要社会的帮助，由此而产生的社会服务需求会相应地大幅度增加。在“小政府、大社会”思想的指导下，社会福利和服务职能已经从计划经济时代的“单位”外移至社区，社区服务在城市社区发展和满足人们生活需求方面发挥着越来越重要的作用。然而审视目前社区服务的发展状况，其仍处于不规范、不完善的起步阶段，社区服务的制度化问题逐渐被提到了议事日程上。只有发挥政府在社区服务中的主导作用，发展专门的社区服务机构，培育专业的社区服务人员，确定规范化的社区服务内容，建立科学的选拔、监测和评估指标体系，才能促进中国社区服务的制度化发展进程，从而实现经济的持续繁荣和社会的全面进步。社区制度创新还体现在社区建设上。社区建设的内涵与实质是对社区工作的总体概括，是指在党和政府的主导下，依靠社区力量，利用社区资源，强化社区功能，解决社区问题，促进社区健康发展的过程。社区建设的实质是社区资源和社区力量的整合过程，即将社区中所有的资源、所有的力量拧成一股绳，形成合力来共同建设社区。

4. 谈谈你对“乡土文化”的当代命运的看法。

在中国社会转型的过程中，现代性因素向农村社区全方位渗透，如以广告和时尚为工具、带有强烈消费主义特征的现代传媒（如电视、网络）等在农村不断普及，现代的个人主义观念随着农村的城市化和人口的流动影响着农村社区传统的生活价值观，以个人权利为基础的法律改变了传统乡土社会的礼俗秩序。现代化在促进农村社区生活方式和价值观念逐渐向现代转型的同时，也对农村社区的乡土文化带来了冲击：乡村淳朴人情受到了商品经济中唯利是图的价值观的侵蚀；乡村悠久的历史传统和本土气息的文化形态在现代文化的侵袭下日趋式微；深受商品经济影响的消费文化、不切农村实际的生活方式和价值观渗透到农民的日常生活。

从新生代农民工在城市中工作、适应和融入现代城市的生活轨迹来看，乡土文化经历了“移植—解构—抽空”的过程，传统文化的消解在新生代农民工的身上体现得较为明显。新生代农民工通过复制传统的乡土社会关系网来移植乡土文化去适应城市，但是为了进一步融入城市，他们通过解构乡土社群关系和逃避人情消费解构了乡土之恋和怀旧情感，他们在移植传统文化的同时，却又在深层次地解构着传统文化。显然，新生代农民工对于乡土文化选择的逻辑，使得中国传统文化正悄无声息地被抽空了。

5. “虚拟社区”与“实在社会”相比有哪些特点？

参见本章学习笔记与拓展知识。

第十一章

社会制度

【知识框架】

社会制度是一种重要的社会结构形式，它是使社会运行体的各部分有机地联结在一起的一种主要方式，是社会运行机制的重要构件，一般由社会价值观、社会规范体系、权威与地位结构以及社会机构及设置等要素构成。社会制度具有维持社会秩序、促进社会整合、有效配置社会资源、提高社会效益或绩效以及为人们的行动选择提供多种服务等功能。为了考察社会良性运行、协调发展的条件与机制，我们就需要进一步地引进社会规范与社会制度等概念。

本章的知识框架如下。

- 社会制度
  - 一、什么是社会制度
    - （一）社会制度的含义
    - （二）构成社会制度的基本要素
      - 价值观与价值判断
      - 行为规则与奖惩体系
      - 组织设置
      - 权力体系
    - （三）社会制度的基本特征
      - 制度的普遍性
      - 制度的特殊性
      - 制度约束的集体性
      - 制度影响的稳定性
  - 二、社会制度的类型及功能
    - （一）社会制度的层次
      - 不同层次的制度体系
        - 基本社会制度
        - 相对稳定的、正式的、成文的具体制度
        - 生活领域中的不成文、非正式的制度
      - 三个层次的制度性规范
        - 政策层次的制度
        - 组织层次的制度
        - 操作层次的制度
    - （二）社会制度的类型
      - 文化、政治、经济与法律制度
      - 内在与外在制度
      - 制度规范的类型
        - 禁止性规范与指导性规范
        - 同一性规范与分离性规范
        - 约定俗成的规范与权威倡导并推行的规范
    - （三）社会制度的功能
      - 制度规范的功能
      - 制度的功能机制

- 社会制度
  - 三、制度创新与制度变迁
    - （一）制度创新
      - 制度创新的含义
      - 制度创新的类型
        - 强制性制度创新
        - 诱致性制度创新
    - （二）制度变迁
    - （三）制度变迁的动力
      - 国家
      - 集体行动
      - 交易费用

【学习笔记与拓展知识】

一、什么是社会制度

（一）社会制度的含义

社会制度（social institution，也译作社会设置）是指制约和影响人们社会行动选择的规范系统，是提供社会互动的相互影响框架和构成社会秩序的复杂规则体系。

（二）构成社会制度的基本要素

社会制度得以构成，主要依靠四个基本要素，这四个要素是：

1. 价值观与价值判断

任何制度都包含了某种价值观和价值判断，制度都是在价值判断基础上制定出来的。人们制定制度，总是基于某种价值需要并根据价值判断对相关行为选择产生影响。价值观是指人们对事物的是与非、正确与错误、好与坏、善与恶、美与丑、幸福与痛苦、值得与不值得、应该与不应该、合理与不合理等的一种感受、认识和主观判断。事实上，每个具体的社会制度，都通过自身的价值取向，来引导社会成员做出符合社会运行总目标的行为选择。从习俗规范，到组织的规章制度，再到法律制度乃至社会根本制度，都是社会主流价值观和价值判断的体现。

2. 行为规则与奖惩体系

行为规则与奖惩体系是制度的核心要素，通过规则和对行为的奖惩，制度可以起到相互影响和规范行为的作用。任何人类个体，其行为都具有一定的任意性。一方面，个体作为一种动物性存在，具有内在的、深层的动物性本能和冲动。另一方面，人类个体又是一种社会性存在物，在社会生活中，他们都具有自身的特殊利益、特殊的价值观念和行为目标。因此，个体与群体及社会的利益和目标往往形成矛盾。这种情况下，必须对个体加以调节或限制，以保证人类群体共同的社会生活顺利进行。也就是说，社会需要有一套行为准则来维持社会生活中的社会秩序。没有规则，无法对个体任意行为加以约束和控制，群体生活也就难以形成稳定的秩序。

3. 组织设置

无论是制度本身，还是制度的内容，都不能离开一定的组织。一方面，社会制度的运转总是要依托于一定的条件与媒介，也就是必须有一定的实体，这就是组织或机构设置。另一方面，在诸多社会制度中，制度规定的内容有很多方面都是关于组织机构设置问题的，制度规定了为达到某种目标需要设立哪些组织或机构，以及这些组织机构有哪些权利和义务，即组织如何实现自己的权利，履行自己的义务。

4. 权力体系

作为社会的规范系统，社会制度要对群体或集体成员的行为产生影响，必须依靠一种权力。权力可以让人们按照制度的规则来行事，或者说要让人们接受制度的约束。所以，任何社会制度的维持和运转，都要依靠一定的权力体系。

社会制度的四个构成要素是相互联系、相互作用并有机统一起来的。制度要素反映的是制度的结构和制度的本质，各要素的组合和共同作用构成制度系统。

（三）社会制度的基本特征

1. 制度的普遍性

制度的普遍性是指制度对于人类社会来说是普遍的，即社会制度普遍存在于人类社会之中，是人类社会普遍拥有的、用来构建有序生活的规范系统。制度的普遍性可以从两个方面来理解：第一，制度的普遍性是指制度的普遍存在性，即所有人类社会，不论在哪个历史阶段，也不论在哪个地域，都会有制度的存在。第二，制度的普遍性也指社会制度的某些属性或性质是普遍的、共同的。

2. 制度的特殊性

社会制度既是普遍的，也是特殊的。也就是说，社会制度普遍地存在于人类社会之中，但是，不同社会、不同历史时期，社会制度是独特的、不同的，各个社会都会有自己特有的制度体系。

3. 制度约束的集体性

社会制度是在人类历史进程中形成的，是人类共同活动和相互作用的结果。人们在社会生活中创立制度，既不是个人行为，也不是专门针对某个人的。作为引导和影响人们行为选择的制度，其目的主要是限制集体中的机会主义行为。此外，制度约束的集体性还表现为制度对个体行为选择的影响和制约，通常需要依靠集体的力量。

4. 制度影响的稳定性

任何制度，当其形成并发挥社会影响之后，也就意味着制度的规范系统已经逐渐深入人心，得到越来越多人的了解和接受，并成为人们行动选择的参照原则。这样，制度也就会在集体或群体中持续地产生影响，因为要让较多的人改变自身已接纳的行为，不是一蹴而就的事，而是需要一定的时间、过程。所以，已确立的制度系统，它的影响和作用是相对稳定的。制度一经形成，便具有历史惯性。

对制度影响的稳定性，可以辩证地加以理解。一方面，制度的稳定性对构建稳定的社会秩序、促进社会有序发展有着非常重要的意义。一种社会制度，在其形成过程中，本身就需要较大的社会成本。如果一项新制度刚刚制定出来，社会成员刚刚了解和适应这种制度，就又要改变该制度，那么这将会让社会成员付出更多的成本。一个社会或群体、组织如果制度变动过于频繁，就会让人没有稳定的社会预期，这对提高互动及分工与合作效率是非常不利的。

另一方面，当制度的价值和作用出现不合理性时，制度变迁或改革制度就显得非常必要。在这种情况下，制度影响的稳定性或惯性作用就会具有消极意义。因为制度的惯性作用会给制度创新与改革带来一定难度，也就是增加了改革的成本。在一些情况下，甚至可能会延缓和扼杀制度改革。

关于制度影响的稳定性和惯性的成因，可以从三个方面来理解：(1) 认识的定式作用；(2) 行为习惯的作用；(3) 群体动力的作用。

首先，制度中包含了人们对一种价值的认识，一种制度形成并发挥功效之后，则意味着群体成员已经接受和认同制度中的价值原则。人们的认同和认识常常具有一定的定式特点，也就是说，如果人们认为某种原则是正确的、合理的、正义的，那么再要让他们很快改变这种认识，通常不是一件容易的事。主观认识和判断的转变，总要经历一定的过程。人们只有在经历或积累相对较多的经验事实之后，才会根据这些经验来调整自己的认识和价值判断。

其次，制度的形成也在一定程度上反映人们形成了某些行为习惯，尤其像习俗这样的制度，更是群体行为习惯的集中体现。行为习惯的形成，本身经历了较为漫长的过程，因此要改变习惯，同样也需要一定的时间。

最后，社会制度的维续不仅有权力在维护和推进，也有群体或集体的力量在支持。一种社会制度得以实施和推行，则表明该制度已成为集体的选择，也就是认同的力量大于反对的力量。正是在这种集体动力的推动下，社会制度才得以维持其相对稳定性。因为要改变一项制度，不是通过改变个人的意志就能实现的，而是要改变集体的意志，或集体中的力量均衡关系，才能够达到变革制度的目标。所以，一项制度形成之后，它的社会影响会保持一定的稳定性、延续性和惯性。

二、社会制度的类型及功能

（一）社会制度的层次

1. 不同层次的制度体系

(1) 一个社会的基本社会制度，如奴隶制度、封建制度、资本主义制度、社会主义制度等，或者像母权制、父权制等。这一层次的制度代表某个历史时期一个社会宏观制度的基本性质和特征。基本社会制度不是指某种具体制度，而是指各种具体制度所具有的整体特征。此外，作为规范和调节人们社会行为的规则系统，基本社会制度所调节和维护的是一个社会最基本的社会关系。例如，资本主义制度调节和维护的是资本与劳动、资本家与工人阶级的关系，从本质上看，就是一个社会最基本的社会关系，即生产资料的占有关系。

(2) 一个社会相对稳定的、正式的、成文的具体制度，如法律、政策、规章制度等。这一层次的制度通常是一个社会的制度主体部分，通过这些具体制度，构建起社会互动和社会秩序的框架。由于这一层次的制度多是正式的、成文的规范体系，因而它们在社会运行中的作用也就较为具体、较为稳定。所谓具体，指的是这些制度一般是专门的、有针对性的，即在具体社会活动领域中的具体行为，如各种法律，一般都是针对具体范围和领域中的行为而制定出来的。所谓稳定，是指这些具体制度一经确立，就会保持一定的稳定性，即在一定时期内会发挥社会影响。

(3) 一个社会生活领域中的不成文、非正式的制度，如习俗、惯例、道德等。日常生活中的平常规则一般属于非正式的、不成文的制度，尽管这一层次的制度不是明文规定的，但常常是众所周知的，也是影响面很广的。某种意义上说，生活中的习俗、惯例、道德等规范体系是最为基层的社会制度，也是社会制度的重要的构成。之所以说它是最基层的制度，是因为有较多的制度是在其基础上演化和发展而来的，如一些法律制度，就是根据人们在生活中形成的习俗和价值观而制定出来的。基层社会制度虽不正式，也无明文规定，但其影响则非常广泛，因而它又是社会制度的重要构成。

2. 三个层次的制度性规范

现实社会中，根据制度影响行动者的策略原则的不同，以及影响和控制行动者范围的不同，制度可以分为三个不同层次。制度主要是由三个层次上的制度性规范构成的：(1) 政策层次的制度；(2) 组织层次的制度；(3) 操作层次的制度。

政策层次上的制度安排和制度环境，是指通过法律或根据法律原则尤其是宪法性法律原则，来确立社会系统内的价值结构、社会关系结构、成本和收益结构，以及权利结构。例如，公共资源占有中的“宪法层次的活动”，就提供了设计集体选择的规则，而个人行动的计划只能算是一种策略，不是严格意义上的规则。

在组织层次上，制度性规范与治理结构相关联。制度设置确定了组织内部以及组织之间的运作机制和性质。例如，市场导向的、政府导向的以及混合型的治理结构，它们之间的差别取决于它们所遵循的不同行动规范或规则。市场导向的治理结构，反映的是组织在行动选择中遵从市场的规则或规范；政府导向的治理模式是指组织行为所遵从的规范以行政性命令和指导为主；混合型的治理结构代表组织行为规范既具有市场特征，也具有行政性特征。

在操作层次上，制度的作用主要针对的是个人具体行动，因此，操作层次上的制度实际属于制度的操作或实施与执行系统。这一层次的制度就是根据政策的基本精神和原则，确立对制度的目标行动的具体对策，如奖励、惩罚、禁止和限制等具体规则，来控制个人的某些行动。在这一制度层次，不仅要确立目标行动的主体类型，也就是对制度需要调节的对象及其行动类型进行划分，同时还需要确定有效的应对策略。此外，有效的操作制度还需要明确实施对策的主体，也就是由什么组织来负责实施奖惩措施，以及如何保证相应的组织能够负责实施。

（二）社会制度的类型

1. 文化、政治、经济与法律制度

从人类活动领域来分或者是从制度的内容结构来分，社会制度可分为文化制度、政治制度、经济制度、法律制度等。当然，人类活动领域并不仅仅局限在四个方面，这四种类型的制度是根据制度内容对人类社会制度所作的一种概括和分类。在这四类制度中，实际还会包含许多划分更细的社会制度，如经济制度中就包含产权制度、企业制度等。

2. 内在与外在制度

制度是制定出来的行为规则，那么规则又是怎样制定出来的呢？根据制度规则的来源，制度也可划分为两类：内在制度和外在制度。“内在制度被定义为群体内随经验而演化的规则，而外在制度则被定义为外在地设计出来并靠政治行动由上面强加于社会的规则。”“礼貌是内在规则的例子，它向人们传输了共同体成员所遵守的、正确而合乎伦理的准则。由议会或政府机构颁布的民法或交通规则是外在制度的例子。”①

内在制度包括非正式的规则和正式的规则，非正式的规则主要有：（1）惯例（conventions），即人们在生活和交往中自愿遵循的某些习惯性的行为模式；（2）内化规则（internalized rules），也就是人们根据经验把一些价值、道德内化成自己的行为准则；（3）习俗和礼貌（custom and good manner），是指在共同体或群体内形成的习惯性行为规则。正式的内在规则（formal internalized rules）也是由经验演化而来的，但它是在一些组织内部被正式确定下来并得以强制执行的，如一些协会或行会制度、仲裁制度等。②

外在制度的显著特点是由权力机构设计制定出来、自上而下、由外部执行的。也就是说，外在制度不是在群体内部产生的，也不是从群体成员的生活经验中演化而来的，而是从上到下制定出来的。因此，外在制度一般都是正式的规则，这些规则主要包括以下几个：（1）行为规则，即由外部机构确立的行为规则。（2）具体指令，也就是针对具体目标和行为后果而设计和下达的命令，如税收制

① ［德］柯武刚、史漫飞：《制度经济学》，韩朝华译，119页，北京，商务印书馆，2002。

② 参见上书，122～126页。

度。(3) 程序规则，即对各种行动主体的行动或办事程序所设计和制定的规则，如各种程序法、行政规章等。①

3. 制度规范的类型

(1) 禁止性规范与指导性规范。

禁止性规范是通过设立权威性、强制性命令来阻止行动者做出某些行为。禁止性规范实际是一种禁令，如禁止个人或集团在未经准许的情况下而自行打井取水的行政性命令、禁止个人或集团从河道开渠引水的法令、禁止开荒的命令等，这些规范向行动者发出的都是一种否定性的信号，通过这种否定性的刺激制约行动者的某些选择，同时，禁止性制度规范由于是对危害风险极大的行为所作的预防和禁止的规定，因此，禁止性规范还需要与有效的惩戒和制止机制相配套。

指导性规范通过规则设计来激励行动者去选择某种行动，而不选择反方向的行动。如指导性节水规则，可以通过宣传教育安排、成本—收益安排等制度性规则安排，使得人们选择节约用水行为的概率提高，而选择不节约或浪费水的行为概率降低；又如指导性环保制度规范，通过选择集合的安排，给人们提供行为选择的导向。指导性规范并不需要强制力和权力，通常是运用价格机制和奖惩机制来达到调节和控制社会行动方向的作用。

(2) 同一性规范与分离性规范。

在社会系统内，规范所涉及的受益者、利益相关者，以及作用的对象或目标行动者之间存在着不同的结构关系。概括起来说，这种结构关系有两个极端的形式：一是同一的关系，二是分离的关系。前者表明受益者和目标行动者是完全统一的，例如，在公共领域内的公约或共同规则，约束着所有成员的行动，同时每个成员也是这一规范的受益者。如在节水型社会建构中，所有社会成员都需要参与到节约用水的行列中来，那么在制度设计中就需要设置同一性的制度规范，引导社会成员遵循节约原则，防止浪费和污染水的行为。

分离性的规范是指目标行动者和受益者是彻底分开的。例如，对罪犯的惩罚规则，目标行动者是罪犯，很显然受益者是民众而不是罪犯。在两种极端的规范类型之间，还有中间的形式，如在目标行动者中，其中的一部分是而其他不是受益者，同样在受益者中，也存在类似的结构关系。分离性规范的确立，主要是针对制度安排所要制约的行为，如节水制度所要制约的目标行为就是那些不合理的用水行为。

(3) 约定俗成的规范与权威倡导并推行的规范。

在公共领域内，制度规范的类型还可根据其产生的过程分为约定俗成的规范和权威倡导并推行的规范。约定俗成的规范是在一定的社区内人们在互动过程中达成的默契和共识，这些共识逐渐成为人们行动选择的共同向导，并且可能以习

① 参见［德］柯武刚、史漫飞：《制度经济学》，韩朝华译，130～132页，北京，商务印书馆，2002。

惯以及诸如禁忌之类的习俗的方式固定下来，成为人们行动的基本规范。此外，约定俗成的规范也可能是人们对某种行动模式的认同和遵从。约定俗成的规范是人们在日常世界里通过知识和经验的积累，并在此基础上形成一种基本的行为规则，例如传统社会中农时规则，就属于指导农民生产行为的一种规范，这一规则指导农民应该如何做出选择。另外，人们在日常世界中通过文化的创造，也会自然建构一套法则或规范，如民间神话、传说、禁忌、图腾等等，都在一定意义上向人们提供行动的规范。

由权威倡导和推行的规范是一种自上而下的行动禁令或指令，这种规范一般代表权威的意志和声音，即有一定影响力的在某个方面占有重要位置的个人或团体所表达的意志和要求。通常情况下，权威性规范是在对相关问题的科学研究或论证后，通过立法或制定行政法规等形式形成的制度规范。这类规范的权威性，主要体现在其内容的设置建立在权威性的认识基础上，即具有科学合理性。

（三）社会制度的功能

1. 制度规范的功能

制度规范对社会行动的制约和影响作用主要表现为以下几点。

第一，规范会告诉人们应该做些什么，而不应该做什么。任何类型的规范都与价值评价有着一定的联系，在规范体系中，包含着人们对不同行动选择的价值评价，向人们显示什么样的行动是合理的、值得的，应该予以肯定和选择，哪些行为是不合理的，不应该选择。

第二，规范告诉人们哪些行为可以选择，哪些不可以选择。规范系统犹如一种行为的奖惩系统，规定了哪些行为将得到奖励，哪些行为将受到惩罚。奖惩的规则告诉人们何种选择是有益的，哪些选择可能会导致伤害。

第三，规范告诉人们大多数人会选择哪些行为，不选择哪些行为。作为一种规范，它还隐含着一种行动选择的趋势。因为规范的形成，总要和大多数人的共识相关。因此，规范的制约作用不仅在于它能提供一种激励或奖惩机制，而且还能对人们的行动选择造成一种从众的心理压力，或者说是从众的环境。

第四，规范通过对行动者行动权利的控制，来制约和控制行动的选择范围和选择方式。当规范涉及行动权利时，它可能就成为一种外在的强制力，直接限制或约束个人的行动选择范围。规范对个人行动权利的控制，是由行动者之外的人所掌握的，这些人的权威的确立，既不一定是个人自愿地交付的，也不一定是法定的，有时候这种权威是社会认定的。

2. 制度的功能机制

人们制定出来的制度要对人的行动发挥调节、制约和约束作用，这一般取决于两种机制：一是规则内化机制，二是规则外部管制机制。

制度规则中所包含的价值如果能为人们所接纳，并转化为自己的行为规范，那么，行动者就会自觉地按照制度规定来进行选择。这样，制度就达到了规范、调节人们行为的目的。

如果社会中多数人都能按照某种制度的目标原则行事，则该项制度就能在社会中发挥很好的作用。或者说，制度的效率是相当高的。要达到这种效果，就必须使制度的核心价值成为行动者的内化价值。内化机制的形成可能与这样几个因素相关：(1) 文化传统；(2) 社会环境；(3) 制度的价值合理性；(4) 制度的传播。

制度外部管制机制是通过实施和执行制度的实践，来对行动者的行为选择进行外部干预，促使行动者按照制度规则行动的。例如，奖惩等执法过程，就是制度发挥规制作用的过程。

三、制度创新与制度变迁

(一) 制度创新

1. 制度创新的含义

制度创新是指在一定制度框架内对选择集或规范系统进行革新和创造的过程，这一过程旨在改变旧的制度框架，以提高制度的合理性、有效性和效率。制度创新也就是社会改革或改良过程。改革不是彻底打破一个社会的基本制度，而是在现存制度基础上进行一些制度创新，创新既包括改变旧制度框架的选择集或某些行为规则，也包括增加新的选择范围和规则。

2. 制度创新的类型

按照动力和机制的不同，制度创新一般可分为两类：一是强制性制度创新，二是诱致性制度创新。

强制性制度创新的动力主要来自知识存量和革新力量，也就是知识和权力。当知识存量积累到一定程度时，对旧制度的不合理性、低效率的认识更加深入和全面，而且对革新制度也有较清晰的设计，这样对制度创新构成了越来越强烈的需求。此外，如果要求革新旧制度的力量，特别是改革派的权力越来越大，那么，强制性制度创新就会出现。强制性制度创新是指依靠某种创新力量强制推行制度改革，实行新制度。

诱致性制度创新概念及理论是由新制度经济学提出的，在经济史中，“最重要的制度创新之一是各种要素市场和产品市场的出现”。而“要素市场的出现是由生产单位间的这些差异所引致的制度创新”①。由于边际产品在生产单位间的差异的存在，市场交易就会是互利互惠的。也就是说，市场交易就会带来利益。由此可

① 林毅夫：《再论制度、技术与中国农业发展》，104 页，北京，北京大学出版社，2000。

见，诱致性制度创新在创新的成本小于收益的时候，或者说当交易费用较低时，会诱致人们选择创新行为。

（二）制度变迁

从一般意义上说，制度变迁就是改变旧的制度框架、建立新的制度框架的过程。在从旧制度向新制度转变的过程中，制度建设和创新贯穿整个过程，同时，制度创新为新制度框架的设计和建立提供关键性的内容，因为区分旧框架与新框架的边界就在于制度创新所产生的具有实质性的变迁，而制度中的其他部分可能还保留着、延续着。

（三）制度变迁的动力

由于制度规则具有一定的稳定性，制度的影响也有一定的惯性，所以，制度规范系统形成之后，并不总是自动地发生变迁，而是需要动力来促动制度的变迁。推动制度变迁的动力主要有以下几个：

1. 国家

国家是维护社会秩序的重要力量，同时也是制度规范的提供者。国家的出现，对制度变迁有着特别重要的影响。在没有国家的古代社会，制度主要来自生活中的共同经验，如习俗和道德。国家形成后，意味着一种更为复杂的制度体系得以产生，因为一个国家本身就代表了一定时期的政治、经济与文化体制的综合体。国家为各种社会经济组织提供了最基本和最重要的制度基础。现代社会，国家既是多种制度的载体和执行者，更重要的是，也是基本制度的提供者。某种意义上说，当国家意识到制度创新和制度变迁的重要性时，制度变迁的可能性就会大大提高。

2. 集体行动

集体行动是指人们按照集体共同目标的要求而采取一致的行动，也就是集体成员为达到共同目标而选择合作性的行动。就制度变迁而言，一个新的、高效率的制度框架，能否对一定社会群体发挥作用，关键的问题也就在于群体成员是否可以在制度创新和选择上达成集体行动，即采取合作。如果集体行动顺利达成，新的制度框架也就很容易在集体中得以被接纳和推行。相反，如果达成集体行动的困难和成本非常高，那么，推进制度变迁的动力就会大大削弱。

3. 交易费用

新制度主义的产权学派在关于制度变迁的论述中，引入了对交易费用的分析。所谓交易费用，是指在设计、制定、实施和维护制度过程中所需要支付的各种成本或费用。交易费用理论实际上是从成本—收益分析的视角来考察制度变迁的。任何制度之所以产生和存在，是因为人们对该制度有需求；之所以需要这种制度，是因为制度给人们带来了收益。但是，维持和执行一种制度又需要一定的成本。

这样，人们从制度中获得净收益就与交易费用直接相关。如果一个制定、实施和维持一项制度的成本降低，其净收益无形中得以提高，那么，社会对这种制度的需求也就自然增强，制度变迁的动力也就提高了。

【课后题详解】

1. 什么是社会制度？社会制度是由哪些基本要素构成的？

参见本章学习笔记与拓展知识。

2. 制度规范有哪些功能？制度又是如何发挥其功能的？

(1) 制度规范的功能。

第一，规范会告诉人们应该做些什么，而不应该做什么。任何类型的规范都与价值评价有着一定的联系，在规范体系中，包含着人们对不同行动选择的价值评价，向人们显示什么样的行动是合理的、值得的，应该予以肯定和选择，哪些行为是不合理的，不应该选择。第二，规范告诉人们哪些行为可以选择，哪些不可以选择。规范系统犹如一种行为的奖惩系统，规定了哪些行为将受到奖励，哪些行为将受到惩罚。奖惩的规则告诉人们何种选择是有益的，哪些选择可能会导致伤害。第三，规范告诉人们大多数人会选择哪些行为，不选择哪些行为。作为一种规范，它还隐含着一种行动选择的趋势。因为规范的形成，总要和大多数人的共识相关。第四，规范通过对行动者行动权利的控制，来制约和控制行动的选择范围和选择方式。当规范涉及行动权利时，它可能就成为一种外在的强制力，直接限制或约束个人的行动选择范围。

(2) 制度功能的机制。

人们制定出来的制度要对人的行动发挥调节、制约和约束作用，这一般取决于两种机制：一是规则内化机制，二是规则外部管制机制。如果社会中多数人都能按照某种制度的目标原则行事，则该项制度就能在社会中发挥很好的作用。或者说，制度的效率是相当高的。要达到这种效果，就必须使制度的核心价值成为行动者的内化价值。内化机制的形成可能与这样几个因素相关：其一，文化传统；其二，社会环境；其三，制度的价值合理性；其四，制度的传播。制度外部管制机制是通过实施和执行制度的实践，来对行动者的行为选择进行外部干预，促使行动者按照制度规则行动的。例如，奖惩等执法过程，就是制度发挥规制作用的过程。

3. 何为诱致性制度创新？制度变迁主要与哪些因素相关？

参见本章学习笔记与拓展知识。

第十二章

社会分层与社会流动

【知识框架】

完整地把握社会的宏观结构及其运行状态，除了要考察群体、组织等社会单位以及由它们之间关系构成的横向结构之外，还必须深入研究由阶级、阶层等不同社会层次及其关系构成的纵向结构。社会分层与社会流动是社会运行宏观分析的重要内容。本章主要是让学习者了解社会分层与社会流动的基本思想和主要问题，包括社会分层的概念与内涵、社会分层的理论视角和理论传统、社会分层研究的主要内容、我国社会阶层的历史变迁及现状、社会流动的基本原理等等。

本章的知识框架如下。

- 社会分层与社会流动
  - 一、社会分层的概念与内涵
    - （一）什么是社会分层
    - （二）社会地位及其差别
      - 自然差别与社会差别
      - 社会地位
      - 个人社会地位的多重性
    - （三）社会分化及其类型
      - 社会分化的特征：功能专一化和地位多样化
      - 社会分化的后果：提高社会整体功效与加大整合难度
      - 社会分化的类型：水平分化与垂直分化
    - （四）阶级、阶层与社会不平等
      - 法律上的不平等与事实上的不平等
      - 稳定性不平等和暂时性不平等
  - 二、社会分层研究的两大理论传统
    - （一）马克思主义阶级理论
      - 马克思主义阶级理论的基本内容
      - 在新形势下坚持和发展马克思主义阶级理论
    - （二）西方社会学的分层理论
      - 韦伯三位一体的分层模式
      - 帕累托的精英循环论
      - 西方分层理论的借鉴意义

- 社会分层与社会流动
  - 三、社会分层研究的主要内容
    - （一）分层的方法和标准
      - 分层的方法
        - 主观法
        - 声誉法
        - 客观法
      - 分层的标准
        - 外显地位与潜在地位
        - 收入、职业、教育程度、权力
    - （二）层内关系和层间关系分析
      - 社会分层对人们社会交往的影响
      - 社会层次之间关系的性质
    - （三）多元分层结构分析
      - 社会多元分层结构的含义
      - 结构弹性分析
        - 刚性结构
        - 弹性结构
      - 多元分层结构与个人多重分层地位
  - 四、我国的阶级阶层状况
    - （一）改革开放前我国社会分层结构
      - 分层结构的制度背景
        - 行政权力控制社会资源的再分配
        - 城乡的分割
        - 城市社会的“单位化”
      - 分层状况
        - 分层结构
        - 分层特点：政治性、权力化、身份制
    - （二）改革开放以来我国社会分层结构的变化
      - 现代化转型对我国社会分层结构的影响
      - 经济体制转轨对我国社会分层结构的影响
      - 当前我国社会分层研究的若干问题
        - 社会精英的构成问题
        - 中间阶层的走向问题
        - 弱势群体问题
        - 阶层范畴与阶级概念的关系问题
  - 五、社会流动
    - （一）社会流动的含义
    - （二）社会流动的类型
      - 水平流动和垂直流动
      - 一生中流动和代际流动
      - 结构性流动和自由流动
    - （三）影响人们获得社会地位的条件
      - 个人条件
      - 社会条件
    - （四）合理的社会流动是社会良性运行的重要协调机制
      - 合理社会流动的一般标准
        - 量的合理性与质的合理性
        - 普遍性原则和自获性原则
      - 合理的社会流动对社会运行的协调作用

【学习笔记与拓展知识】

一、社会分层的概念与内涵

（一）什么是社会分层

社会分层指的是依据一定具有社会意义的属性，一个社会的成员被区分为高低有序的不同等级、层次的过程和现象。社会分层体现着社会不平等。可以从社会地位、社会差别、社会分化、阶级、社会不平等等概念入手揭示社会分层的内涵。

（二）社会地位及其差别

1. 自然差别与社会差别

自然差别是指根据某种自然属性将社会成员划分为不同类别，各类别成员在生理或遗传机制方面存在的各种差异。

社会差别则指根据某种社会属性划分的各类社会成员在社会境况方面的差异。在特定社会文化背景下，有许多自然差别同社会差别有着较强的联系，自然差别被赋予社会差别的意义。

2. 社会地位

社会地位，指的是社会关系空间中的相对位置以及围绕这一位置所形成的权利义务关系。社会地位可以分为正式的社会地位与非正式的社会地位。正式社会地位是指那些长期存在并同其他相关地位发生稳定的制度化关系的位置或属性，例如职业。非正式社会地位则指那些偶然的或临时性的，同其他相关地位之间处于易变的、非制度化关系的位置或属性，例如个性类型、道德素质等。

在确定和比较人们正式社会地位的差异时，经常使用的一个概念是社会经济地位（socioeconomic status，简称 SES）。社会经济地位并不仅指经济地位，而是涵盖了个人的教育程度、收入水平及职业声望的内容，并计算上述三个方面的综合值来反映一个人综合社会地位的高低。

3. 个人社会地位的多重性

个人社会地位的多重性，是指个人的社会地位通常不是唯一的，个人可以占有不同的社会地位，即个人社会地位的多重性是指个人社会属性的复合性。主要有两种表现形式：第一，场合（外显）地位的多重性。在不同交往场合，个人可以根据交往时空、对象及情境界定的不同而变换地位。第二，素质（潜在）地位的多重性。个人在同一个交往场合，各种构成其内在素质的社会属性同时对交往过程发生影响。

影响人们社会表现的社会差别在很大程度上是由社会地位的性质、地位间关系以及多重地位的复合性决定的。社会地位作为具有社会意义的属性，是分层研究所依据的最重要分类标准以及研究出发点。

（三）社会分化及其类型

社会差别的历史动因是社会分化。社会分化特指社会系统的结构中原来承担多种功能的某一社会地位发展为承担单一功能的多种不同社会地位的过程。社会分化具有两个重要特征：功能专一化和地位多样化。社会分化产生两方面的后果：其一，有助于提高社会的整体功效。社会正是通过内部结构的不断分化来适应环境，求得自身发展的。其二，社会分化对整个社会系统的协调提出了更高要求，加大了社会整合的难度。

大体上可以把社会分化区分为水平分化与垂直分化两大类型。水平分化指的是依据某种社会属性或特征，将社会成员分为不同类型的地位群体，这些群体从公认的社会价值序列看不存在高低差别。垂直分化指的是依据某种社会属性或特征，将社会成员分为不同层次的地位群体，这些地位群体从公认的社会价值序列看存在着高低差别。

由垂直分化所造成的差别叫做社会不平等。社会垂直分化有各种表现形式，如政治的、经济的、职业的、居住区位的等等，多种形式的垂直分化共同构成了一个具体社会的实际分层空间，使得分层结构呈现出复杂性和多维性。

（四）阶级、阶层与社会不平等

社会阶级和社会阶层是分层研究的基本范畴，它们一般是指社会垂直分化产生的各个社会地位层次以及分处于这些地位层次上的人群。阶级、阶层概念表明，垂直分化所造成的社会差别绝不仅仅是社会成员个人之间的差别，更主要的是一种集体性差别。著名的理论派别有马克思主义阶级学说、M. 韦伯—W. 沃纳的多元分层模式、布劳—邓肯的职业分层学说，以及帕森斯代表的分层功能论、达伦多夫等人代表的分层冲突论等等。

社会不平等是对垂直分化所产生的各阶级、各阶层之间关系的集中概括，指的是各阶级、阶层对相对稀缺的社会价值物在占有量、获取机会和满足需求的程度上存在着差异性。对社会不平等的考察，就是关注各种社会资源、生活机会在不同人群中分配方式的差异。

考察社会不平等的第一对范畴是法律上的不平等与事实上的不平等。法律上的不平等指的是各个层次的社会地位享有不同的法定的权利和义务，这些相互区别的权利义务得到整个社会的公认。法律上的不平等主要是由社会地位差异体现的公开的制度化不平等。事实上的不平等指的是尽管各个地位群体和个人在法律上享有同等的权利和义务，但由于各自在行使自身权利的手段上存在着差别，而导致实际行使权利上的差别，是一种较为隐蔽的不平等。这对范畴有助于我们全面把握一个社会的稳定结构和实际运行状态。

考察社会不平等的第二对范畴是稳定性不平等和暂时性不平等。稳定性不平等是指社会分层地位与处于这些地位上的社会成员具有长期固定的联系，即社会成员长时期（终身乃至世代）停留在同一个阶级、阶层之中。暂时性不平等指分层地位与社会成员间的联系是短暂的、临时性的，社会成员有可能或者通过自身努力改变地位层次，或者是自动跨越地位层次。这对范畴对于研究社会结构变迁和社会流动具有重要意义。

由以上概念可以看出，社会分层现象的实质是社会不平等，分层研究的主题就是揭示社会阶级与阶层的起因、根源及现实状况，分析它们对人们社会表现的影响及其在宏观社会运行中所起的作用，以及历史发展趋势。

二、社会分层研究的两大理论传统

社会学对社会不平等的研究有两大理论渊源，从而形成两个理论传统：一个是以马克思主义阶级理论为渊源的理论传统，另一个是以马克斯·韦伯三位一体分层论为渊源的西方社会学的理论传统。这两大传统在理论目标上是有重要分歧的。出于对资本主义社会的批判，马克思主义的阶级理论更多地强调了社会冲突的方面；反之，出于对资本主义社会维护的目的，韦伯三位一体分层论更多地强调了社会协调的一面。

（一）马克思主义阶级理论

1. 马克思主义阶级理论的基本内容

（1）阶级的含义。列宁指出："所谓阶级，就是这样一些大的集团，这些集团在历史上一定的社会生产体系中所处的地位不同，同生产资料的关系（这种关系大部分是在法律上明文规定了的）不同，在社会劳动组织中所起的作用不同，因而取得归自己支配的那份社会财富的方式和多寡也不同。所谓阶级，就是这样一些集团，由于它们在一定社会经济结构中所处的地位不同，其中一个集团能够占有另一个集团的劳动。"[①] 这一定义表明，划分阶级的标准是经济地位，特别是对生产资料的占有关系。

（2）阶级产生的条件。首先，它与生产力发展的一定阶段相联系，以剩余产

---

① 《列宁选集》，3版，第4卷，11页，北京，人民出版社，1995。

品的出现为前提；其次，阶级的产生与生产资料的私有制相联系，私有制使得对剩余产品的剥夺和占有成为可能。

(3) 阶级的内部关系和发展。判断一个阶级是不成熟的“自在阶级”还是成熟的“自为阶级”有两个重要标志：一是阶级意识，二是阶级的组织化程度。二者互为因果，推动着阶级从“自在”向“自为”的发展。

(4) 私有制社会的阶级斗争。阶级斗争和社会革命是私有制条件下社会结构变迁和社会发展的直接动力。

(5) 阶级的历史发展趋势。阶级是个历史现象，最终将随着私有制的铲除、生产力的高度发展而消亡。

(6) 阶层分析是阶级分析的具体化。阶层是依据生产资料占有关系之外的属性划分的，它或者存在于阶级内部，或者是与阶级相联系而又相对独立的特殊群体。进行阶层分析要以阶级观点为指导。

总体来看，马克思主义阶级理论的基本结论就是：资本的私人占有及以此为核心形成的各种生产关系是现代资本主义社会不平等的最深刻根源，因而也是社会冲突的主要根源。以资本主义现有的生产力水平，一旦消灭私有制就有可能大大缩小整个社会的不平等差距，创造出高于资本主义社会的相对平等。

2. 在新形势下坚持和发展马克思主义阶级理论

现代西方社会中的阶级状况与马克思所处时代的阶级状况相比，确实发生了一些引人注目的变化，但就资本主义社会整体来看，各个阶级在获取社会价值物的份额和机会上的不平等并没有发生根本性变化，社会不平等差距依然存在，阶级关系的基本性质（剥削与被剥削）也没有发生实质性变化，因此阶级理论的基本观点对于我们认识当代资本主义社会的基本结构仍然没有失去现实意义。

如何将阶级理论创造性地运用于社会主义社会，特别是如何从维护和建设的角度研究社会协调发展的机制是今天我国社会学者在继承马克思主义传统的基础上应当着力研究的重要课题。

(二) 西方社会学的分层理论

1. 韦伯三位一体的分层模式

韦伯主张从经济、声誉、权力三个角度综合考察一个社会的经济、文化和政治三大领域中的不平等。

韦伯也把根据经济因素划分的地位群体叫做阶级，认为阶级是指一批在经济状态和变化方面相同或相似的人群，划分阶级的标准实际上就是“市场购买力”，而不涉及在所有制中所处的地位。韦伯所说的阶级差别主要是货币量的差别，与马克思的阶级概念显然不同。

声誉地位是由社会公认的评价体系确定的，社会的评价从褒扬到贬低构成了高低有序的阶梯，声誉地位即指人们在这一阶梯中所处的位置。影响人们声誉的因素主要有出身门第（身份）、仪表风度、知识教养、生活样式。声誉地位必须经由主观评判的方式来确定。

权力地位则是依据人们是否拥有权力以及权力的大小确定的。所谓权力是指为实现自身意志，无视他人意愿而支配他人的能力。权力分层反映了政治领域的不平等。

在三个标准之间的关系问题上，韦伯认为，虽然在一定条件下，这三个标准可能相互强化，存在着密切的联系，但在理论分析层次上，必须将它们加以严格区分，它们之间并不必然地存在因果决定关系。另外，虽然在理论上认定它们是各自独立的，但这并不意味着在任何社会情势下这三个分层属性都同等重要，特定社会情势常常把某一个属性推到突出的地位上。

现代西方社会分层研究的一些基本特点都可以溯源于韦伯分层模式。这些特点主要是：第一，采用多元分层标准；第二，采用了具有连续性的定量标准；第三，引进了主观分层标准，如当代西方分层研究所运用的主观法、声誉法就是继承了这一思路。

2. 帕累托的精英循环论

帕累托试图用精英及精英循环概念说明社会系统——特别是其中的政治系统——维持平衡和稳定的基本机制。他认为在工业社会，阶级的稳定性被精英循环的社会流动冲破，稳定性不平等被暂时性不平等取代。社会平衡的基本条件就是保持循环路线的畅通，以使执政阶层中总能保持一定数量的精英。一旦流动缓慢，就会造成执政阶级中蜕化分子激增，同时非执政阶级中的精英不断增长，社会将随之推动平衡和稳定，而征服或革命将使新的精英掌权并建立起新的平衡。

精英循环论与马克思阶级理论的区别十分明显。首先，阶级是由人们在所有制中所处的地位决定的，是基于社会差别的不平等；精英则以天赋的自然差别为基础。其次，阶级论认为，阶级关系是一种稳定性不平等，个别成员的社会流动不足以从总体上改变稳定的阶级格局；而精英论则把个人天赋能力当做社会流动的动力，认为流动可以改变阶级格局，变稳定性不平等为暂时性不平等。再次，阶级论认为，在资本主义的社会条件下，个人的努力很难弥补人们在竞争起点上的差距，各阶级间业已存在的壁垒构成了它们相互流动的障碍；精英论则认为，个人能力可以缩小乃至弥合竞争起点上的差距，精英循环足以打破阶级壁垒。最后，阶级论把阶级之间关系的对立性质视为社会冲突的根源；而精英论则认为，冲突和革命的根源主要是精英循环的通道不畅。

精英循环论的可借鉴之处在于：首先，帕累托开创了社会流动研究的先例，提供了新的研究领域和视角；其次，关于社会流动可以将稳定性不平等变为暂时性不平等，从而构成社会稳定的平衡机制的观点。

3. 西方分层理论的借鉴意义

第一，西方分层理论是以维护资本主义社会正常运行为目的的，它们所指导的一些社会政策或措施确实对社会运行起到某种协调作用。

第二，西方分层理论的核心概念是社会不平等，其缩小不平等差距、缓和社会矛盾的一些研究成果，也值得我们研究和借鉴。

第三，西方分层理论创造了一整套研究方法，用以把握各社会层次之间的差异、它们的动态发展趋势以及社会分层结构对社会运行的影响，这些方法具有一定的科学性。

三、社会分层研究的主要内容

（一）分层的方法和标准

1. 分层的方法

（1）主观法，又称自我评分法。调查人员将整个社会体系分为若干层次，请人们根据某项标准，自己对自己进行归类，指出自己在社会分层体系中处于哪一层。

（2）声誉法。调查员从一个社区中选出一些熟悉该社区情况的人作为评判员，让他们按照事先规定的高低层次给本社区成员分层归类。通过声誉法可以了解各种因素对声誉的影响，可以发现一种公认的声誉分层体系。

（3）客观法。应用可以直接测量的客观指标（如收入、教育程度等）进行层次划分。

除了上述三种基本分层方法外，社会分层实证研究使用的具体方法还有五等分法、基尼系数法、恩格尔系数法、不平等指数法、库兹涅茨比率法、社会经济地位（SES）测量法等。

2. 分层的标准

分层的标准有两类：第一，以外显地位为划分标准。例如，以人们所从事的正式职业为标准。第二，以潜在地位为标准。例如，收入、教育程度、技术水平等。

确定分层标准时还应注意结合具体的研究目的，以便有的放矢地开展研究。常用的社会分层标准有以下几种：（1）收入。（2）职业。职业环境、职业声望、职业活动的范围和性质等等不仅影响着在职人员的社会表现，同时影响着社会流动的方向。（3）教育程度。（4）权力。此外，像家庭背景、居住区位等等都可以作为分层的标准，可以根据不同的研究目的和需要，选择适用的标准。

（二）层内关系和层间关系分析

1. 社会分层对人们社会交往的影响

分层差异给人们的交往带来隔阂，各层次间距离越大，这种隔阂就越大，他们之间也就越是缺乏共同兴趣、爱好、价值观，他们在生活方式、消费方式等方面的社会表现也就越不相同。这可以用交换理论加以解释，社会地位相近的人所拥有的交换资源大体相等，因此他们之间的交换过程也更加合乎公平原则和对等原则。而社会地位差距悬殊的人则在资源交换量上差距显著，因而，层间交换的频率远远低于层内交换。

2. 社会层次之间关系的性质

层间关系的研究包括：

第一，各层次之间的物质利益关系。是和谐、相互依赖、功能互补，还是存在着一定的矛盾和分歧？矛盾和分歧的性质、范围和发展趋势如何？

第二，各层次之间的沟通方式、交往状况和频率，相互之间的基本态度。是把对方作为仿效、参照的群体还是敌视对象？如何评价对方？等等。

第三，各层次之间的冲突状况。如果发生冲突，是以个人形式还是以群体形式出现？是局部性的还是全局性的？是有组织的还是无组织的？冲突各方的目的何在？有无妥协的可能性？其妥协又将如何达到？等等。

（三）多元分层结构分析

1. 社会多元分层结构的含义

社会多元分层结构指的是由社会成员在社会分层空间中的具体分布确定的各分层地位之间的关联状态，可以由统计学的相关系数对其加以测定和描述。

一个社会的主要分层属性构成了这一社会的分层空间构建性维度，社会分层空间是以该社会的主要分层地位为坐标轴而确立的。比如，韦伯的收入、声誉、权力三种分层地位就构成了三维社会分层空间。社会越发达，社会分化水平越高，则社会分层空间的维度就越多。

分层结构与分层空间是有区别的。两个社会可能在分层空间上是相似的，但社会成员在各自社会空间中的具体分布状态却极不相同，即这两个社会的分层结构具有很大差异性。

2. 结构弹性分析

在统计学意义上，可以把结构弹性定义为社会成员的一种分布状态，在这种分布中各分层地位之间的相关系数为零。分层属性之间的相关性越强，则结构弹性越低；反之，相关性越弱，结构弹性越高。根据结构弹性的高低可区分出两个极端类型的分层结构：刚性结构与弹性结构。

（1）刚性结构。刚性结构是指社会成员在社会空间的分布具有很强的地位相关性，或者形象地说，社会成员在多元分层空间的分布呈现集束状态。一个刚性结构的社会，其社会不平等被称为累积性不平等。

刚性社会分层结构的特点：第一，如果各个分层地位高度相关，而且它们之间又具有某种时间顺序，则它们之间很可能存在着某种决定与被决定的因果关系。

其中起决定作用的分层属性是该社会的分层中轴。第二，刚性结构同时意味着多元分层标准高度重合，用其中任何一个标准对社会成员进行社会分层，其结果大体上一致。第三，刚性结构还意味着各分层地位之间具有相互加强、相互转化的极大可能性。第四，刚性结构在无形中极大地限制着人们的层间交往。第五，刚性结构极有可能形成社会断裂带，并引发强烈的社会冲突。

刚性结构是一种极具脆性的冲突性结构，各层次之间的社会整合度较低。刚性结构的社会必然经常处于不稳定的运行状态。

(2) 弹性结构。弹性结构是指社会成员在社会空间的分布状态中各地位之间的相关性很弱，社会成员在多元分层空间的分布呈现弥漫状态。一个弹性结构社会，其社会不平等被称为扩散性不平等。

弹性社会分层结构的特点：第一，各个分层地位之间低度相关，不存在因果决定关系，通常不存在明显的分层中轴。第二，由于各分层属性处于不相关状态，用不同标准对社会成员进行分层所得到的结果是各不相同的。第三，缺少某种社会资源的人可以通过获取其他资源而得到补偿，即社会成员在某种地位层面上所处的劣势可以由其他层面的优势加以弥补，因而只能算做相对劣势。第四，弹性结构对社会成员的层间交往起着促进作用。第五，弹性结构社会具有高于刚性结构社会的整合度。

刚性结构和弹性结构是为进行理论分析而设置的理想类型，现实社会中具体社会的结构总是处于这两个端点连成的谱系中的某个具体位置上。

3. 多元分层结构与个人多重分层地位

宏观角度的多元分层结构与微观角度的个人多重分层地位是同一现象的两个方面。

(1) 个人多重分层地位间关系的类型。可区分为两大类型：地位一致与地位相悖。地位一致指的是在个人的多重分层地位中，各个地位层次指数大体相同或相近。地位相悖恰好相反，是指在个人多重分层地位中，各个地位层次指数不相一致，甚至刚好相反。

(2) 宏观结构对地位相悖引发冲突的制约。只有在一定的宏观结构背景下，地位相悖才会引起当事人强烈的情绪感受，才可能导致冲突。结构弹性正是制约地位相悖能否引发冲突的宏观条件。在一个结构弹性度很高的社会中，地位相悖现象是一种普遍的、司空见惯的现象，人们已习惯于将相悖的地位视为互不相关的独立属性，因此在进行社会比较时，不大会感到强烈的心理失衡，在交往中也不大会感到遭受冒犯。

(3) 地位相悖对宏观社会结构的影响。可以把刚性结构社会中的地位相悖现象分为两种基本类型。第一种是偶然的、零星出现的地位相悖，即处于地位相悖状态的社会成员零星分布于社会集束带之外。第二种是普遍性、集体性的地位相悖，即一批社会成员分布于反向相关的社会集束带之内。集体性地位相悖比个人性地位相悖蕴含着更大的冲突能量和改变社会结构的动力，为政者必须慎察，要以社会稳定和发展为标准考察其改变劣势地位的要求是否具有合理性，对确有合理性的要求应运用倾斜政策予以满足。

四、我国的阶级阶层状况

（一）改革开放前我国社会分层结构

1. 分层结构的制度背景

我国改革开放前社会体制的基本特征是行政权力控制着大部分社会资源的分配，城乡分割和单位壁垒设置极大地限制着人们的社会活动。公有制和以身份制、单位制、行政制为代表的次级制度化结构，构成了中国社会结构体系的基本框架。

（1）行政权力控制社会资源的再分配。“再分配”体制使得行政权力取代财富和资产成为社会分层的重要机制。

（2）城乡的分割。1958 年全国人民代表大会常务委员会通过了《中华人民共和国户口登记条例》，标志着城乡二元身份体制的定型，从而构建了中国城乡阶层分割的基本框架。

（3）城市社会的“单位”化。新中国成立以后，国家通过政权的力量将城市社会中既存的各种组织改造成单位，包括行政单位、事业单位和企业单位。单位不同于一般社会组织的特点是：第一，隶属性。任何单位都有一个上级主管单位，必须执行上级指示。第二，行政性。单位拥有国家政权赋予的行政权力和行政级别，并有权支配相应的社会资源。第三，多功能性。各类单位除了自身的专业功能外，还承担着社会功能和政治功能。第四，低流动性。社会成员一旦进入单位，便很难自由流动。改革开放前城市社会阶层分化是以单位为边界的集团性分化。①

2. 分层状况

（1）分层结构。

新中国成立初期，国家试图通过“土地改革”和“工商业改造”消灭旧中国的阶级体系，围绕着行政权力和政治身份形成了新的社会分层结构。

干部阶层在高度集中的中央计划体制下，位居社会权力中心，决定社会稀缺资源的分配并确定劳动力价格的计划的制订者和实施者。

知识分子阶层一般受过较高教育，在生产建设及各项社会事业中发挥着不可替代的作用。虽然在政治上他们经常处于被改造的境地，但经济收入和社会声望通常仍高于其他社会成员。

工人阶层具有较高的政治地位，但文化程度较低，所从事的工作性质基本上

---

① 参见王汉生：《从城市分化的格局看中国社会的结构性变迁》，载《社会学研究》，1991（2）。

属于体力劳动，是当时社会的中坚阶层。

农民阶层处于社会分层系的最边缘地带，农民在各种资源（权力、社会声望、生存机会）的分配上处于全面的弱势地位。

（2）分层特点。

第一，政治性分层。社会成员获得社会地位的方式通常也取决于政治性因素（政治出身、政治表现、政治面目等）。政治运动和政策目标的变化是推动社会分层结构变动的主要动力。

第二，权力化分层。行政权力决定着可供支配的社会资源的种类和数量。每个社会成员所属单位的级别大体确定了其在社会分层体系中的位置。

第三，身份制分层。实行建立在各种身份（户籍身份、政治身份、单位身份等）基础上的刚性地位分割制度。

（二）改革开放以来我国社会分层结构的变化

改革开放以来，整个社会结构发生了深刻变化，包括两个重大的社会转变过程：其一是从农业的、乡村的、封闭半封闭的传统型社会，向工业的、城镇的、开放的现代型社会的转变；其二是从高度集中的计划经济体制向市场经济体制的转轨。[①] 社会转型和体制转轨同时并进、相互推动，是现阶段中国社会发展的重要特征，也构成考察我国社会分层结构变化的宏观背景和理论视角。

1. 现代化转型对我国社会分层结构的影响

现代化这一历史进程，主要体现着技术和经济的合理化趋势，即基于计算的对经济效率的合理追求。它对社会阶层化的影响表现在以下方面。

第一，劳动分工体系发生巨大而深刻的变化，推动着原有职业结构的不断改变。

第二，新兴职业要求自获性成就，因而更加依赖教育和训练。

第三，职业结构的改变，有可能催生一个日益庞大的中间阶层，使整个社会的贫富差距逐渐缩小，从而最终缓解社会冲突，促进社会稳定。

第四，职业体系日趋开放，社会自由流动空间扩大，从而能够依照经济发展的需要合理配置人力资源。

考察现代化进程对社会分层结构及其变化的影响还需要考虑以下重要的特殊因素。

第一，任何社会的现代化过程均发生于特定的历史文化传统之中，不同的文化传统完全可能影响经济合理化的具体途径，形塑各具特色的社会分层模式。

第二，每个社会在步入现代化进程时具有不同的社会起点，具有不同的政治架构、意识形态、组织制度和社会利益结构。

---

① 参见郑杭生：《关于21世纪中国社会发展的几点展望》，载《社会学研究》，1997（2）。

第三，我国是社会主义社会，基本制度和体制与资本主义社会有很大区别，国家对社会经济生活具有更强的干预功能。

第四，外部国际环境有差异。我国属于“迟发外生型”现代化，受到“全球化”趋势的影响。

2. 经济体制转轨对我国社会分层结构的影响

考察我国在市场化转轨中社会分层的变化，必须充分关注下述特点。

第一，我国的经济转轨是由国家主导的、渐进的、和平的改良过程。

第二，自上而下的市场化转轨意味着市场是在政治权力的干预下创造出来的。“经济市场化”很可能伴随着“政治市场化”，即财富和权力有可能相互交易。

第三，“混合体制”不是纯粹的市场经济体制，原有的“再分配”体制中的主要成分如所有制形式、产权关系、户籍制等在很大程度上被保留下来，仍然是影响社会分层的制度性要素。

第四，市场化导致“体制外”经济成分逐渐扩大，市场机制的作用不断扩展，出现了“自由流动资源”和“自由活动空间”，在社会分层化过程中发挥着重要影响。

3. 当前我国社会分层研究的若干问题

（1）社会精英的构成问题，即谁是改革的最大受益者。在逐渐生成的新的分层结构中，资源优势集团（或称社会精英）的产生是通过市场机制的筛选而遵循“循环模式”，还是在渐进式转轨的延续性和“路径依赖”作用下遵循“再生产模式”？

（2）中间阶层的走向问题，即中间阶层能否成为我国社会分层结构中的主体。我国正处于社会分配两极分化、社会矛盾激化的“高风险”时期，要走出这一困境就要尽快形成以中间阶层为主体的“菱形”分层结构。中间阶层的走向问题关系到我国社会未来的稳定和发展。

（3）弱势群体问题。妥善处理弱势群体问题，对社会的长治久安关系极大。可以考虑的方法是：逐渐摒弃集体性排斥方式，完善税收制度以缓解贫富差距，建立具有广泛覆盖面的社会保障制度。

（4）阶层范畴与阶级概念的关系问题。[①] 阶层与阶级既有联系又有区别。两者的联系在于：它们的核心内容都是“社会资源和社会机会在不同社会群体中的分配方式或配置方式的差异”。两者的区别主要在于：它们的包含关系不同。一种理解是阶级是个大概念，阶层是个下属概念；另一种理解是阶级被纳入分层或层化的范围之中，分层或层化是个大概念。但不管哪一种理解，都表明阶层和阶级有这样那样的包含关系。

---

① 参见郑杭生：《我国社会阶层结构新变化的几个问题》，载《华中师范大学学报》，2002（4）。

五、社会流动

（一）社会流动的含义

社会流动是指人们在社会关系空间中从一个地位向另一个地位的移动。广义的社会流动就是个人社会地位结构的改变。狭义的社会流动常常指人的职业地位的改变。

（二）社会流动的类型

1. 水平流动和垂直流动

根据流动的方向，可分为水平流动和垂直流动（社会阶层内部流动和各阶层之间的流动）。垂直流动是指人们在一个分层结构层面中的不同阶层之间的流动。

垂直流动中，还可以细分为上向流动和下向流动。上向流动是指流入层次高于流出层次；下向流动则指流入层次低于流出层次。垂直流动没有或很少被称为封闭式分层体系；与封闭式分层体系相反的，叫做开放式分层体系。

2. 一生中流动和代际流动

根据衡量流动的不同参照基点，可把社会流动分为一生中流动（同代流动）和代际流动（异代流动）。一生中流动指个人一生中地位的升降变化，参照基点一般是自己的最初职业。代际流动是通过同上一代人进行比较而确定的地位变化状态，参照基点是父亲（母亲）在同一年龄时的职业或其他地位。

3. 结构性流动和自由流动

根据流动原因，又可以将代际流动分为结构性流动和自由流动。结构性流动指由于科学技术和生产力的发展，原有的社会结构改变了，从而造成的人们社会地位的变化。自由流动是由个人原因所造成的地位变化，又叫非结构性流动。

（三）影响人们获得社会地位的条件

在现代社会中，职业地位是个人社会地位的综合性象征，社会地位主要是指职业地位。可以把影响人们获得职业的条件分为个人条件和社会条件。

1. 个人条件

个人条件又可以划分为先赋条件和自获条件。先赋条件，指个人生而具有的或自然得到的属性。自获条件，指个人由于自己的行为或经过自己的努力而得到的一些属性。现代职业地位越来越依靠自获条件。

2. 社会条件

影响人们获得职业地位的社会条件主要是制度条件和文化条件，具体体现为就业制度和职业声望观。

随着国家再分配权力在职业分配中的衰弱，市场选择（人力资本）和个人关系（社会资本）在择业过程中的作用日益凸显出来，积极推动着社会流动。

职业声望观是社会成员对各种职业的综合性评析，是通过职业声望评价表现出来的。职业声望观受职业功能、职业环境、职业待遇以及文化传统等多重因素的影响，可以反映各个职业吸引力的大小，从而引发人们谋求特定职业的内在欲望，由此影响着职业配置和社会流动。

（四）合理的社会流动是社会良性运行的重要协调机制

1. 合理社会流动的一般标准

（1）量的合理性与质的合理性。

合理的社会流动是那些促进社会良性运行的社会流动。就整体社会来说，至少应该包括量的合理性与质的合理性两个一般标准。量的合理性，即适应社会需要和社会承受力的流动量，使社会流动量保持在社会发展需要和社会承受、容纳能力之间的特定阈限内。质的合理性指社会流动所体现的原则要与社会的基本制度要求相适应。

（2）普遍性原则和自获性原则。

在现阶段合理流动的基本原则是机会平等原则。要想实现机会平等的社会流动，必须同时实现普遍性原则和自获性原则。

普遍性原则是用来衡量社会地位的开放性质是否合理的标准。这一原则有以下含义：第一，社会地位开放范围的普遍性。第二，筛选标准的普遍适用性。第三，实现标准的普遍可能性。

自获性原则是用来衡量个人获得社会地位的条件是否合理的标准。自获性原则意味着：第一，应当排除或缩小个人的社会先赋条件对其流动的影响。第二，不承认个人的分层归属性或集团归属性是其流动的唯一决定因素。第三，个人通过自己后天努力而获得的素质、知识、技能、成就等等应当是影响其流动的决定因素，此外，个人的志向、兴趣及内在动机应当作为决定其社会地位的因素而得到充分的考虑和重视。

2. 合理的社会流动对社会运行的协调作用

合理的社会流动促进社会良性运行的协调作用表现在下述三个方面。

第一，形成开放、动态的分层结构以取代封闭、固定式分层结构，有助于消除人与人之间的不平等。在分层社会中，存在着两类垂直差异：一种是由不同的地位规范（权利、义务）体现的分层地位之间的垂直差异；另一种是由各层成员的社会表现和内在素质所体现的人与人之间的垂直差异。合理流动有可能在无法消除分层地位差异的情况下，缩小人与人之间的实际差异，从而缓解了由地位差异而产生的冲突，从而发挥着稳定社会的功能。

第二，合理流动能够拓宽社会各层次之间的接触界面，有助于各层之间的相互了解和相互联系，加强社会整合。社会流动可以分为一生中的流动和代际流动，这两种流动都能有效地拓宽社会各层次之间的接触界面。一生中的流动意味着个人同原有社会地位相分离并同新的社会地位相结合。就个人来说，这种流动往往意味着个人人际接触界面的拓宽、人际关系网络的扩大。代际流动意味着家庭中相邻的异代成员处于不同的社会层次，使家庭内部的血缘关系变为社会层次之间的联结纽带，可以充分利用家庭所特具的凝聚力和整合性来减少社会层次间的隔阂。

第三，合理流动能有效地激发人的积极性和开拓进取精神，给社会系统注入活力，从而推动并实现高水平的社会良性运行。在提供平等流动机会的社会中，分层地位的差异能有效地激发人们的内在潜能，能促使人们充分发挥自己的才智，发展自己的个性。

【课后题详解】

1. 马克思主义是如何看待社会分层现象的?

马克思主义的阶级分析是社会分层理论中一个重要理论传统之一，其主要思想包括：

第一，将经济地位特别是对生产资料的占有关系作为划分阶级的标准。这体现了马克思主义对社会不平等现象的本质认识。

第二，认为阶级的产生是与生产力发展的一定阶段相联系的，以剩余产品的出现为前提。阶级的产生与生产资料的私有制相联系，私有制使得对剩余产品的剥夺和占有成为可能。

第三，认为阶级斗争和社会革命是私有制条件下社会结构变迁和社会发展的直接动力。

第四，认为阶级现象最终将随着私有制的铲除、生产力的高速发展而消亡，阶级消亡意味着人类最终能够消灭社会不平等。

第五，阶层分析是阶级分析的具体化。阶层是依据生产资料占有关系之外的属性划分的，它或者存在于阶级内部，或者是与阶级相联系而又相对独立的特殊群体。进行阶层分析要以阶级观点为指导。

第六，马克思主义阶级理论的基本结论是：资本的私人占有及以此为核心形成的各种生产关系是现代资本主义社会不平等的最深刻根源，因而也是社会冲突的主要根源。以资本主义现有的生产力水平，一旦消灭私有制就有可能大大缩小整个社会的不平等差距，创造出高于资本主义社会的相对平等。

2. 如何正确对待西方社会学的社会分层研究?

在西方社会学理论中有大量关于社会分层的研究，其中对西方分层研究影响最大的理论源头之一是马克斯·韦伯所创立的三位一体分层模式。西方社会学和马克思主义关于社会分层的区别是明显的，主要体现在以下几个方面：

第一，研究目的和立场不同。马克思主义以批判和推翻私有制社会、建立公有制社会为最终目标，西方分层论则以维护私有制、促进资本主义社会的良性运行为目标。

第二，关注的维度和重点不同。马克思主义主要从经济地位，特别是对生产资料的占有关系的维度来考察社会不平等现象，而西方社会学理论主张从经济、声誉、权力三个维度综合考察社会的不平等。马克思主义的阶级理论关注的重点是社会不平等背后的本质性差异，而西方社会学理论关注的重点是社会不平等背后社会资源和社会机会占有量的差异。

第三，对于如何解决社会不平等的看法不同。马克思主义认为社会不平等是可以消除的，消除的途径就是消除生产资料私有制；而西方分层论则认为不平等将永远存在，不可能也没有必要消除，关键是保障精英循环渠道的畅通。

对于西方社会学相关理论，我们要做到有选择地借鉴：第一，借鉴其理论视角；第二，借鉴其缩小社会不平等差距、缓和社会矛盾的对策，控制我国不平等现象；第三，借鉴其研究方法，西方社会学关于社会分层有一套系统的方法，如社会经济地位指标、多元分层模式、布劳—邓肯模型等，非常值得借鉴。

3. 我国社会的现代化转型对社会分层有哪些影响?

新中国成立以后，便开始了政府主导的现代化进程；改革开放以来，这一进程得到全面推进，中国日益加速融入世界现代化潮流。

(1) 现代化这一历史进程，主要体现着技术和经济的合理化趋势，即基于计算的对经济效率的合理追求。它对社会阶层的影响表现在以下方面：

第一，随着经济和科技的发展，劳动分工体系发生了巨大而深刻的变化，推动着原有职业结构的不断改变。劳动力从农业向工业转移，产品生产者向服务行业转移，增加了一批劳动强度较低而技术含量较高的新兴职业，非体力劳动者的比例不断上升。

第二，新兴职业要求自获性成就，因而更加依赖教育和训练。类似的职业将获得大体相同的报酬。教育、职业声望及收入之间的联系日益紧密，社会经济综合地位（SES）构成社会分层的基本指标。

第三，职业结构的改变，催生出一个庞大的中间阶层，使整个社会的贫富差距逐渐缩小，从而缓解了社会冲突，促进了社会稳定。

第四，职业体系日趋开放，社会自由流动空间扩大，从而能够依照经济发展的需要合理配置人力资源。

总的来看，由于现代化以科技和效率为向导，在现代化推动下，教育体系成为重要的职业分配机制，整个社会的职业一般会出现结构性向上流动趋势。

(2) 考察现代化进程对社会分层结构及其变化的影响，除了要关注上面的一般趋势以外，也不能忽略下述重要的特殊因素：

第一，任何社会的现代化过程均发生于特定的历史文化传统之中，不同文化传统完全可能影响经济合理化的具体途径，形成各具特色的社会分层模式。

第二，每个社会在步入现代化进程时具有不同的社会起点，具有不同的政治架构、意识形态、组织制度和社会利益结构，这些差别有可能导致不同社会分层结构的最终差异。

第三，我国是社会主义社会，基本制度和体制与资本主义社会有很大区别，国家对社会经济生活具有更强的干预功能。

第四，外部国际环境的差异。我国属于“迟发外生型”的现代化，集中表现为受到“全球化”趋势的影响。

综上所述，在工业化、现代化过程中，我国的社会分层化过程在总体上可能会接近某种共同模式，出现一些现代化国家的共同特征，但在一定程度上必然具有自己的特色。

4. 如何认识经济体制转轨过程中我国社会分层结构的变化？

经济体制转轨是社会主义社会面临的特殊问题，是研究我国当前社会分层的重要背景。经济体制向市场化转轨的实质是变革原有的权力结构以及社会资源的占有、分配关系，因而是一场影响深远的社会利益结构的重大调整。考察我国在市场化转轨中社会分层的变化，必须充分关注以下特点：

(1) 我国的经济转轨是国家主导的、渐进的、和平的改良过程。国家逐步引入市场机制，不断提高市场化程度，从而形成一种多种经济成分并存的“混合体制”。“混合体制”意味着社会不同部分的转轨是不同步的、非均衡的。

(2) 自上而下的市场化转轨意味着市场并不是由经济关系的发展而自发形成的，而是在政治权力的干预下创造出来的。因此权力阶层可能具有双重身份——既是市场规律的制定者和维护者，又是具有自身特殊利益取向的行动者。“经济市场化”很可能伴随着“政治市场化”，即财富和权力有可能相互交易。

(3)“混合体制”不是纯粹的市场经济体制，原有的“再分配”体制中的主要成分如所有制形式、产权关系、户籍制度等在很大程度上被保留下来，仍然是影响社会分层的制度性要素。

(4) 市场化导致“体制外”经济成分逐渐扩大，市场机制的作用不断扩展，出现了“自由流动资源”和“自由活动空间”，在社会分层过程中发挥着重要影响。

我国当前正处于经济体制向市场化转轨的过程之中，这一过程尚未完结，社会主义市场经济体制尚不完善，因而社会分层结构也处于急剧变化之中，两种体制的并存是解释我国社会分层模式变革的基础。

5. 社会流动与社会分层之间存在着何种关系？

社会流动与社会分层的关系如下：

（1）社会分层指依据一定具有社会意义的属性，一个社会的成员被区分为高低有序的不同等级、层次的过程和现象。社会分层的实质是各种相对稀缺的有价值社会资源以及获取这些资源的机会在不同人群中分配方式的差异，它体现着社会不平等。社会流动是指人们在社会关系空间中从一个地位向另一个地位的移动，是个人社会地位结构特别是职业地位的改变。二者分别从静态共时性和动态历时性的角度来描述了个人的社会地位结构。

（2）社会分层结构的变化、调整是通过社会流动实现的。社会分层体现的是社会的不平等，而社会流动体现的是社会成员在不平等的阶层结构中改变自身命运的空间。合理社会流动能够缓解社会不平等状况、优化社会阶层结构，而缺乏社会流动或社会流动不合理则会进一步加剧社会的不平等状况。

（3）社会分层和社会流动的核心都是社会成员对社会资源或社会机会的获取和占有，社会流动机制的健全和社会分层机制的优化都取决于社会资源配置模式或社会机会分配模式的优化。

第十三章

社会变迁与社会现代化

【知识框架】

为了更全面、更深刻地认识各种社会关系和社会运行，了解社会运行和发展的来龙去脉，我们必须研究社会变迁过程，掌握社会变迁的规律。这也是对社会的运行和发展进行动态的考察。本章主要是让学习者了解社会变迁与社会现代化的基本知识，包括社会变迁的类型、影响社会变迁的因素、社会变迁的根源与机制、有计划的社会变迁与社会协调发展、社会现代化的概念和内涵、社会现代化过程的基本特征、发展中国家现代化的特征，以及我国的现代化进程等。

本章的知识框架如下。

- 社会变迁与社会现代化
  - 一、社会变迁
    - （一）社会变迁的类型
      - 依社会变迁的规模，可区分为整体变迁与局部变迁
      - 从社会变迁的方向，可区分为进步的社会变迁和倒退的社会变迁
      - 从社会变迁的方式，可区分为渐进的社会变迁与激进（革命）的社会变迁
      - 从人对社会变迁的参与和控制，可区分为自发的社会变迁和有计划的社会变迁
    - （二）影响社会变迁的因素
      - 环境与社会变迁
      - 人口与社会变迁
      - 社会制度与社会变迁
      - 社会价值观念、生活方式与社会变迁
      - 科学技术与社会变迁
      - 经济与社会变迁
    - （三）社会变迁的根源与机制
      - 社会进化论的观点
      - 历史循环理论的观点
      - 进化的均衡理论的观点
      - 社会冲突理论的观点
      - 历史唯物主义的观点
    - （四）有计划的社会变迁与社会协调发展

- 社会变迁与社会现代化
  - 二、社会现代化
    - （一）社会现代化的概念及由来
    - （二）社会现代化的含义
      - 社会现代化是一个连续不断的历史过程
      - 社会现代化绝非“西方化”或“欧洲化”
      - 社会现代化是对历史传统既批判又继承的过程
      - 社会现代化是社会结构体系协调发展的过程
  - 三、社会现代化过程的基本特征
    - （一）社会结构的日益分化和整合
      - 社会结构的分化
      - 高度的社会整合
    - （二）理性化
    - （三）科学技术在经济和社会发展中的重要意义
    - （四）经济持续而迅速地发展
    - （五）城市化
    - （六）人的现代化
    - （七）全球化
      - 全球化的概念和历史
      - 全球化的特点
      - 全球化的矛盾
        - 全球化下的不平等与不平衡
        - 全球化下的民族国家
        - 全球化下的文明和文化
  - 四、发展中国家现代化的特征
    - （一）发展中国家现代化的历史条件
    - （二）“迟发展效果”
      - 有目的、有计划、赶超型的现代化过程
      - 异质文化或外来模式的引入与接受
    - （三）“二元”社会结构的长期存在
    - （四）政府在现代化过程中发挥强有力的支配和指导作用
  - 五、我国的现代化进程
    - （一）近代以来中国现代化的进程
      - 初始阶段
      - 现代转型和权威危机阶段
      - 现代化发展阶段
    - （二）中国现代化进程的历史新时期

【学习笔记与拓展知识】

一、社会变迁

社会变迁既泛指一切社会现象的变化，又特指社会结构的重大变化；既指社会变化的过程，又指社会变化的结果。在社会学中，“社会变迁”是一个表示一切社会现象，特别是社会结构发生变化的动态过程及其结果的范畴。

（一）社会变迁的类型

1. 依社会变迁的规模，可区分为整体变迁与局部变迁

整体变迁是指整个社会结构体系的变化，局部变迁是指社会各个构成要素自身以及它们之间部分关系的变化。

局部变迁并不是整体变迁的简单外延，它的变迁不一定和整体变迁的方向、

速度一致。它既可能成为整体变迁的障碍，又可能超前于社会整体的变迁。

2. 从社会变迁的方向，可区分为进步的社会变迁和倒退的社会变迁

进步的社会变迁是一种促进社会良性运行和协调发展的社会变迁，与“社会进步”、“社会发展”等概念较为接近。反之，则是倒退的社会变迁。

3. 从社会变迁的方式，可区分为渐进的社会变迁与激进（革命）的社会变迁

渐进的社会变迁是指社会结构的内部关系以及与外界环境的关系相对均衡。整个变迁过程表现为渐进的量的变化或部分质变的过程。

激进的社会变迁是指迅速飞跃式的社会变迁，常常表现为社会革命，它是社会结构的相对均衡遭到彻底破坏、社会系统和社会结构需要重组时所发生的改造社会的重大社会变迁。

4. 从人对社会变迁的参与和控制，可区分为自发的社会变迁和有计划的社会变迁

人类以什么样的方式参与社会变迁以及在多大程度上控制社会变迁，取决于人类对社会发展规律的认识程度和掌握的工具。当人类对社会变迁过程和方向缺乏参与控制时，社会变迁往往在进步的同时伴随着大量的倒退。

有计划的社会变迁，即人类有意识、有目的地参与社会变迁和控制社会变迁，是现代社会变迁的主要形式。

（二）影响社会变迁的因素

1. 环境与社会变迁

环境是指那些和人类发生相互作用的自然环境，环境的变化和发展是人类社会变迁的基本前提。

环境主要可分为两类：第一类指未经人类改造过的自然环境，亦可称为“原始自然环境”。第二类指经过人类改造或受人类活动影响的自然环境，亦称为“人化自然环境”。环境变迁及其对社会变迁的作用所指的“环境”包括上述两个方面。

环境为社会的生存和发展提供自然资源和物质条件，因而社会变迁总是在一定的环境中进行的。环境如果发生了变化，势必影响社会的运行和发展。现代社会所赖以生存的环境基本上是经过人类改造或受人类活动影响的环境。

2. 人口与社会变迁

一定的人口状况是社会生存和发展的必要基础。人口状况主要指人口数量、质量、构成、分布及流动，人口状况与整个社会发展比例失调，会给社会的发展速度和水平带来直接影响。

3. 社会制度与社会变迁

社会制度或设置作为社会行为规范体系，既是社会变迁的结果，又给予社会变迁以直接的影响。在各种社会制度中，除了经济制度外，人们还特别重视政治制度对社会变迁的作用。

4. 社会价值观念、生活方式与社会变迁

社会价值观念主要是指人们的道德观念和社会评价的思想体系。社会价值观念的变化是整个社会变迁的基本方面，并且往往成为整个社会变迁的先声。

生活方式常指人们在一定价值观念支配下，为满足需要而在各种生活领域中进行活动的行为习惯。生活方式对于社会变迁具有重要的意义。

5. 科学技术与社会变迁

科学技术发明创造的增长、科学技术研究规模和组织形式的变化，不仅扩大了人类生活的范围，带动或直接造成社会物质财富的增加，而且通过新的科学技术成果及其所要求的组织和制度，不断改变着人们的社会互动方式，直至改变人类的生存方式。现代科学技术的飞速发展，使得现代的社会变迁也呈现出加速的状况。

6. 经济与社会变迁

社会经济的变化与发展是社会变迁最重要的因素和内容，对社会变迁具有决定性的作用。社会经济的变化既包括社会物质财富量的增加，也包括质的提高；既包括不同社会形态生产方式的更替，也包括同一社会形态内经济结构、劳动方式的变化。

（三）社会变迁的根源与机制

1. 社会进化论的观点

社会有机体的结构成分不断扩大，结构日益复杂，人类社会是一个由简单到复杂、由低级到高级不断向前发展的过程。社会进化的主要形态是渐进的、连续的。

2. 历史循环理论的观点

一个文明或社会的历程是起源、成长、衰落、解体的过程，在文明解体或衰亡的基础上，新的文明诞生、成长，最终还会走向衰落和解体，人类社会的历史就是这样一种循环往复变化的历史。

3. 进化的均衡理论的观点

社会变迁是一种历史的进化进程，主要表现为社会系统适应环境的能力不断增强。社会变迁的主要动力是，社会必须不断地从外界环境中获取新的资源，由此导致社会系统新的分化，并在此基础上产生新的整合，达到更高水平的均衡。

4. 社会冲突理论的观点

社会体系是一个各个部分都被矛盾联结在一起的整体。由于不可调和的冲突是社会生活的基础，因而社会变迁是必然的。社会冲突的根源不在于社会经济关系，而在于社会中权力分配的状况以及人们对权力再分配的欲望。

5. 历史唯物主义的观点

社会变迁最根本的动力是社会生产力的发展。生产力和生产关系的矛盾运动，使生产方式不断地新陈代谢，从而造成整个社会结构的变迁。同时，社会变迁还取决于许多其他因素的作用，是多种因素相互作用的结果。

（四）有计划的社会变迁与社会协调发展

有计划的社会变迁的客观基础存在于两个方面：一是一般的历史条件，即社会发展的水平不但提出了有计划变迁的客观要求，而且提供了人们认识社会变迁规律的条件和可能；二是具体的历史条件，即某一特定的社会体系、社会制度为实现有计划的社会变迁所提供的条件和可能性。

有计划的社会变迁是分层次实现的，主要体现在对整个经济和社会发展方向的引导、战略规则、计划方针和政策的制定，对地区之内、部门之间、经济结构和政治结构等结构要素之间关系的协调，以及对关系到国计民生的重大问题的直接控制。

有计划的变迁表现为含有一定的目标、实现目标的手段和方法的社会发展计划和规划。从时间界限上讲，计划一般是短期的，而规划是中、长期的；从内容上讲，规划主要用来确定社会发展的战略方向和战略步骤、战略手段，而计划则依据规划制定在较短时间内实施的细则和措施。

社会有计划的变迁是在科学化、民主化的决策研究基础上实现的。

二、社会现代化

（一）社会现代化的概念及由来

社会现代化是指这样一种特殊的社会变迁过程，即社会在日益分化的基础上，进入一个能够自我维持增长和自我创新，以满足整个社会日益增长的需要的全面发展过程。这是现代化变迁过程和非现代化变迁过程的本质区别。

吉登斯以“现代性”的概念探讨了现代化的本质。所谓现代性，是指在 17 世纪以来出现于欧洲并且其影响随之向世界各地蔓延的社会生活方式和组织方式。现代性是历史发展的非延续性或断裂的结果。

社会现代化是一种具有世界意义的历史潮流。大约从 16 世纪起，首先在西欧，逐渐发生了一系列制度变革和政治、经济变革，使得现代化浪潮在 18 世纪左右席卷了整个西欧和北美，形成了世界现代化历史上的第一个高潮。19 世纪末至 20 世纪中叶，社会现代化浪潮向世界其他地区扩散，形成了以日本和当时的苏联为代表的第二次高潮。第二次世界大战结束之后，在 20 世纪五六十年代，亚洲、非洲、拉丁美洲大批国家摆脱了帝国主义的殖民统治，建立起独立的民族国家，掀起了社会现代化的第三次高潮。

（二）社会现代化的含义

1. 社会现代化是一个连续不断的历史过程

对于世界上任何一个国家或社会来说，既不存在绝对的“传统”与“现代”之分野，更没有一劳永逸的现代化。即使是发达国家，也要随着科学技术的发展而继续自己的社会现代化过程。

2. 社会现代化绝非“西方化”或“欧洲化”

任何国家的现代化，都是将普遍的现代化特征同本国的历史条件与文化传统有机结合的产物，都必须根据本国具体的、历史的内外条件，进行现代化建设。发展中国家应该也必须学习发达国家在现代化过程中的经验，但这种学习不应当成为单纯的模仿。

发展中国家之所以不能完全照搬西方发达国家的现代化模式，主要是因为：第一，各个国家的历史条件不同，面临的国际环境不同，现代化起步时的起点不同，特别是参与这个国家社会现代化发展的各种经济、政治、文化、社会等因素各不相同。第二，现代化过程即使在发达国家之间也存在很大的差别。第三，即使发展中国家想要完全照搬某些发达国家的现代化模式也是不能实现的。

国际社会有关“华盛顿共识”和“北京共识”的争论是关于不同现代化模式的最新讨论。

所谓“华盛顿共识”包括实行紧缩政策防止通货膨胀、削减公共福利开支、金融和贸易自由化、统一汇率、取消对外资自由流动的各种障碍以及国有企业私有化、取消政府对企业的管制等，得到世界银行的支持。这些观点被称为“新自由主义的政策宣言”。所谓“北京共识”包括坚决进行革新和试验，积极维护国家主权和利益，不断积累具有不对称力量的工具。其目标是在保持独立的同时实现增长。

3. 社会现代化是对历史传统既批判又继承的过程

“传统”与“现代化”之间是一个相互促进、相互制约的关系。没有一个绝对继承传统的现代化进程，也没有一个绝对拒绝传统的现代化进程。离开了对传统的批判、改造、继承和发扬，任何民族的现代化都不可能顺利实现。

4. 社会现代化是社会结构体系协调发展的过程

经济增长是现代化的中心和基础，但社会现代化绝不简单等同于工业化和经济增长，工业化和经济增长仅是现代化和社会发展的一个方面。经济增长既不可能孤立地实现，也不能替代社会其他方面的发展。

一个社会的经济增长，是与国际环境、制度、文化、社会生活等各方面因素的发展变化紧密联系在一起的。在社会现代化过程中，各种因素相互作用、相互制约，这其实是任何社会变迁过程保持社会良性运行和协调发展的必要条件。

社会现代化是一个社会变迁过程，而不仅仅是一个经济增长过程。工业化和经济增长是整个社会现代化的手段。其最终目的应该是满足社会日益发展的需要和人的全面发展需要。

三、社会现代化过程的基本特征

（一）社会结构的日益分化和整合

1. 社会结构的分化

社会进入现代化的发展过程最重要的社会基础是社会结构的分化。社会能否实现朝向现代化的转型最重要的内在因素是社会结构的分化是否达到了相当程度。现代化进程中社会结构的分化，可以从以下三个方面进行分析：

第一，个人角色分化，指个人所扮演或承担的社会角色的分离。一方面，随着劳动分工的发展，个人在不同的活动场合往往承担不同的社会角色。另一方面，人们之间的社会互动，越来越多的是特定角色基础上的互动，而不再是同整个人格的互动。

第二，社会组织的分化，表现为承担多种功能的单一组织向承担单一功能的多种组织的转化。

第三，社会地位的分化，多元化的社会分层体系有助于各种社会角色的发展，社会成员可以通过各自的专门角色获得不同的社会地位，社会资源的分配途径和获得也日益多元化。

2. 高度的社会整合

伴随社会日益分化过程而出现的是社会高度整合的过程。封闭性的社会格局逐渐消失，人们之间基于分工与合作的相互依赖性不断加强，普遍主义的社会规则成为人们各种社会活动的原则，不同社会成员的价值目标和利益目标在整个社会的范围内协调起来。有无在高度分化基础上的高度整合的社会，是现代化过程和前现代化过程的重要区别。

（二）理性化

理性是指采取分析的态度，按照对象世界的本来面目去认识对象世界，验证对象世界。

“理性化”的概念不仅仅是指文化价值观念，更重要的是指一种基本生活形态，它贯穿于经济生活、政治生活、法律、生活方式和生活态度之中，甚至渗透到文学艺术之中。现代化在很大程度上可以看做是整个社会的“理性化”过程。

按照韦伯的解释，理性主义至少要包含这样几个要点：（1）明确意识到行动的目的，把所追求的具体目标做价值上的排列，并根据价值的大小对它们进行比较；（2）预测并计算后果来权衡行动的必要性，考虑目的与效果之间的关系，对效果负责；（3）根据目的选择手段，并对各种手段进行比较和选择，以付出最小而收益最大为选择标准；（4）在行动过程中表现出严格的首尾一贯性。

现代科学技术产生的基础就是理性的精神。所谓科学的精神即理性的精神，是指现代科学和现代工业的发展，是一种特定形式的合理性——形式理性或工具理性的发展。

（三）科学技术在经济和社会发展中的重要意义

首先，科学技术发展带动了社会生产力的发展。现代社会经济的发展，其实质就是科学技术的发展。其次，科学技术极大地改变了人们的社会关系、互动形式和过程、社会的组织形式、各个领域的社会生活以及人们的观念。最后，现代科学技术的发展，在给人类带来财富、提高生活质量的同时，也向人类社会提出了巨大的挑战，甚至带来了灾难。

（四）经济持续而迅速地发展

从经济发展的观点来看，社会现代化就是用新组织形式和新技术更快地促进经济发展，推动社会财富以超过任何可能的人口增长的速度增长。现代化的经济发展过程具有下列特点。第一，经济持续而迅速地增长；第二，经济结构的改变，工业化的过程表现为农业在国民经济中的比重下降，工业的比重上升，直至占据主导地位；第三，现代工业和现代农业相互促进；第四，第三产业（服务业）在国民经济中占有越来越重要的地位；第五，现代化的经济发展也是全体人民生活水平和生活质量的提高。对于整个社会来说，现代化的经济发展过程是量的增长、经济结构的改变与社会成员生活水平和生活质量提高三者不可分割的统一过程。

（五）城市化

城市化是指在一个国家或社会中，城市人口增加、城市规模扩大、农村人口向城市流动以及农村中城市特质增加的过程。一个国家城市化的水平由城市人口占总人口的比例标明。

一个社会城市化的发展，取决于若干条件。第一，整个社会的经济发展水平。第二，社会文化条件。

从世界范围看，发展中国家的城市化战略已几经调整。20 世纪 50 年代至 60 年代，不少发展中国家集中发展中心大城市；60 年代后，又转而发展基层小城镇；80 年代开始，重点放在发展本国的中小城市。我国也确定了严格控制大城市，适当发展中等城市，积极发展小城市和小城镇的城市化战略。

(六) 人的现代化

一个社会的现代化，不仅是社会结构、文化、经济、科学技术及城市化的发展，还有作为任何社会和社会变迁基本因素的人的现代化。现代制度和现代人是一个社会现代化的两个基本方面。

英克尔斯最早较为系统地研究了人的现代化问题。在他看来，人的现代性主要体现在两个方面，即人的主观态度和客观行为方面。

现代人的特征是现代制度和现代组织的性质所决定的。同时，人们在现代制度和现代组织中的经历，会有助于形成上述现代人的特征。现代工厂、现代学校、现代传播媒介、现代城市生活等，都对形成人的现代性具有重要作用。

(七) 全球化

1. 全球化的概念和历史

我国学者杨雪冬总结了七种有代表性的界定：(1) 从信息通信角度，全球化被认为是地球上的人类可以利用先进的通信技术，克服自然地理因素的限制而进行信息的自由转递。(2) 从经济角度，全球化被视为经济活动在世界范围内的相互依赖，特别是形成了世界性的市场。(3) 从危及人类共同命运的全球性问题角度，全球化被视为人类在环境恶化、核威胁等共同问题下达成的共同认识。(4) 从体制角度，全球化被看做是资本主义的全球化或全球资本主义的扩张。(5) 从制度角度，全球化可被看做是现代性的各种制度向全球的扩展。(6) 从文化和文明角度，全球化被看做是人类各种文化、文明发展要达到的目标，是未来文明存在的状态。(7) 从社会过程的角度，如从地理空间的广度、社会关系的跨度、时间的稳定性等角度来界定全球化。可见，全球化是一个涉及人类社会各个方面、涉及多种学科、具有多种维度的历史过程。[①]

15 世纪末 16 世纪初的地理大发现，拉开了近代全球化的序幕。19 世纪末资本主义世界经济和政治体系的建立，形成了第一个全球化的高潮。20 世纪中叶开始的现代的全球化过程，无论在深度上还是在广度上，无论是全球化的机制还是影响，都远远超出了 19 世纪末形成的资本主义世界经济政治体系。

2. 全球化的特点

赫尔德等人在详尽分析了当代全球化过程之后，从以下几个方面描绘了它的根本特点。[②]

(1) 时空方面：全球流动、交往和网络的广度、强度、速度以及影响是史无

---

① 参见杨雪冬：《全球化：西方理论前沿》，9～13 页，北京，社会科学文献出版社，2002。

② 参见 [英] 戴维·赫尔德等：《全球大变革：全球化时代的政治、经济与文化》，杨雪冬等译，596～598 页，北京，社会科学文献出版社，2001。

前例的，而且涉及所有的社会领域。

（2）组织方面：世界范围内的社会、政治以及经济权力关系实现了前所未有的制度化和组织化。

（3）汇合角度：在从政治到生态的社会生活所有方面，全球化的影响实现了独有的交汇。

（4）多样化形式：19世纪晚期处于主导地位的军事、经济和政治全球化形式依然存在，但是移民、文化以及生态全球化的不同模式的重要性不断增强。

（5）反思性：世界范围内的精英和大众对全球相互联系的意识不断发展，成为国家精英和跨国社会力量自觉追求的各种政治和经济工程。

（6）对抗性：随着国家、公民以及社会运动努力抵制或控制全球化的影响，不断增强的全球化意识已经在从文化到军事所有领域中引发了多种形式的对抗。

（7）区域化：当代全球政治经济中的区域化和全球化进程已经在很大程度上变成了相互强化的趋势。

（8）西方化：当代全球化的模式依然存在着高度不对称，但与20世纪初相比，它们已经变得更少欧洲中心化或者大西洋中心化。

（9）领土性：全球化一直不断推动着国界和政治管辖范围的划分与重新划分，因而全球化的当代模式对领土原则作为组织政治统治、实行政治权威的唯一或首要基础提出了挑战。

（10）国家形态：在全球化的冲击面前，各个国家在进行内部调整并且控制或调节全球化冲击的方式，与19世纪晚期相比出现了重大区别。

（11）民主治理：今天的全球化产生了一组全新的政治和民主困境，即如何把一个以领土为基础的民主治理体系与社会和经济生活的跨国组织以及全球组织结合在一起。

总之，全球化是一个多维度的历史进程，它涉及人类生活的几乎所有方面，其本身是社会、政治、经济、文化以及技术力量共同作用的独特结果。

3. 全球化的矛盾

（1）全球化下的不平等与不平衡。

在一个相互联系不断扩大的全球体系中，由于网络和权力实施空间范围的扩大，权力问题成为全球化诸问题中的一个核心问题。

在全球化过程中，发达国家和发展中国家之间在经济发展和生活水平上的差距不但没有缩小的趋势，反而在继续扩大。在目前全球政治、经济和技术的现有格局中，那些发展中国家依然处于附属或者依附的地位。

全球化过程中的不平等和不平衡，不仅发生在国家和民族之间，而且发生在国家内部，不仅发生在发展中国家内部，而且发生在发达国家内部。

（2）全球化下的民族国家。

在全球化过程中，人员、资本、信息在全球范围内流动，大量全球问题出现，在这种背景下，出现了“解国家化”理论。这种理论认为，经济全球化通过跨国网络实现着经济的“解国家化”，在这种没有疆界的经济中，国家政府不过是全球经济的传动带，或者沦落为夹在不断强大的本土、地区以及全球治理机制之间的中介制度。①

民族国家在全球化过程中受到严峻挑战，全球化正在重组民族国家的权力、功能和权威。但是，面对全球化的挑战，国家主权或民族国家也一直在调整自己，以适应不断变化的历史现实。② 民族国家在全球化过程中并没有完全陷入被动，反而是全球化过程的积极推动者。在全球化进程中，还没有产生一个可以完全替代国家职能的共同体或组织。

（3）全球化下的文明和文化。

全球化不仅是一个政治、经济的过程，而且还是一个社会和文化的过程。文化全球化下的世界是一个同质性的世界。传统现代化理论中的“趋同论”在新的历史过程中重新成为一个重大问题。

全球化下的文明和文化问题，实质上是一个“地方”文明和文化如何在全球化进程中生存和发展的问题。全球化过程不仅挑战着国家的权威，而且也挑战着地方性文明和文化。

当全球化对独特文明或文化形成冲击或挑战时，文化全球化与文化多样性之间的矛盾，就成为当代全球化过程中的一个基本矛盾。面对全球化的挑战，一方面人们看到了文化趋同的现象；另一方面，更多地看到了独特文明对全球化的反抗，以及文明之间的冲突。当代文明之间的冲突，在很大程度上是全球化内在矛盾的反映。

四、发展中国家现代化的特征

“早发内生型”现代化是指在世界范围内，主要由于社会内部因素的作用，较早进入现代化过程的社会；“迟发外生型”现代化是指主要由于社会外部因素的作用，在世界范围内较晚开始现代化进程的社会。

（一）发展中国家现代化的历史条件

第一，发展中国家绝大部分曾经沦为帝国主义的殖民地或半殖民地。

第二，由于长期的殖民统治和本国统治阶级的腐朽统治，这些国家在取得政

① 参见［英］戴维·赫尔德等：《全球大变革：全球化时代的政治、经济与文化》，杨雪冬等译，4～5页，北京，社会科学文献出版社，2001。

② 参见上书，11页。

治独立迈向现代化时，经济基本上都处于十分贫穷落后的状态之中。

第三，资本主义世界经济体系业已形成，发达国家在世界经济和政治体系中占有优势地位。

（二）“迟发展效果”

发展中国家由于社会历史传统和历史条件的制约，现代化起步大大晚于那些先发展起来的工业化国家。正是由于起步较晚，又面临着不同的制约条件，就形成了它们特殊的发展过程。美国著名经济学家格申克龙将这些特殊性称为“迟发展效果”。这些“迟发展效果”主要表现在以下两个方面。

1. 有目的、有计划、赶超型的现代化过程

有目的的社会现代化过程，一般表现为借鉴甚至模仿发达国家的历史经验和发展道路。由于存在着借鉴和模仿的可能，因而发展中国家都试图跨越发达国家所经历的某些阶段，“赶超”因而成为发展中国家现代化过程的一个突出特征。为了实现“赶超”的目标，发展中国家一般采用某种程度上的“计划化”，以促进社会现代化过程。

2. 异质文化或外来模式的引入与接受

发展中国家在其现代化过程中，不可避免地要从外部输入种种现代化因素，包括经济模式、社会价值观念、发展战略、科学技术等。异质文化和外来模式的引入和接受，会带来许多特殊的效应：外来因素，包括现代化因素的输入，必然不可避免地要同本国社会原有的传统因素和社会结构发生对抗，引发多种社会矛盾和冲突，甚至民族矛盾和冲突。基于外部因素引发的现代化过程，会造成社会的急剧变革和发展，使原有社会结构关系解体或重组。来自发达国家的“示范效应”，会形成巨大的社会压力，损害发展中国家的正常稳定发展。

（三）“二元”社会结构的长期存在

所谓“二元”社会结构，是指在整个社会结构体系里面，明显地同时并存着比较现代化的和相对非现代化的两种社会。这种“二元社会”既表现为社会性质上的差别，又表现为发展水平上的差别。

在发展中国家，“二元”社会结构不仅存在于经济方面，而且也渗透到社会政治、社会生活和思想文化等方面。对于发展中国家来说，关键在于如何从本国的实际状况和发展战略出发，积极而慎重地协调“二元”社会结构的关系，使其与整个国家统一的社会现代化过程协调起来。

（四）政府在现代化过程中发挥强有力的支配和指导作用

如果说在“早发”国家的现代化过程中，其主要推动力量来自“市民社会”，

在现代化水平达到一定阶段以后，国家（政府）才开始发挥越来越重要的作用的话，那么，“迟发”国家现代化进程的起始时期，国家（政府）就发挥了重要和广泛的作用。这主要表现在以下四个方面。第一，政府是国家政治、经济独立的捍卫者和维护者。第二，推动并且控制社会现代化过程。第三，国家（政府）往往成为“迟发”国家现代化的组织者和计划制订者。第四，直接参与经济活动。

五、我国的现代化进程

（一）近代以来中国现代化的进程

1. 初始阶段

初始阶段是从 19 世纪中叶（约 19 世纪 60 年代）至 20 世纪初（辛亥革命）。如果对这一阶段进行细分的话，还可以依时间先后分为三个小的阶段，即洋务运动（自强运动）、维新运动和立宪运动阶段。

2. 现代转型和权威危机阶段

从 1911 年辛亥革命起至 1949 年约 40 年的时间，是中国现代化进程中的第二个阶段。在这一阶段，中国完成了一个巨大的转型，即从封建王朝制度转向了共和制度。

3. 现代化发展阶段

1949 年新中国的成立，结束了自辛亥革命以来长期的政治混乱局面，第一次在近代中国历史上实现了国家高度的政治统一和社会稳定，并将中国的现代化进程从资本主义模式转向社会主义模式。中国的现代化进程在这一时期取得了重大成就，初步建成了一个独立完整的工业体系。

（二）中国现代化进程的历史新时期

自 1978 年以来，伴随改革开放的开始，我国的现代化事业又进入了一个新的历史发展时期，“建设有中国特色的社会主义现代化”成为当今时代的主题。

新的历史时期的中国现代化，其特征是以经济体制改革为中心的全面体制改革，改革贯穿于现代化新时期的全过程。只有改革，才能适应社会主义的历史要求；只有改革，才能主动地、有成效地迎接新技术革命的挑战；只有改革，才能使我国社会主义社会不断自我完善。

【课后题详解】

1. 如何理解世界现代化过程中多种模式并存的问题？如何理解“北京共识”

和“中国模式”的讨论和争论？

社会现代化作为世界发展的潮流，在不同地区、不同国家的发展中显示出共同的特征。由于西方国家率先开始现代化进程并取得了相对高的成果，某些学者有意无意地将西方发达国家作为其他国家社会现代化的“典范”。他们认为，所有的社会，无论它们的历史、社会现状和发展起点有多大的不同，都会按照西方社会的发展道路，经历大致相同的过程。因此，第三世界各国可以照搬西方国家曾经实施过的方法和策略。这显然是违背历史发展的客观规律和历史现实的。

社会现代化绝非意味着发展中国家都要按照西方发达国家的现代化模式发展，跟在它们后面亦步亦趋。事实上，由于不同社会在前现代时期社会结构的差别、现代化进程的起点不同、内外环境的制约，各个社会根本不可能按照某种“普遍模式”推进本国的现代化。任何国家的现代化都是将普遍的现代化特征同本国的历史条件与文化传统相结合的产物，都必须根据本国具体的、历史的内外条件，进行现代化建设。

发展中国家之所以不能完全照搬西方发达国家的现代化模式，还因为：第一，各个国家的历史条件不同，面临的国际环境不同，现代化起步时的起点不同，特别是参与这个国家社会现代化发展的各种经济、政治、文化、社会等因素各不相同。第二，现代化过程即使在发达国家之间也存在很大的差别。第三，即使发展中国家想要完全照搬某些发达国家的现代化模式，也是不可能实现的。这种阻力不仅来自内部条件，而且来自外部环境。

国际社会有关“华盛顿共识”和“北京共识”的争论是关于不同现代化模式的最新讨论。

所谓“华盛顿共识”包括实行紧缩政策防止通货膨胀、削减公共福利开支、金融和贸易自由化、统一汇率、取消对外资自由流动的各种障碍以及国有企业私有化、取消政府对企业的管制等，得到世界银行的支持。这些观点被称为“新自由主义的政策宣言”。所谓“北京共识”包括坚决进行革新和试验，积极维护国家主权和利益，不断积累具有不对称力量的工具。其目标是在保持独立的同时实现增长。“华盛顿共识”和“北京共识”体现了多种现代化模式并存的可能性。

2. 如何理解现代化与传统的关系？

(1) 现代化与传统之间的关系，是指一个社会在现代化过程中，不可避免地同原有社会结构体系中的各种要素发生的各种各样的关系。

(2)“传统”与“现代化”之间是一个相互促进、相互制约的关系：某些传统作为民族历史发展的精华和科学健康的成果，不仅不会成为社会现代化的障碍，而且和本民族的社会现代化有着直接联系。民族传统毕竟是历史上形成的，历史条件的变化使得某些传统自身丧失了存在的价值，人们也需要重新评判它们的价值。

(3) 从历史的延续性看，社会发展的任何一个阶段都是上一个阶段以至以前阶段的延续，但又是上一阶段和以前阶段的发展，截然分开或完全一致都在实际上取消了发展。因此，没有一个绝对继承传统的现代化进程，也没有一个绝对拒绝传统的现代化进程。

3. 如何理解“迟发展效果”?

发展中国家由于社会历史传统和历史条件的制约，现代化起步大大晚于那些先发展起来的工业化国家。正是由于起步较晚，又面临着不同的制约条件，就形成了它们特殊的发展过程。美国著名经济学家格申克龙将这些特殊性称为“迟发展效果”。这些“迟发展效果”主要表现在以下两个方面。

(1) 有目的、有计划、赶超型的现代化过程。第一，这种有目的的社会现代化过程，一般表现为借鉴甚至模仿发达国家的历史经验和发展道路。第二，由于存在着借鉴和模仿的可能，因而发展中国家都试图跨越发达国家所经历的某些阶段，“赶超”因而成为发展中国家现代化过程的一个突出特征。第三，为了实现“赶超”的目标，发展中国家一般采用某种程度上的“计划化”，以促进社会现代化过程。

(2) 异质文化或外来模式的引入与接受。发展中国家在其现代化过程中，不可避免地要从外部输入种种现代化因素，包括经济模式、社会价值观念、发展战略、科学技术等。异质文化和外来模式的引入和接受，会带来许多特殊的效应：其一，外来因素，包括现代化因素的输入，必然不可避免地要同本国社会原有的传统因素和社会结构发生对抗，引发多种社会矛盾和冲突，甚至民族矛盾和冲突。其二，基于外部因素引发的现代过程，会造成社会的急剧变革和发展，使原有社会结构关系解体或重组。其三，来自发达国家的“示范效应”会形成巨大的社会压力，损害发展中国家的正常发展。

4. 如何理解社会结构分化在现代化过程中的意义?

社会进入现代化的发展过程最重要的社会基础是社会结构的分化：社会能否实现朝向现代化的转型最重要的内在因素是社会结构的分化是否达到了相当程度。现代化进程中社会结构的分化，可以从个人角色分化、社会组织角色分化、社会地位的分化三个方面分析。

(1) 个人角色分化，是指个人所扮演或承担的社会角色的分离。首先，随着劳动分工的发展，个人在不同的活动场合往往承担着不同的社会角色。其次，人们之间的社会互动，越来越多的是特定角色基础上的互动，而不再是同整个人格的互动。

(2) 社会组织的分化，表现为承担多种功能的单一组织向承担单一功能的多种组织的转化。这种功能单一化的组织的结构特点是现代科层制。

(3) 社会地位的分化。多元化的社会分层体系有助于各种社会角色的发展，社会成员可通过各自的专门角色获得不同的社会地位，社会资源的分配途径和获得方式也日益多元化。

5. 如何理解全球化过程对我国现代化的意义？

（1）全球化是一个涉及人类社会各个方面、涉及多种学科、具有多种维度的历史过程。全球化是社会、政治、经济、文化以及技术力量共同作用的独特结果，涉及人类生活的方方面面。全球化作为历史发展的一个全新时代，给人类社会带来了全方位的、深刻的影响。

（2）全球化对我国现代化进程具有正反两方面的影响。从正面影响来看，主要表现在：作为“迟发”现代型国家，我们可以发挥“后发优势”，充分借鉴西方的先进科技、管理理念、发展过程中的经验教训等等，大大减少探索的成本；可以发挥我国劳动力、资源等“比较优势”，充分参与到世界分工当中，获取人口红利、资源红利等；可以充分利用全球市场，发展市场经济。从负面影响来看，主要包括：在全球化的市场格局中，我国处于相对弱势地位，在科技、品牌、高端产业等方面竞争中处于劣势；以廉价劳动力、土地资源等作为“比较优势”参与市场的分工和竞争，从长远来看是不可持续的。

（3）总之，全球化是一个方兴未艾的过程，无论人们是否喜欢它，全球化都是一个客观的、正在发生的历史过程。它继承了从16世纪开始的现代化进程，正在将人类社会带入一个新的历史发展阶段。因此，我国要顺应时代的潮流，不断发展。

第十四章

城市化

【知识框架】

城市的出现是人类历史上具有划时代意义的事件，是人类聚落形态的一次空前的革命。工业革命以来的世界城市化已经或正在促使以乡村为基本载体的传统社会转变为以城市为基本载体的现代社会。城市化进程给人类带来了诸多生活的便利，同时也带来了各种各样令人迷惘与困惑的问题。本章主要是让学习者了解城市和城市化的基本知识，包括城市的起源、演变与中外城市化的历程，城市的空间结构及其变动，城市的社会文化特征，城市问题与城市规划等等。

本章的知识框架如下。

- 城市化
  - 一、城市的起源、演变与城市化
    - （一）城市的产生和发展
      - 城市的产生
      - 城市的发展
    - （二）近代以来的城市化
      - 城市化的概念及其历史起点
      - 城市化的必然性
      - 世界城市化的历程
        - 兴起阶段
        - 起步与初期推进阶段
        - 推广与基本实现阶段
    - （三）中国的城市发展与城市化
      - 中国城市的产生和发展
      - 中国城市化的起步和发展历程
        - 第一阶段（1949—1957）：快速发展阶段
        - 第二阶段（1958—1965）：大起大落阶段
        - 第三阶段（1966—1978）：停滞不前阶段
        - 第四阶段（1979 年以后）：加速发展阶段
      - 关于中国城市化道路的探讨
        - 小城镇重点论
        - 中等城市重点论
        - 大城市重点论
        - 并举论

- 城市化
  - 二、城市的空间结构及其变动
    - （一）城市空间结构的古典模型
      - 伯吉斯的“同心环带”模型
      - 霍默·霍伊特的“扇形”模型
      - 昌西·哈里斯等的“多核心”模型
    - （二）城市空间结构的分析
      - 市区
      - 郊区
    - （三）城市空间结构的变动
      - 集中和分散
      - 生态隔离（专门化）
      - 侵入和承继
  - 三、城市的社会文化特征
    - （一）城市性：社会学家有关城市独特的社会文化结构的研究
      - 滕尼斯：礼俗社会和法理社会
      - 齐美尔：大城市的精神生活
      - 沃思：作为一种生活方式的城市性
    - （二）城市的社会文化特征
      - 城市人口规模大、密度高
      - 城市人口异质性强
      - 城市社会分工复杂，专业化程度高
      - 城市社会关系具有匿名性与非人情性
      - 城市社会活动科层化
      - 城市社会阶层结构趋向开放，社会流动性高
      - 城市文化世俗化
      - 城市生活方式现代化
      - 城市社会控制以正式手段为主，社会整合度低
  - 四、城市问题与城市规划
    - （一）城市问题
      - 城市问题概述
      - 社会学家对城市问题的解释
        - 城市决定论
        - 人口构成论
        - 亚文化论
    - （二）城市规划
      - 城市规划概述
      - 对近现代城市规划产生重要影响的欧美城市规划思想
        - 霍华德的“花园城市”
        - 芒福德的“有机秩序”
        - 马塔的“带形城市”
        - 勒·柯布西埃的“阳光城”

【学习笔记与拓展知识】

一、城市的起源、演变与城市化

（一）城市的产生和发展

1. 城市的产生

城市是一种主要由从事非农业活动的人口组成的、规模较大的、结构较复杂

的地域社会共同体。人类社会第二次大分工，即手工业和农业的分工，是城市产生的一个重要契机。进入奴隶社会初期，商品交换的发展又进一步推动了商人阶层的产生，这就形成了人类社会的第三次大分工。在这一过程中，阶级出现，部落之间战争频繁，出于保护自己的目的，人们在这些固定的居住地不断地修城作池，于是就出现了人类最早的城市。

2. 城市的发展

城市产生后经历了比较曲折的发展过程。古希腊和古罗马时期的城市已初具规模，有的还相当大。到公元四五世纪，由于日耳曼人入侵，古罗马的城市日渐衰落。到公元 11 世纪，欧洲进入了城市复兴时期。欧洲新城市发展的核心是“自治市”或城堡。中古时期中叶以后，一些主要的河口海岸地带因适于物资集散，兴起了不少贸易港口城市。

工业革命以前的城市被统称为“前工业城市”。由于受生产力发展水平的限制，可供城市居民消费的农产品有限，所以前工业城市总的来说数量少，规模也不大。当时城市主要是政治、军事、宗教和手工业的中心，经济职能尚不突出，主要分布于一些灌溉农业发达、利于农业生产或便于向周围征集农产品的地带。

（二）近代以来的城市化

1. 城市化的概念及其历史起点

城市化亦称都市化，通常是指随着人口集中，农村地区不断转化为城市地区的过程。城市人口比重上升、农村人口比重下降是城市化的一个显著标志。城市化的实质是消灭城乡差别，实现社会转型。我国不少学者根据中国实际，将城市化称为“城镇化”。

城市化的历史发端于 18 世纪 60 年代英国的产业革命。在此之前，世界的城市发展处于十分缓慢、曲折的过程之中。

2. 城市化的必然性

首先，工业化推动城市化。工业化使得工商服务企业在特定地域集聚。同时，由于工商服务业较之农业具有更强的吸收劳动力的能力，因而它必然促进农村人口的城市化。

其次，农业生产工业化的趋势必将改变农村社区的固有特点，从而推动农村地区的城市化。农村人口向城市的转移和农业生产的工业化，彻底改变了传统农业的生产条件和劳动方式，缩小了农业劳动和工业劳动的差距。

最后，城市文明不断向农村地区传播，促进了农村的城市化。城市文明又通过各种途径不断向农村地区传播与扩散。传播到农村的新技术、新工具、新思想、新观念，以及新的生活方式、新的生活用品等，又必然引起农村地区的变化，促进了农村的城市化。

3. 世界城市化的历程

（1）兴起阶段。

自18世纪60年代英国的工业革命到19世纪中叶，为世界城市化的兴起阶段。在这一阶段，英国成为世界上第一个基本实现城市化的国家。

（2）起步与初期推进阶段。

19世纪中叶至20世纪中叶，城市化由英国向各国推广，欧美各国城市化基本实现，发展中国家进入城市化的起步与初期推进阶段。

（3）推广与基本实现阶段。

20世纪中叶以后，为城市化在全球范围内的推广与基本实现阶段。这个阶段的突出特点是：第一，城市化速度化加快；第二，城市人口稳步增长，但在发达国家与发展中国家之间呈现明显差异；第三，人口继续向大城市、较大城市集中，大城市带开始出现。

（三）中国的城市发展与城市化

1. 中国城市的产生和发展

中国是世界上城市产生较早的地区之一。据传，距今4 000多年前，夏朝的第一个统治者禹就曾在嵩山之阳建立阳城作为都城。商代后期的王都殷，已达相当规模。进入封建社会以后，城市数目和规模都有了较大的发展。

明清以后，由于商品经济的发展，我国的城市发展出现了一些新的变化。（1）城市发展的动力发生了变化。由政治与行政力量转变为经济力量，形成了一批以手工业和商业为主的城市。（2）城市的功能和性质发生了变化。以前城市主要用于政治和军事目的，明清以后，城市的经济功能明显增强。（3）城市的社会关系发生了变化，出现了手工工场雇主与雇工、商人与雇员、商人与手工业主之间多重、复杂的社会关系。

中国的城市发展虽然自明清以后出现了一些新变化，但由于一直受到封建统治阶级的强有力的控制，所以没有出现像西欧那样的“自治城市”或“自由城市”。近代以来，封建势力开始与外国资本相结合，许多城市，特别是沿海城市和大城市，其经济社会性质逐渐呈现出半殖民地半封建的特点。

2. 中国城市化的起步和发展历程

学术界一般将城市人口占总人口的比重达到10%作为城市化的起点，以此来衡量，我国是自1949年以后才进入城市化的起步阶段的。新中国成立60多年来，我国的城市化历程大体可划分为以下四个阶段。

（1）第一阶段（1949—1957）。

随着国家社会主义建设的全面展开，农村人口被大量地吸收进城市和工矿区，有力地推进了我国的城市化进程。

（2）第二阶段（1958—1965）。

这一阶段，城市人口大起大落，起伏很大。“大跃进”导致城市人口非正常地急剧上升，之后被迫进行国民经济调整，压缩城市人口，动员进城的人口回乡参加农业生产。

（3）第三阶段（1966—1978）。

在这一阶段，我国的城市化总体而言处于停滞不前状态。

（4）第四阶段（1979 年以后）。

此时进入城市化加速发展时期。2011 年年末，城镇人口比重首次超过 50%，这是我国城镇化进程中的一个里程碑。

3. 关于中国城市化道路的探讨

所谓“城市化道路”，在中国有特定的含义，主要是指以什么类型城市为主实现城市化。我国官方对城市类型的划分是：50 万人口以上的城市为大城市，20 万～50 万人口的城市为中等城市，20 万人口以下的为小城市（镇）。在有关中国城市化道路的探讨中，自 20 世纪 80 年代后期以来，形成了以下几个著名观点。

（1）小城镇重点论。

该观点认为，我国不能照搬西方的城市化模式，而应当主要依托小城镇来实现城市化。费孝通自 80 年代中后期起多次组织大规模的小城镇研究，提出发展乡镇企业、农村工业化、乡镇城市化等观点。

（2）中等城市重点论。

该观点认为，我国走西方发展大城市的道路，客观条件不允许，也容易出现现代城市病；而在农村就地实现城市化，由于传统农业社会惰性力太强，所以阻力太大，同时自然条件也不允许。只有采取“中间突破，带动两头”的办法，即直接有计划地建设和发展中等城市，才能解决我国的城市化问题。[①]

（3）大城市重点论。

该观点认为，根据城市化发展的一般规律和我国的基本国情，在我国城市化的现阶段，必须选择以大城市为主体的城市化模式。

（4）并举论。

该观点认为，我国的城市化应当走大、中、小城市（镇）并举的道路。

二、城市的空间结构及其变动

（一）城市空间结构的古典模型

城市的空间结构是指城市人口及其活动场所在空间地域上有条理地分布而形

---

① 参见王颉：《社区的调查与研究》，见张琢主编：《现代中国社会学》，成都，四川人民出版社，1990。

成的格局。

1. 伯吉斯的“同心环带”模型

20世纪20年代，美国芝加哥学派的社会学家伯吉斯根据对芝加哥市的研究提出了“同心环带”模型。该模型把城市划分为五个环或区，每个环或区皆具有某些明显的特征。

（1）中心商业区。它处于城市的中心地带，为零售商业、轻工制造业及商业化娱乐场所集中的地区。

（2）过渡区。这是围绕在中心商业区周围的一个区域，由商业和工业的扩展而形成，处于经常性的变动之中。

（3）工人住宅区。其居民大多为工人，系从第二区迁移而来。

（4）中产阶级住宅区。居民大多为自由职业者、小商人、经理人员及事务员之类。

（5）通勤者区。它处在城市外围，其居民多为中产阶级以上成员，他们白天到城里工作，晚上才回到家中休息，故该区也被称为“卧城”。

一般说来，居民的地位随他们离市中心的距离的增加而提高，而犯罪率、性比例等从市中心向外围递减。

2. 霍默·霍伊特的“扇形”模型

1939年，美国学者霍默·霍伊特提出了一个“扇形”模型，认为人们从城市中心向外移动是按照像切开的馅饼状的扇形而不是同心环带的方式展开的。主要的市中心被划分成不同的地区，如商业区、工业区、下层阶级住宅区、中产阶级住宅区等，每个这样的区都以扇状从市中心向外扩展，通常是沿着主要的交通线延伸。

3. 昌西·哈里斯等的“多核心”模型

1945年美国学者昌西·哈里斯和爱德华·乌尔曼提出了“多核心”模型。这种模型认为，在一个城市的发展过程中，会形成许多商业、产业和住宅区的次中心，而这些次中心都可能但也未必一定按照“同心环带”或“扇形”模型提出的方式向外扩展。

（二）城市空间结构的分析

1. 市区

一般而言，市区处于一个城市的中央部位，或者人口比较密集、经济比较发达的地方。城市的大小主要是根据市区的规模来决定的，市区的规模与其所在的城市的规模成正比。

对市区空间结构的划分一般有两种方法：第一，政治或行政上的划分，这种划分一般是为了管理的方便，带有主观性；第二，按功能分区，即按城市空间的用途而将市区分成各种区域，如商业区、居住区、工业区、文化区等。

关于现代城市的功能分区，应当注意：（1）在一个城市中，不同的功能区并非只是各有一个，而是数量不等，这和城市规模、性质等因素密切相关。（2）不同功能区的边界常常不是很明显，相互交错的情形很多。（3）完全单一的功能区是不存在的。即使像居住区、行政区这些比较单一的功能区，其内部一般也都副设一定的商业、饮食、服务、邮电、俱乐部等公共设施与场所。

各功能区的分布有一定的规律：商业区和行政区常常位于城市的中心地带或重要位置；市中心的外围常常围绕着轻工业区、居民区；重工业区大多分布在城市外围，甚至更远的卫星城；空间开阔的游览区以及需要安静环境的文化区也多设在城市边缘地带；等等。

2. 郊区

郊区是围绕在市区四周的环状地带。一个城市的郊区在空间上往往是连续性的，以至围绕市区形成一个不规则的圈形地带。市区面积越大，圈形地带的宽度也越大。当市区人口、面积达到一定规模时，圈形地带由里层向外层产生一定的分化现象，出现近郊区和远郊区。

郊区是市区飞速发展的产物，是在为解决因城市化的迅速推进而导致的市区人口过度集中问题的过程中而不断得到发展的。

(三) 城市空间结构的变动

城市生态学着力于研究城市社区的空间结构及其变动的规律性。它曾概括出城市结构变革的发生、城市人口及其活动在特定地区分布的几个过程。

1. 集中和分散

(1) 集中。

任何城市都是集中过程的产物。伴随这一过程，人口及其活动聚集到特定地域。

人口及其活动的集中首先能够产生巨大的经济优越性：第一，集中可以降低生产成本。第二，集中可以降低流通费用。第三，集中有利于促进学习，刺激竞争。第四，集中便于融资。第五，集中便于提高管理效率。

集中还能够产生巨大的社会优越性：第一，随着城市规模的扩大，大城市的发展加速并加深了人的现代化。第二，大城市完善的科学文化设施和集中的社会生活条件，不仅创造了丰富多彩的生活方式和更高的生活质量，而且创造了新的观念、新的交往方式、新的需要和新的语言，从而为人的素质的提高创造了前提。第三，大城市容纳并陶冶着流入的农村人口，成为城市文化普及于农村的源泉。

(2) 分散。

分散是和集中相反的一种城市生态过程。伴随这一过程，城市人口及其活动分散到了郊区乃至远郊。

导致分散过程发生的原因主要在于，随着城市规模越来越大，聚集程度越来越高，集中所带来的各种优越性正在逐渐走向其反面。第一，市区地价不断上升，导致企业生产、流通成本上升。第二，交通拥挤、堵塞，交通事故经常发生。第三，城市的生态环境恶化。第四，城市居民的生存空间变得拥挤不堪。第五，严重的失业、犯罪等问题。

2. 生态隔离（专门化）

城市生态学把城市里各人口集团的分隔过程叫生态隔离。城市居民根据种族、宗教、职业、生活习惯、文化水准、财富等差异，相似的人群各集聚于一个特定地区，与其他地区彼此分开，关系比较疏远，有的甚至存有歧视或敌对的态度。

“专门化”系指城市范围内某些特定地区被限于某种专业用途或集中了某种特殊活动的现象。现代城市常有商业区、工业区、文化区、娱乐区、行政区等的划分，这就是明显地指定城市土地的各种专业用途。

3. 侵入和承继

(1) 侵入。

“侵入”是指一种人口集团或专门活动进入另一种人口集团或专门活动的集中地域的过程。侵入过程是所有城市生态过程中最普遍的一种，只有某些未曾发生变化的城市才没有经历过或受到其影响。

一种不同的人口集团或专门活动对一个地区的侵入要经过各种阶段，在开始的时候，往往会遇到各种阻力、抵制，这种阻力和抵制既有来自原先占有该地区的人口集团的，也有来自法律或政策限制的，还有原先存在的土地使用类型的惯性等。

(2) 承继。

随着一种新的人口集团或专门活动不断侵入另一种人口集团或专门活动的地域，当这种新的人口集团或专门活动逐步取代原先的人口集团或专门活动而在该地区居于主体地位时，承继的过程也就出现了。

侵入和承继这两个生态过程在城市地区，尤其是在城市化迅速发展的时期，经常处在一种循环交替的过程之中。

三、城市的社会文化特征

(一) 城市性：社会学家有关城市独特的社会文化结构的研究

1. 滕尼斯：礼俗社会和法理社会

滕尼斯在《礼俗社会和法理社会》（中译本为《共同体与社会》）一书中，把社会生活的组织形式分为两种不同类型，即以小乡村为特征的礼俗社会和以大城市为特征的法理社会，并从社会关系的角度作了对比分析。在他看来，礼俗社会具有强烈的内聚性，人们彼此关心，团结一致，亲密无间。而在法理社会中，亲属关系、邻里关系和朋友关系日渐衰微，人们很少有共同的价值和规范，他们关心的只是自己的私利。因此，某种意义上讲，城市生活的特点就是唯我独尊，分崩离析，肆无忌惮的个人主义和自私自利，甚至互相敌对。

2. 齐美尔：大城市的精神生活

齐美尔在《大城市与精神生活》一书中，将“大城市型特性”描述为个人主义、个性、自由、非人性、理性和非情感化，并把这种独特的城市个性看做是城市居民适应和接受工业化城市新环境的结果。

齐美尔认为，城市人面临着极其繁杂的刺激，必定要培养和发展出区分重要与不重要的刺激的分隔能力，其结果是城市居民具有复杂和老于世故的人格，工于心计，而整个城市社会也就变得较具理性，对陌生者的态度相当冷淡，对整个社会的看法相当冷静，人与人之间亦保持相当的距离。

3. 沃思：作为一种生活方式的城市性

沃思在《作为一种生活方式的城市性》一文中，认为城市具有三种基本的人文（社会）生态学上的特征，即众多人口、高人口密度与高人口异质性。这些特征的每一方面都进一步决定了城市生活的其他一系列特点。

就人口数量而言，城市生活具有以下特点：第一，大量的人口会在城市的文化和职业上产生异质性。第二，文化差异的存在形成了城市生活中正规控制结构的需要。第三，千差万别的众多人口成为专业化急剧扩大的基础。第四，城市是以次属关系而不是以首属关系为特征的。第五，大量人口造成了分散与混乱的可能性。

人口稠密对社会生活的影响在于：第一，促使城市居民丧失了对他人“比较有人情意味的方面的感受能力”。第二，异质的个性和生活方式的结合，会使城市人产生比较强烈的“容忍差异”的意识。第三，密度过高会引起反社会行为的增加。

人口异质性的影响是：第一，在城市环境中，各种不同个性特征的人之间的社会交往将打破顽固不化的等级界限，阶级结构将变得更加复杂。第二，社会流动可能会伴以人们身体的移动。第三，千差万别的人群的集中，必然导致进一步的非个性化。

（二）城市的社会文化特征

1. 城市人口规模大、密度高

现代城市是大量人口的集聚地，且大量人口在有限的空间地域集聚，使得人口密度很高。

2. 城市人口异质性强

城市人口的异质化表现在方方面面，如：城市社会分工发达，职业种类多，就业结构高度分化，造成城市人口在职业上的异质化；城市人口所从事的职业不同，收入亦不同，造成他们在财富上的异质化；城市人口接受教育的程度不同，造成他们在科学文化素质上的异质化；城市人口来源不同，造成他们在社会背景上的异质化，其生活习惯、价值观念、宗教信仰与社会习俗等往往大相径庭；等等。

3. 城市社会分工复杂，专业化程度高

现代城市有各种各样的分工，有不同的产业和职业。不同的职业一般需要专门的知识和技能，只有具备相应知识与技能的人方能胜任。为确保具有专门知识与技能的人和特定的工作岗位相结合，在现代城市，考试制度非常盛行。

4. 城市社会关系具有匿名性与非人情性

由于人们时间、精力有限，除极小的范围外，城市中的人无法与更多的人保持和发展更进一步的关系。况且由于城市规模大，城市中的人绝大部分是陌生者，所以他们一般都采取较冷淡的态度，人与人之间的关系变得以事为本。

5. 城市社会活动科层化

在现代城市，邻里、街坊等初级社群的群体变得名存实亡，传统社会中家庭所承担的各种功能不断外化而受到削弱。城市居民的工作乃至日常生活等各种活动更多依赖于正式科层组织。科层组织的特点是规模大、分工细，运作按组织章程规定，特别注重形式化的程序。

6. 城市社会阶层结构趋向开放，社会流动性高

现代城市的阶层结构由过去的以蓝领阶层（体力劳动者）为主，变为以白领阶层（脑力劳动者）为主。传统的等级森严的阶层体系在现代城市中被打破，其结果是出现了高度的社会流动。社会流动的不断发生，又推动城市阶层结构的进一步开放。

7. 城市文化世俗化

“世俗化”是指一种文化、价值观脱离“神学”（传统社会思想体系）的束缚，转变为平民文化、价值观的过程。世俗化使城市居民凡事讲求实效，产生了一系列重要的结果：其一，它使城市社会表现出巨大的创造力。其二，它使城市居民在社会评价上摈弃了传统的道德标准，往往以人们的实际能力与工作效果作为标准。其三，它使城市居民具有选择性的价值观念，只对与己有关的人或事作出反应。

8. 城市生活方式现代化

城市生活方式现代化主要体现在：第一，城市生活水平与质量高。第二，社会化程度高。第三，开放性强。第四，生活节奏快。

9. 城市社会控制以正式手段为主，社会整合度低

现代城市规模大，人口构成复杂，宗教、传统、习俗、道德等非正式控制手段已基本不起什么作用，而越来越依靠正式控制手段，如规则、法律、法规、章程等。现代城市的科层化、世俗化、分工和专门化，使城市人比较理性，讲求实效，重视个人，以事为本，一方面使个人独立性和自由度增强了，另一方面又使城市社会的团结力和整合度减弱，使社会秩序的维护变得复杂、困难了。

四、城市问题与城市规划

（一）城市问题

1. 城市问题概述

城市问题是指存在于城市社区的各种社会病态现象。与乡村相比，城市问题有其特殊性。第一，有些社会病态现象，如交通拥堵、住宅问题、环境污染等，

为城市社区所独有，或主要存在于城市社区中。第二，有些社会病态现象，如人口、就业、婚姻家庭、贫困、犯罪、社会保障等问题，不仅城市社区存在，乡村也有，但由于城市社区具有高度聚集的特性，其在城市的表现要集中和严重得多。

城市问题可分为两大类：第一，社会文化问题，包括人口、就业、贫困、犯罪、自杀、精神病等问题；第二，空间、实体环境问题，包括交通、住宅、环境污染等问题。

2. 社会学家对城市问题的解释

(1) 城市决定论。

这一学派以沃思为代表，认为人口的高度集中及高人口异质性等城市特性，会造成一种社会解组现象，社会控制力因此减弱，个人对社会的疏离感增加，由此引起人格分裂、精神病、自杀、冷淡猜疑的人际关系，犯罪及其他异常行为如同性恋、娼妓、赌博、盗窃与抢劫等现象的发生。

(2) 人口构成论。

这一学派以刘易斯和甘斯为代表，认为城市问题与组成城市的某些人口群体自身所具有的性质有关，在分析城市、郊区或乡村在社会问题上的差别时，重点应放在居住于这些不同社区的居民的性质上，如种族、社会阶级、家庭组合、年龄等。

(3) 亚文化论。

亚文化论是费舍尔创立的有关城市问题的理论，认为人的异常行为需要同类人的支持才能存在下去，而只有大城市的众多人口，才可能保证有足够数量或“关键数”的同类人的存在。一群人经过较长一段时间的相处，乃渐渐形成一种相互了解与接受的规范、价值观念、态度与生活方式，即所谓的“亚文化”。属于同一“亚文化”群体的人们在情感和心理上的相互帮助、同情与支持，又是该亚文化群体得以长期存在的一个基本条件。若缺乏这种“亚文化”以及人际互动上的相互帮助与支持，则该群体往往无法在社会上继续生存，社会问题也就不可能产生。

以上三种学说对于我们理解现实的城市问题不无启发与借鉴价值，但也存在明显的缺陷。其一，三种学说都有偏颇之处。其二，这三种学说只是对某些城市问题特别是对异常或反社会行为问题的成因作了说明，并非适用于所有的城市问题。

(二) 城市规划

1. 城市规划概述

“规划”是指编制一个有条理的行动顺序，使预定目标得以实现。近现代欧美各国的城市规划一般循两条线索展开，即市区规划（以旧城改造为重点）与新城规划（卫星城建设规划）。

2. 对近现代城市规划产生重要影响的欧美城市规划思想简介

（1）霍华德的“花园城市”。

霍华德在《明日的花园城市》[①] 一书中系统地阐述了自己的城市规划思想。他认为根治当时城市主要社会问题的方法是使人们回到小规模的、开放的、经济均衡和社会均衡的社区，即“城市—农村”或“花园城市”。这种社区既保证人们有获得职业岗位和享用各种市政服务设施的机会，又享有得天独厚的自然环境。因此它集中了城市、农村的优越性而又避免了城市环境恶化与农村缺少机遇的不足。

（2）芒福德的“有机秩序”。

芒福德对现代的特大城市更加深恶痛绝，将其看做一种非自然的环境，其间存在着种种难以克服的问题，要解决这些问题，唯一的办法是解散特大城市，另寻出路。“有机秩序”是他提出的一个符合个人所有的生物需要与社会需要的即充分适合人类生活的新型城市环境。

为了纠正工业城市的弊病，建立“有机秩序”，他制订了内容广泛的计划，其要点包括：必须保持低密度；必须限制城市规模；人们必须生活在自然的、露天的绿色环境中；社会交往必须保持在一个基本的水平，以确保身体健康和社会关系的健全；作为最重要的初级群体，家庭应成为新城市建设加以关注的焦点；居住区是新城建设的主要单位；强调正式的和非正式的教育；车辆交通与步行交通相互隔离；新城市是一个完全的社区。

（3）马塔的“带形城市”。

马塔提出发展“带形城市”的思想，即使现有的城市沿着一条高速度、高运量的轴线向前发展。他认为，在新的集约运输形式的影响下，城市将发展成带形的。

（4）勒·柯布西埃的“阳光城”。

勒·柯布西埃有关“阳光城”的思想来源于他所谓的“拥挤的弊端可以用提高密度来解决”这样一个悖论。他认为，就一定空间地域而言，采用大量的、高层的建筑形式虽然不会使单位人口减少，反而会使其有所增加，但是在这些建筑周围可腾出很高比例的空地。按照这一构想，城市的景象将是，大量的绿地穿插在摩天高楼之间。这样，城市既能容纳密度很高的人口，又能使多数土地不被建筑物占用。

上述四位城市规划学家的思想大体上可归纳为英美派与欧洲大陆派两大学派。霍华德、芒福德等人的思想属英美派，强调新城建设；马塔、柯布西埃等人的思想属欧洲大陆派，其着重点在旧城改造或城市更新上。两派之间的差异虽长期存在，但自二战以后，双方出现了相互借鉴、相互结合的趋势。

---

① 该书1898年初版时以《明月》为题，1902年再版时改为现标题并闻名于世。

【课后题详解】

1. 什么是城市化，它发端于何时，为什么具有必然性？

(1) 城市化亦称都市化，通常是指伴随人口集中，农村地区不断转化为城市地区的过程。这一过程促使城市数目增多，城市人口和用地规模扩大，城市人口在总人口中的比重上升。城市人口比重上升、农村人口比重下降是城市化的一个显著标志。城市化亦包含城市文明不断向农村传播的过程。城市化的实质是消灭城乡差别，实现社会转型。

(2) 城市化的历史发端于 18 世纪 60 年代英国的产业革命。在此之前，世界的城市发展处于十分缓慢、曲折的过程之中。

(3) 城市化的必然性体现在：工业化推动城市化，这是城市化发生与发展的最基本动力或决定性因素；农业生产工业化的趋势必将改变农村社区的固有特点，从而推动农村地区的城市化；城市文明不断向农村地区传播，也是促进农村城市化的重要原因。

2. 谈谈你对中国城市化道路的看法。

(1)"城市化道路"是指以什么类型城市为主实现城市化。我国政府对城市类型的划分是：50 万人口以上的城市为大城市，20 万～50 万人口的城市为中等城市，20 万人口以下的为小城市（镇）。

(2) 20 世纪 80 年代以来，围绕以何种类型城市为主实现城市化，形成了以下几个著名观点：其一，小城镇重点论，认为我国应当主要依托小城镇来实现城市化，不能照搬西方的城市化模式，应通过发展面广量大的小城镇来加速城市化的实现。其二，中等城市重点论，主张选择以发展中等城市为主体的城市化道路。该观点认为只有采取"中间突破，带动两头"的办法，即直接有计划地建设和发展中等城市，才能解决我国的城市化问题。其三，大城市重点论。根据城市化发展的一般规律和我国的基本国情，在我国城市化的现阶段，必须选择以大城市为主体的城市化模式。中国目前尚处在工业化与城市化的第一阶段，不具备分散发展小城镇的条件。其四，并举论，认为我国的城市化应当走大、中、小城市（镇）并举的道路。

(3) 以上观点各有道理，又都存在一定缺陷。比较而言，"并举论"似更具合理性，更符合城市化的国际惯例。但鉴于我国过去长期实行计划经济体制与城乡分割政策，旧体制与政策的滞后效应不可能在短期内消除，因而改革只能循序渐进。在对城乡分割的一些主要政策，像户口、就业、社会保障等的改革，在大中城市尚难取得突破性进展的情况下，发展小城镇是我国目前推进城市化的主要选择。中国政府自 2011 年 10 月 1 日起全面放开小城镇的户口限制，就具有明显的政策导向性。当然，随着改革的深入，我国的城市化模式亦将在保持一定特色的基础上逐步与国际惯例接轨。

3. 试述影响城市空间结构变动的几种生态（区位）过程。

影响城市空间结构变动的生态过程有：

（1）集中和分散。任何城市都是集中过程的产物，伴随这一过程，人口及其活动聚集到特定地域。分散是和集中相反的一种城市生态过程。伴随这一过程，城市人口及其活动分散到了郊区及至远郊。

（2）生态隔离（专门化）。其一，生态隔离即城市里各人口集团的分隔过程，表现为城市居民由于种族、宗教、职业、生活习惯、文化水准、财富等等差异，相类似的各集聚于一特定地区，与其他地区彼此分开，关系比较疏远，有的甚至存有歧视或敌对的态度。其二，“专门化”是指城市范围内某些特定地区被限于或集中了某种专业用途或特殊活动的现象。

（3）侵入和承继。其一，“侵入”是指一种人口集团或专门活动进入另一种人口集团或专门活动集中地域的过程。侵入过程是所有城市生态过程中最普遍的一种，其发生要经过各种阶段，遇到各种阻力、抵制，这种阻力和抵制既来自原先占有该地区的人口集团，也来自法律的或政策的限制，还有原先存在的土地使用类型的惯性等。其二，“承继”过程是继侵入过程的不断发生而出现的，随着一种新的人口集团或专门活动不断侵入另一种人口集团或专门活动的地域，当这种新的人口集团或专门活动逐步取代原先的人口集团或专门活动而在该地区居于主体地位时，即出现了承继的过程。

4. 试述现代城市的社会文化特征。

现代城市的社会文化特征有（具体论述略）：

（1）城市人口规模大、密度高。

（2）城市人口异质性强。

（3）城市社会分工复杂，专业化程度高。

（4）城市社会关系具有匿名性与非人情性。

（5）城市社会活动科层化。

（6）城市社会阶层结构趋向开放，社会流动性高。

（7）城市文化世俗化。

（8）城市生活方式现代化。

（9）城市社会控制以正式手段为主，社会整合度低。

5. 比较西方社会学家有关城市问题成因的几种理论。

（1）城市决定论。这一学派以齐美尔及沃思为代表，将近现代城市所具有的社会生态学上的特性作为解释城市问题起源的基本依据。它认为人口的高度集中及高人口异质性等城市特性，会造成一种社会解组现象，社会控制力因此减弱，个人对社会的疏离感增加，由此而导致各种不良现象的发生。

（2）人口构成论。该理论认为城市问题与组成城市的某些人口群体自身所具有的性质有关。

（3）亚文化论。一群人经过较长一段时间的相处，渐渐形成一种相互了解与接受的规范、价值观念、态度与生活方式，即所谓的“亚文化”。心理上和互动上的帮助、同情与支持是该亚文化群体得以长期存在的一个基本条件。缺乏“亚文化”以及人际互动上的相互帮助与支持，则该群体往往无法在社会上继续生存，社会问题也就不可能产生。

（4）比较与评价。以上三种学说对于我们理解现实的城市问题不无启发与借鉴价值，但也存在明显的缺陷。

首先，三种学说都有偏颇之处。城市决定论把人仅仅看做是城市环境或城市特性的被动物，实际上这只是问题的一方面；另一方面则是，人也能适应与改造环境。生活于同一城市的人，其人格、心理与生活方式就很不相同。人口构成论与亚文化论把某些群体作为城市问题的根源，也值得商榷。固然某些城市问题如酗酒、卖淫、人格分裂、精神病、自杀、犯罪等在这些群体中发生的可能性大，但在其他群体中也不同程度地存在。

其次，这三种学说只是对某些城市问题特别是对异常或反社会行为问题的成因做了说明，并非适用于所有的城市问题。

6. 英美派的城市规划思想与欧洲大陆派相比有何差异？它们对我国的城市规划实践有何借鉴意义？

（1）关于城市规划的思想，大致有霍华德的“花园城市”、芒福德的“有机秩序”、马塔的“带形城市”、勒·柯布西埃的“阳光城”四种。其中霍华德、芒福德等人的思想属英美派，强调新城建设；马塔、柯布西埃等人的思想属欧洲大陆派，着重点在旧城改造或城市更新。

（2）英美派的城市规划思想。其一，霍华德的“花园城市”规划思想。霍华德认为根治城市主要社会问题的方法是使人们回到小规模的、开放的、经济均衡和社会均衡的社区，即“城市—农村”或“花园城市”。这种社区保证人们既有获得职业岗位和享用各种市政服务设施的机会，又享有得天独厚的自然环境。因此它集中了城市、农村的优越性而又避免了城市环境恶化与农村缺少机遇的不足。其二，芒福德的“有机秩序”城市规划思想。“有机秩序”是芒福德提出的一个符合个人所有的生物需要与社会需要的，亦即充分适合人类生活的新型城市环境。为了纠正工业城市的弊病，建立“有机秩序”，他制订了内容广泛的计划，其要点包括：必须保持低密度；必须限制城市规模；人们必须生活在自然的、露天的绿色环境中；社会交往必须保持在一个基本的水平，以确保身体健康和社会关系的健全；家庭作为最重要的初级群体，应成为城市建设加以关注的焦点；居住区是新城建设的主要单位；强调正式的和非正式的教育；车辆交通与步行交通相互隔离；新城市是一个完全的社区。

（3）欧洲大陆派城市规划思想。其一，马塔的“带形城市”规划思想。马塔提出发展“带形城市”的思想，即使现有的城市沿着一条高速度、高运量的轴线向前发展。他认为，在新的集约运输形式的影响下，城市将发展成带形的。其二，勒·柯布西埃的“阳光城”。勒·柯布西埃有关“阳光城”的思想来源于他所谓的“拥挤的弊端可以用提高密度来解决”这样一个悖论。他认为，就一定空间地域而言，采取大量的、高层的建筑形式虽然使人口密度非但不会减少，反而有所增加，但同时在这些建筑周围又将腾出很高比例的空地。

（4）我国城市规划的历史虽很悠久，但真正现代意义上的、科学的城市规划的历史并不长，是自改革开放以后才开始步入正轨的。目前，我国正处在城市化的加速推进时期。上述已被西方实践检验的城市规划思想，可为我国的城市规划实践提供某种程度的参考与借鉴。

第十五章

集体行为与社会运动

【知识框架】

相对于传统社会而言，现代社会中集体行为和社会运动的发生要频繁得多，对社会运行和发展的影响要深刻得多，集体行为与社会运动于是成为社会学研究的一个重要领域。本章主要是让学习者了解集体行为与社会运动的基本理论，什么是集体行为，什么是社会运动，集体行为理论视角，社会运动的兴起与发展、后果及影响等等。

本章的知识框架如下。

- 集体行为与社会运动
  - 一、集体行为和社会运动的概念及分类
    - （一）什么是集体行为
    - （二）集体行为的基本类型
      - 聚众
        - 偶合聚众与常规聚众
        - 行动聚众与表意聚众
      - 群众
        - 传言
        - 恐慌和群众癔症
        - 时髦和热潮
        - 灾事行为
      - 公众
    - （三）社会运动及其分类
      - 什么是社会运动
      - 社会运动的分类
        - 修正性运动
        - 改良性运动
        - 救赎性运动
        - 改造性运动
  - 二、集体行为理论
    - （一）勒庞的集体心智理论
    - （二）布鲁默的循环反应理论
    - （三）特纳和克里安的即时规范理论
    - （四）格尔和戴维斯的相对剥夺理论
    - （五）斯梅尔塞的值数累加理论
    - （六）康豪瑟的群众社会理论

- 集体行为与社会运动
  - 三、社会运动的兴起与发展
    - （一）从历史长河看社会运动
    - （二）社会运动的形成与演变
      - 集体行为论
      - 资源动员论
      - 框架建构论
      - 政治过程论
      - 马克思主义
    - （三）社会运动的后果及影响
      - 社会运动影响的类型
      - 社会运动影响的衡量

【学习笔记与拓展知识】

一、集体行为和社会运动的概念及分类

（一）什么是集体行为

“集体行为”是指那些在某种社会因素刺激下，许多人脱离或违背社会制度和常规而共同做出的组织性、结构性和秩序性比较低的行为。它与“制度化行为”或“常规化行为”相对，而不是与“个体行为”相对。

集体行为的组织性、结构性和秩序性较低，主要表现在：它没有确定的可以遵循的行动规则，没有明确的角色分工，没有明确的指挥结构，也没有确定的组织形态，因此容易受情绪和外部偶然因素的影响，行动的目标和方式反复多变，行动的后果难以预测。由于这些特征，集体行为常常具有潜在的破坏性。

从根本上说，集体行为是由现有的社会制度或常规因某种原因失去效用，使社会互动失去指引和方向造成的。

（二）集体行为的基本类型

在其内容最广泛的时候，集体行为包括四种基本类型：聚众、群众、公众和社会运动。因公众逐渐成为新闻传播学专长的领域，社会运动在组织性、稳定性和秩序性方面远远高于集体行动，因而现在社会学谈到集体行为时，通常只讲两种类型——聚众和群众。

“聚众”（crowd）是指由于共同的关注和兴趣而临时聚集在某个地点的一大群人，其基本特征是：第一，有共同的关注和兴趣；第二，人与人之间在地理位置上邻近，而且存在面对面互动。

“群众”（mass）作为集体行为的一种类型，指的是，虽然有共同的关注和兴

趣，却分散在不同地点，虽然相互之间不存在互动（不仅是不存在面对面互动），其行为在时间上和形式上却具有较高一致性的一大群人。其基本特征是：第一，有共同的关注和兴趣；第二，在地理上足够分散；第三，不仅没有面对面互动，而且连通过中介因素发生的互动都几乎没有；第四，这些人尽管相互没有直接的互动和沟通，却由于某些因素的影响，在行为上表现出较强的一致性，具有“不约而同”的特征。

“公众”（public）是指分散在不同地点、不存在面对面互动，却出于对某个话题的共同兴趣和讨论而被吸引到一起的一大群人。其基本特征是：第一，所有人都有着共同的关注和兴趣。第二，在地理上也是分散的，不存在面对面互动。第三，公众内部人与人之间存在着有意识的互动，人们都在发表意见，甚至会因为意见的不同而分成不同派别。

聚众、群众和公众的共同点在于：第一，卷入其中的人都有共同的关注和兴趣；第二，都具有较强的自发性。将这三种集体行为区分开来的标准主要有：一是卷入者的地理分布。二是卷入者内部的互动状况。

1. 聚众

布鲁默把聚众划分为四种类型：偶合聚众、常规聚众、行动聚众、表意聚众。

（1）偶合聚众与常规聚众。

根据引起人群聚集的刺激是否在预期之内，可将聚众分为偶合聚众和常规聚众。

偶合聚众（casual crowd）是指由于某种不期然因素的刺激而偶然聚集在同一地点的一大群人，根本特征在于它的偶然性。

常规聚众（conventional crowd）是因共同关注计划中的某个事件而聚集到同一地点的一大群人，根本特征在于引发人们共同兴趣的刺激因素是在预期之中的。

（2）行动聚众与表意聚众。

根据聚众是否表现出侵犯性的行为，可将聚众划分为行动聚众和表意聚众。

行动聚众（acting crowd）是针对人或物体做出攻击行为或破坏行为的聚众，基本特征是卷入其中的个体都处于一种兴奋状态，这种兴奋在聚众内部通过相互感染和激发而不断加强，终使个人失去理智。暴众（mob）和骚乱（riot）是两种最典型的行动聚众。它们的不同之处在于，暴众的攻击行为具有明确的目标，达到目标后即自行解散；骚乱则是漫无目的的，常常是兴之所至，随意破坏，目标不断发生转移。

表意聚众（expressive crowd）是指纯粹为了表达或宣泄某种情感，或者在表达或宣泄某种情感的过程中自发形成的聚众。在表意聚众中，集体兴奋本身就是目的，集体兴奋纯粹是为了宣泄情绪，而不是为了制造行动。

2. 群众

（1）传言。

传言（rumor）是对某个问题的未经确证的或不能确证的报道，通常以非正式的口头方式在人与人之间传播。

在传言的传播过程中，在卷入者中可以观察到一种集体兴奋：传播者认为自己掌握着一个很重要的、很有趣的信息，急不可耐地要与人分享。在与人分享的过程中，传播者因为自己能够引起他人的注意、受到他人的重视而感到很有成就感、很高兴。而接收传言的人也因为自己能够"及时"得到如此"重要"和"有趣"的信息而感到庆幸或得意。传播者与接收者之间，还会由于对一个信息的"共享"而在心理上形成一种彼此都是"自己人"的亲密感。

尽管从一个局部来看，传言的散布者之间可能存在一定程度的互动，但将传言过程作为一个整体来看，可以发现，其中的社会互动是非常微弱的，几乎可以忽略不计。

传言的发生与个体特征、技术水平和社会形势都有关系。现代社会中发达的传媒设施在有利于传播确切信息的同时，也为传言的扩散提供了方便。

（2）恐慌和群众癔症。

恐慌（panic）是人们在面对某种现实的或臆想的危险时，所做出的高度情绪化的、规避性的或自我保护性的集体行为。恐慌既可能发生在位于同一个地方的人群中，也可能发生在分散于不同地方的人群中。在恐慌过程中，散处于各地的人虽然是各自分头行动，相互之间没有什么沟通，但基于相似的风险判断和行为选择，这些相对独立的个体行动最后却汇成一股集体行动的洪流，对既有社会秩序造成巨大的冲击和破坏。

群众癔症（mass hysteria）是人们面对现实或想象中的威胁时，由于心理过度紧张而集体性地发生的不良身体反应。常见的身体反应有头晕、目眩、昏厥、恶心、痉挛、腹痛、疲软，等等。

（3）时髦和热潮。

时髦（fad）是指许多人突然竞相追求某种新奇事物或追随某种行为方式的集体行为，通常持续时间比较短。

另一种与时髦相似的群众行为现象是热潮（craze）。关于热潮与时髦的区别，有很多种说法。通常的说法是，虽然它们都是热烈追求新奇事物和行为的集体行为，但是热潮比时髦的持续时间更短，人们在其中倾注的感情也更浓烈一些。另一种说法是，热潮常常涉及对某物的购买和投资，通常是为了追求利润，而时髦既可以涉及购买和投资，也可以不涉及。

（4）灾事行为。

为了应对灾事而产生的种种自发行为，就是灾事行为（disaster behavior）。灾事行为如果处置不当，有可能进一步扩大灾害的破坏性，因此也是集体行为研究的重要内容。

（三）社会运动及其分类

1. 什么是社会运动

社会运动是一种以集体认同和团结为基础，以非制度性和超制度性手段为主要行动方式，而且组织性比较好、持续时间比较长的追求某种社会变革的集体努力。具体来说，社会运动具有以下特征：第一，社会运动是一种企图实现某种社会变革的集体努力；第二，社会运动的参与者内部有比较强烈的团结感和集体认同；第三，社会运动一般有较好的组织性，并且活动的持续时间比较长；第四，社会运动在行动中主要采取非制度性或超制度性（uninstitutional or extra-institutional）的手段。

2. 社会运动的分类

美国社会学家艾贝尔将“所寻求的变革的位置”是个人还是社会结构和“所寻求的变革的程度”是部分还是整体两个维度交叉组合，得到社会运动的四种基本类型。

（1）修正性运动（alternative movements），寻求部分地改变个人的行为或思想，禁酒运动、禁烟运动、反酒后驾车运动等，即属此类。

（2）改良性运动（reformative movements），寻求社会结构的部分性变革，女权运动、同性恋运动等可归入此类。

（3）救赎性运动（redemptive movements），希望彻底改变个人的观念和行为，典型的表现是那些极端的宗教运动。

（4）改造性运动（transformative movements），寻求彻底改变社会结构，亦即通常所说的革命。

二、集体行为理论

（一）勒庞的集体心智理论

法国社会心理学家古斯塔夫·勒庞的《乌合之众：大众心理研究》一书被认为是集体行为研究的历史起点。在该书中，勒庞认为，聚众在行为逻辑上是情绪化的、非理性的，在后果上是破坏性的。在他看来，造成这种状况的根本原因在于，每个人在独处时都是理性的、温和的，一旦进入一个群体，就会通过无意识、传染和暗示等心理过程而使心理趋于统一，形成一种所谓的“集体心智”（collective mind）。“集体心智”一旦形成，就会反过来控制和塑造个体心理。在集体心智的作用下，个人的才智和个性会削弱，人格意识会降低，从而变得野蛮、残暴而狂热，通过“集体心智”凝聚而成的聚众自然也容易冲动、多变、急躁、夸张、单纯、偏执、专横、狂妄、拙于推理而急于行动。勒庞把这种集体心智的形成过程称为“心态趋一定律”（law of the mental unity）。

（二）布鲁默的循环反应理论

所谓循环反应，是指这样一种社会互动过程：个体甲的行为作为一种刺激，引起个体乙的模仿，而乙对甲的模仿，反过来又作为一种刺激进一步强化甲的反应。布鲁默认为，“循环反应”的基本特征在于，人们不是经过一个仔细的思考和解读过程后再做出反应，而是直接针对他人的行为即时做出反应。

循环反应过程分为三个阶段：磨动（milling）、集体兴奋（collective excitement）和社会感染（social contagion）。磨动就是某些个体在那里漫无目的地动来动去，以至于目击者都很好奇和不解。集体兴奋是磨动的加剧和加速。在集体兴奋过程中，人们的行为更容易受冲动和感情的驱使，从而更加不稳定和不负责任。一旦集体兴奋强烈和扩散到一定程度，某种情绪、冲动和行为方式就会非常快速地、无意识地和非理性地释放，这就是“社会感染”。经过社会感染，许多原本表现得超然和漠不关心的旁观者也被吸引到集体行为中来，从而扩大集体行为的规模，推高集体行为的激烈程度。正是通过这样一个循环反应过程，个体性的烦躁才演变为社会性的不安，从而引发集体行为的。

（三）特纳和克里安的即时规范理论

特纳和克里安认为处于集体行为中的个体能够根据现场的情况即时创造新的规范，并予以服从，从而保证了集体行为的一致性，这说明集体行为中个体是理性的。

具体过程如下：当许多人同时处于一个陌生的环境而不知道怎样行动时，人们都会观望其他人的反应。当人群中的任何一个人做出某种反应而其他人没有反对时，人们就会认为这种行为反应是整个群体能够接受的，于是开始模仿这种行为。随着模仿这种行为的人越来越多，这种行为的正当性进一步得到强化，于是逐渐成为引导和约束整个群体行为的新规范。集体行为就是个体在遵从这些新规范的过程中形成的。

人们之所以接受这个即时产生的规范，并不是因为心智上有缺陷，而是因为在外部环境具有高度不确定性的情况下，遵守这个规范似乎是最正确的选择。由于这种规范是临场即时创造的，所以特纳和克里安把自己的理论称为即时规范理论（emergent norm theory）。

（四）格尔和戴维斯的相对剥夺理论

格尔认为，一个人的环境所提供的价值能力与其价值期望之间的落差，会使人产生相对剥夺感。相对剥夺感会导致个人产生沮丧、愤怒等心理反应，从而发生攻击行为，亦即革命和集体暴力。这就是格尔的相对剥夺理论。

戴维斯的J曲线理论讨论了相对剥夺感引发革命的条件和机制。戴维斯认为，没有任何一个社会能够完全满足其成员的所有期望，因此，相对剥夺是永远存在的；真正导致革命的，不是相对剥夺的存在，而是相对剥夺的突然加大。

这两种理论的启示有：第一，一个社会的绝对发展很重要，但发展成果在社会各阶层之间的公平分配也很重要，否则，有些阶层会产生强烈的相对剥夺感；

第二，坚持可持续发展也很重要，否则，长期繁荣之后的突然下挫，对社会稳定也是一个威胁；第三，要合理引导社会的“价值期望”，使之与一个社会的价值满足能力相适应。

（五）斯梅尔塞的值数累加理论

斯梅尔塞认为，与任何社会结构都有其社会功能一样，集体行为也是特定社会结构的表现，履行着特定的社会功能，那就是，解决社会问题。集体行为本质上是一种解决社会问题的方式，只不过它对社会问题的解决不是通过常规的方式，而是企图通过重构社会行动系统的某些部分这样一种非常规方式来达到目的。

斯梅尔塞认为，集体行为的发生同时受六个要素的影响：（1）结构上的有利条件。（2）结构性紧张，即由特定条件和事件引发的结构上的不和谐、不安定。（3）概化信念的发生和扩散。（4）诱发因素。（5）动员参与者。这五个因素之间存在递进关系，只有在前一个因素已经具备的前提下，后一个因素才可能产生，并且只有同时具备上述五个条件，集体行为才可能发生。这就像数学上做加法一样，每在前一个因素的基础上增加一个因素，集体行为发生的风险值就增加一分。因此，斯梅尔塞将自己的理论命名为“值数累加理论”。（6）除上述五个因素之外，还有第六个因素——“社会控制”，即动用社会力量阻止集体行为的发生。社会控制可以从上述前五个环节中的任何一个环节入手。与其他五个因素的作用方向相反，“社会控制”因素的功能是促退而不是促进集体行为。只有上述前五个促进因素同时具备，并在与社会控制这个促退因素的角力中胜出之后，集体行为才有可能发生。

（六）康豪瑟的群众社会理论

康豪瑟认为，所谓“群众社会”，就是这样一种社会：一方面，社会中的精英缺乏自主性，没有形成足够稳健的价值观念和制度安排，在组织上容易让非精英进入，在行为上容易受非精英影响；另一方面，非精英缺乏独立的群体生活，因此容易受到精英的操纵和动员。这样一种不管是精英还是非精英都缺乏独立性和组织性的“群众社会”，非常容易被那些长于蛊惑的极端分子利用：他们把无知的“群众”煽动起来，进而利用强大的、激进的“群众”力量挟制那些温和然而软弱的精英，结果使群众运动在整个社会中泛滥。

康豪瑟认为群众运动与社会结构及其变迁之间没有必然的正面或负面联系。民主化过快和过慢都容易引发群众运动；城市和工业化的快速推进会破坏原来的社会联系纽带，造成大批被“连根拔起”的人，也会增加群众运动的风险。

康豪瑟的理论通篇强调社会纽带在防止群众运动、维护社会秩序过程中的砥柱作用：丰富的社会联系可以使精英和非精英有效地保持自己的独立性，抵制群众运动的诱惑，而缺少社会联系所造成的孤独感和漂泊感则使人容易受群众运动的牵引。

三、社会运动的兴起与发展

（一）从历史长河看社会运动

随着人类现代化水平的不断提高，社会运动越来越普遍，甚至出现了社会运动职业化的现象。社会运动在现代社会中的繁荣，与现代化所造成的社会新趋势有关。

第一，现代化导致现代社会比传统社会有更好的组织性和整体性，这同时意味着在现代社会中，社会问题的形成和损害也更有组织性和整体性，从而要求解决方式更有组织性和整体性，而社会运动就是具有组织性和整体性的解决方式之一。

第二，社会的高度组织化和一体化也使社会运动的动员更加容易。现代社会为促进社会的组织化和一体化而缔造的基础设施，可以为社会运动的动员提供方便。而且，现代社会的组织化和一体化还培养了人们的集体意识和组织技能。现代机器大生产条件下细密的生产分工与合作，极大地培养了无产阶级的纪律性和团队精神。

第三，理性主义精神的觉醒，使人们相信可以通过自己的努力去改变自己的命运，去改变社会发展的轨迹，而不必等待救世主的降临。

第四，除造成整个社会的高度组织化和一体化之外，现代化还在别的方面为社会运动的繁荣创造了条件。比如，现代化所带来的物质的极大丰富，为社会运动的“资源动员”提供了更大的空间；现代社会中教育的不断普及，也在客观上提高了整个社会的动员能力；如此等等。

第五，“新社会运动”理论认为，二战后，人类开始进入后现代社会，社会运动也出现了许多新特征。比如，在现代社会中，占主导地位的是劳工运动，参与者的主体是劳工阶层，追求的主要是物质利益；在后现代社会中，旧的劳工运动衰落了，新崛起的是以追求和维护某种身份认同为目标的、以中产阶级为参与主体的“新社会运动”。

（二）社会运动的形成与演变

1. 集体行为论

最初社会运动是被当作集体行为的一种类型来研究的，那些从观察初级集体行为中得来的理论视角也就被用到对社会运动的分析中。集体行为论有两个基本观点：第一，在价值立场上，对社会运动基本持负面看法，认为社会运动的发生和存在是一种社会病态，是破坏性的、危害性的；其次，在理论逻辑上，用非理性的不良情绪去解释社会运动的爆发和进程。

2. 资源动员论

资源动员论认为，首先，社会运动并不是盲目的、非理性的不正常行为，而是理性地追求自己利益的正常行为。其次，由于潜在的运动参与者也是追求收益最大化的正常人，就存在一个如何对潜在的参与者进行动员的问题，也就是尽可能说服那些潜在的反对者、旁观者加入社会运动，至少使其保持中立，同时对那些已经加入社会运动的人进行合理的组织。最后，除了人力资源以外，社会运动本身还会消耗其他资源，比如财物、信息、技术等，这也是一个“资源动员”的问题。

在资源动员论看来，早期的集体行为论所看重的情绪、情感等心理因素，对社会运动的发生和进程的影响是十分有限的，真正起决定作用的是一个运动的资源动员能力，包括能够获取的资源的总量和资源使用的效率。而这个工作，是由形形色色的社会运动领袖和社会组织去完成的。于是，社会运动领袖和社会组织就成为资源动员论关注的焦点。

社会运动领袖和社会组织的资源动员工作面临许多约束条件和竞争：第一，整个社会的富裕和发达程度，决定社会运动能够动员的资源的“总盘子”和基本类型。第二，所有社会运动作为一个部门与非社会运动部门之间的资源竞争。第三，不同“社会运动业类”之间也存在资源竞争。第四，在同一运动业类内部，不同运动组织之间也存在竞争。

3. 框架建构论

框架建构论也认为参与社会运动是理性行动，潜在的社会运动参与者都是理性人。其强调对社会运动参与者的思想动员。思想动员的根本任务就是要将原本不同步调的思想统一起来。这个工作的实质，是建构一个概念框架，并向潜在的运动参考者“推销”，努力说服他们接受。

框架建构需要精心撷取各种素材，构建精巧的理论逻辑，运用各种宣传技巧，千方百计提高自己的概念框架在听众中的“共鸣度”。这一过程确实在很大程度上是一个操纵性过程，但思想并不是可以完全操纵的，一个时代主流的合法性观念为思想操纵的可能性设置了一个限度。

4. 政治过程论

政治过程论也坚持社会运动参与者是理性人这个基本理论假设，只不过它更关注“政治机会结构”对社会运动发生和过程的影响。在这种观点看来，社会运动本质上是居于体制内的当权派与遭到体制排斥的“挑战者”之间的对垒。因此，影响社会运动状态的关键因素不是别的，而是一个社会的“政治机会结构”。

一般认为，对于“政治机会结构”，以下四个方面比较重要：一是政治体制的开放程度；二是在体制内部，精英之间保持立场和行动一致的程度；三是体制内精英支持社会运动的意愿和可能性；四是国家镇压社会运动的能力和倾向。

5. 马克思主义

总的来看，社会运动研究中有两大传统：一个是以勒庞为渊源的西方研究传统，另一个是以马克思为源头的马克思主义研究传统。二者大的区别有两个：一是西方传统偏重研究中小型的、改良性的社会运动，而马克思主义传统偏重研究那些大型的革命性运动；二是西方社会运动研究的主要目的是“解释世界”，马克思主义传统的主要目的是“改造世界”。

马克思主义社会运动理论的主要观点是：第一，革命运动本质上是阶级斗争的表现，是阶级矛盾尖锐到一定程度的必然产物，是不可避免的；第二，只有革命才能彻底打破落后生产关系对生产力的桎梏，实现生产力的彻底解放，大步推动社会进步，因此革命是人类社会发展的必然步骤和手段之一；第三，革命的目标及诉求、组织方式、所能取得的社会效果，从根本上取决于生产力发展所处的历史阶段。

在马克思主义传统关于革命规律的研究中，相对来说，马克思比较重视特定社会的所有制结构对革命的影响，列宁比较强调政党的动员和组织作用，而葛兰西则注意到与资产阶级争夺“文化领导权”的问题。

（三）社会运动的后果及影响

1. 社会运动影响的类型

尽管社会运动一般都有比较明确的诉求，但其所造成的后果和影响却常常超出预期之外。根据这一点，可以将社会运动的影响区分为期然性后果和非期然性后果。此外，社会运动既可以对外部产生影响，也可以对内部产生影响。将这两个方面组合起来，就可以将社会运动的影响划分为四个方面：期然性外部影响、非期然性外部影响、期然性内部影响、非期然性内部影响。在这四种影响中，最受关注的还是期然性影响，也就是一个运动在多大程度上实现了自己的目的，取得了“成功”。

2. 社会运动影响的衡量

可以从三个方面来衡量：一是看社会运动所追求的实质性诉求在多大程度上得到了满足。二是看社会运动在多大程度上改变了决策程序或过程。三是看社会运动在多大程度上改变了整个社会的文化和价值观。

另有学者将社会运动的影响概括为四个方面：一是程序性影响，即一个运动在进入有关当局的决策过程方面所取得的成就；二是结构性影响，即一个运动在改变有关当局的政治、法律或其他制度方面所取得的成就；三是敏感度影响，即一个运动在改变有关当局和民众的价值、认知及态度，从而提高他们对该运动所关注的问题的敏感度方面所造成的影响；四是实质性影响，即该运动在达到其具体目标和要求方面所取得的成就。

造成社会运动的影响存在差异的因素有：一是社会运动的内部因素，包括该运动所采取的组织形式及行动策略。二是社会运动所面临的外部环境，主要包括公共舆论和政治体制。

【课后题详解】

1. 什么是集体行为？集体行为可以分为哪些类型？

（1）“集体行为”是指那些在某种社会因素刺激下，许多人脱离或违背社会制度和常规而共同做出的组织性、结构性和秩序性比较低的行为。它与“制度化行为”或“常规化行为”相对，而不是与“个体行为”相对。从根本上说，集体行为是由现有的社会制度或常规因某种原因失去效用，使社会互动失去指引和方向造成的。

（2）在其内容最广泛的时候，集体行为包括四种基本类型：聚众、群众、公众和社会运动。因公众逐渐成为新闻传播学专长的领域，社会运动在组织性、稳定性和秩序性方面远远高于集体行动，因而现在社会学谈到集体行为时，通常只讲两种类型——聚众和群众。

（3）聚众是指由于共同的关注和兴趣而临时聚集在某个地点的一大群人，又包括偶合聚众、常规聚众、行动聚众、表意聚众。“群众”作为集体行为的一种类型，指的是，虽然有共同的关注和兴趣，却分散在不同地点，相互之间虽然不存在互动（不仅是不存在面对面互动），其行为在时间上和形式上却具有较高一致性的一大群人，如传言、恐慌和群众癔症、时髦和热潮、灾事行为等。

2. 关于集体行为，主要有哪些理论？各自的基本观点是什么？

（1）关于集体行为，曾经产生过很多理论，特别是 20 世纪 50—70 年代，由于集体行为与社会运动风起云涌，相关理论研究尤为丰富。比较具有代表性的理论有勒庞的集体心智理论、布鲁默的循环反应理论、特纳和克里安的即时规范理论、格尔和戴维斯的相对剥夺理论、斯梅尔塞的值数累加理论、康豪瑟的群众社会理论。

（2）各自的理论观点参见本章“学习笔记与拓展知识”之“集体行为理论”。

3. 什么是社会运动？从历史上看，社会运动的发展趋势是什么？这一趋势的成因是什么？

（1）社会运动是一种以集体认同和团结为基础，以非制度性和超制度性手段为主要行动方式，而且组织性比较好、持续时间比较长的追求某种社会变革的集体努力。

（2）从历史上看，在现代社会中，社会运动的发生要频繁得多，单个社会运动的规模、组织化水平和持续时间也是传统社会所无法比拟的。随着人类现代化水平的不断提高，社会运动的“繁荣”趋势似乎也在不断加强。这表现在，在一些发达社会中，社会运动几乎已经成为一个成熟的“部门”和“行当”，有着成型的职业生涯，培育了大批以“经营”社会运动为职业的“运动家”和大批在社会运动组织中就业的“专业人员”。现在社会运动是如此之多，有学者甚至认为，21世纪的人类社会将是一个“社会运动社会”。

（3）社会运动在现代社会中的繁荣，与现代化所造成的社会新趋势有关。第一，现代化导致现代社会比传统社会有更好的组织性和整体性，这同时意味着在现代社会中，社会问题的形成和损害也更有组织性和整体性，从而要求解决方式更有组织性和整体性，而社会运动就是具有组织性和整体性的解决方式之一。第二，社会的高度组织化和一体化也使社会运动的动员更加容易。第三，理性主义精神的觉醒，使人们相信可以通过自己的努力去改变自己的命运，去改变社会发展的轨迹，而不必等待救世主的降临。第四，现代化还在别的方面为社会运动的繁荣创造了条件。比如，现代化所带来的物质的极大丰富，为社会运动的“资源动员”提供了更大的空间；现代社会中教育的不断普及，也在客观上提高了整个社会的动员能力；等等。

4. 社会运动是怎样形成和演变的？在这个问题上，有哪些重要的理论观点？

针对社会运动是怎样形成和演变的这一问题，社会学家提出了多种理论视角。不同理论视角的价值立场和思维角度不一样，看到的问题和建构的理论也就不同。关于社会运动的重要理论观点主要包括集体行为论、资源动员论、框架建构论、政治过程论，以及马克思主义的理论传统。各个理论的具体观点参见本章“学习笔记与拓展知识”之“社会运动的形成与演变”。

5. 社会运动的后果和影响有哪些？怎样分析这些后果和影响？

（1）社会运动的后果和影响包括四个方面：期然性外部影响、非期然性外部影响、期然性内部影响、非期然性内部影响。在这四种影响中，最受关注的还是期然性影响，也就是一个运动在多大程度上实现了自己的目的，取得了“成功”。

（2）社会运动影响的衡量可以从三个方面来看：一是看社会运动所追求的实质性诉求在多大程度上得到了满足。二是看社会运动在多大程度上改变了决策程序或过程。三是看社会运动在多大程度上改变了整个社会的文化和价值观。也有学者将以下四个方面作为分析衡量标准：一是程序性影响，二是结构性影响，三是敏感度影响，四是实质性影响。

第四编
社会运行与社会建设

第十六章

社会问题

【知识框架】

社会问题是社会中普遍存在的一种病态或失调现象。在社会运行过程中，由于社会系统和人类活动的复杂性，不可避免地会产生许多社会问题。社会问题的存在无疑对社会运行有一定的阻碍作用；但同时，社会也总是在不断地发现和解决问题中进步和发展。社会学的重要任务之一，就是研究社会问题。从社会学作为一门学科诞生之时起，社会问题就一直是社会学家重视的研究领域，他们不仅关注社会问题的对策研究，也关注社会政策的理论研究。社会学家的责任就是发现社会问题，分析社会问题，进而提出解决社会问题的建议。

本章的知识框架如下。

- 社会问题
  - 一、什么是社会问题
    - （一）社会问题的含义
      - 广义的社会问题
      - 狭义的社会问题
    - （二）社会问题的构成要素
  - 二、社会问题的一般特征及其类型
    - （一）社会问题的一般特征
      - 普遍性和变异性
      - 复合性和周期性
      - 破坏性和集群性
    - （二）社会问题的类型
      - 普遍性社会问题与特殊性社会问题
      - 结构失调性社会问题与功能失调性社会问题
  - 三、社会问题的理论研究
    - （一）社会整合理论
    - （二）文化失调理论
    - （三）社会解体理论
    - （四）价值冲突理论
  - 四、社会转型与社会问题
    - （一）当代中国社会问题的成因
    - （二）当代中国社会问题的特征
    - （三）当代中国突出的社会问题
      - 人口问题
      - 环境问题
      - 犯罪问题

【学习笔记与拓展知识】

一、什么是社会问题

（一）社会问题的含义

社会问题是一种普遍存在的社会现象，当社会内部的矛盾发展到一定程度，成为一种明显而又普遍的现象时，就会产生社会问题。社会问题有广义与狭义之分：

（1）广义的社会问题，泛指一切与社会生活有关的问题；

（2）狭义的社会问题，特指社会的病态或失调现象，即在社会运行过程中，由于存在某些使社会结构和社会环境失调的障碍因素，影响社会全体成员或部分成员的共同生活，对社会正常秩序甚至社会运行安全构成一定威胁，需要动员社会力量进行干预的社会现象。

（二）社会问题构成要素

一种社会现象能否成为社会问题，应有一些必备的条件和一些共同具有的成分。

富勒曾提出社会问题有客观和主观两种因素。

米尔斯区别了个人麻烦与公共问题这两个方面。

默顿认为社会问题从类型角度可分为社会解组与社会越轨，从表现形式角度可分为外显性社会问题与潜在性社会问题。

另外，也有社会学家认为社会问题的构成要素包括社会性、紊乱性和破坏性。

一般认为，社会问题由下述四个要素构成：

其一，必须有一种或数种社会现象产生失调情况；

其二，这种失调影响了许多人的社会生活；

其三，这种失调引起了社会多数成员的注意；

其四，这种失调必须运用社会力量才能予以解决。

二、社会问题的一般特征及其类型

（一）社会问题的一般特征

1. 普遍性和变异性

（1）普遍性。社会问题的普遍性是指社会问题无所不在、无时不有的特性。

社会问题无所不在是空间上普遍性的表现，即社会问题在任何社会、任何民族、任何国家或地区里都是普遍存在的。社会问题无时不有是时间上普遍性的表现，即从人类社会诞生之时起，社会问题就始终伴随社会的运行与发展，一刻也没有消失过。

（2）变异性。社会问题的变异性是指社会问题在不同地区、不同民族和不同时间里各具特点的性质。空间上的变异性表现为在不同的地区、民族或社会里，社会问题表现形式和性质各不相同。时间上的变异性表现为在不同历史时代里，各地区、民族或社会的社会问题表现形式和性质各不相同。

2. 复合性和周期性

（1）复合性。社会问题的复合性是指社会问题的产生原因、表现形式以及社会后果等方面的复杂性质，即社会问题是由多种因素复合而成的，常常是几种社会问题同时存在，并引起一系列破坏性的社会后果。复合性源于社会系统的复杂性。社会运行是多种社会力量叠加、复合、交融的过程，也是多种社会矛盾相互冲突而保持动态平衡的过程。

（2）周期性。社会问题的周期性是指社会问题在一定时期内反复出现的特性。周期性源于社会冲突的永恒性。我们虽然可以调解社会冲突，但不可以消除社会冲突，因为社会冲突也是社会运行的动力之一，没有社会冲突也就不会有社会运行。

3. 破坏性和集群性

（1）破坏性。社会问题的破坏性是指社会问题对社会运行和人们的社会生活具有威胁、损害的破坏性作用。破坏性是社会问题最基本的特征。量多、面广的社会问题的破坏性作用，正是引起社会多数成员普遍关注的主要原因。

（2）集群性。集群性是指社会问题往往不是单个独立地出现，而是成群成串地出现，这使得社会问题的破坏性作用更大。众多集群出现的社会问题往往有一个或数个核心。

（二）社会问题的类型

社会问题的类型可以从以下两个角度进行划分：从社会问题产生的历史条件与地区差异进行划分，将其分为普遍性社会问题与特殊性社会问题；从社会问题产生的根源进行划分，将其分为结构失调性社会问题与功能失调性社会问题。

1. 普遍性社会问题与特殊性社会问题

（1）普遍性社会问题是指在一定时期内普遍发生在各个地区或国家的社会问题，是所有社会都要面临的社会问题，虽然其具体形式、严重程度不尽相同，但有某些共同的特征和大致相同的规律。

（2）特殊性社会问题是指在一定时期内发生在某类或某个地区或国家的社会

问题，是某类或某个社会里才有的社会问题，对这类问题要运用一些特殊的手段予以解决。

2. 结构失调性社会问题与功能失调性社会问题

（1）结构失调性社会问题是指由于社会结构失调而产生的社会问题。社会结构是指社会各组成要素相互联系的联结方式，当这种联结遭到破坏而扭曲变形，或这种联结方式与社会发展不相适应时，就会产生结构性失调问题。这种失调的社会后果有两个方面：一是导致社会秩序混乱，二是导致社会运行迟滞。这两种情形都将产生结构失调性社会问题。

（2）功能失调性社会问题是指由于社会结构存在某些障碍或病变而没有发挥应有功能所产生的社会问题。社会结构运行的过程也就是社会结构发挥其社会功能的过程。当社会结构运行遇到某些障碍或产生某些病变的时候，社会结构预定的社会功能随之遭到破坏，因此而产生的社会问题就被称为功能失调性社会问题。

三、社会问题的理论研究

（一）社会整合理论

社会整合，是指社会不同的因素、部分结合成为一个协调统一的社会整体的过程，亦称社会一体化。最先提出社会整合思想并致力于研究社会整合的是法国社会学家涂尔干，后来美国社会学家帕森斯进一步发挥了社会整合概念并将其纳入了自己的结构功能主义的理论体系。社会学常论及的社会整合有文化整合、制度整合、规范整合和功能整合。

涂尔干的社会整合理论认为社会整合有两种基本类型：一种是“机械团结”，另一种是“有机团结”。传统力量统治的社会靠机械团结来维系。现代社会的整合方式是“异质”的有机团结。

社会整合理论一般认为，社会问题的产生与社会整合程度的高低有密切关系。只有适度的社会整合才是有利于社会生活的。

（二）文化失调理论

文化失调理论认为，社会变迁是社会在一种文化发明打破旧均衡状态后做出调节以寻求新的均衡的过程。

由于调节并不是迅即发生的，因此常常会产生文化失调现象。一般来说，文化中的物质部分首先变迁，其次是文化的精神部分，最后是文化中的风俗、习惯发生变迁，这种现象被称为“文化滞后”或“文化堕距”。

文化失调理论认为，现代的许多社会问题都是由我们的道德观念不能与我们的技术发展相适应引起的，这种文化严重失调现象是现代社会问题产生的主要根源。

（三）社会解体理论

社会解体是与社会整合相对应的一个概念，它是指社会规范对社会成员的约束力减弱、社会凝聚力降低，使原有的社会秩序无法维持和继续下去，而逐渐被新的社会制度替代的过程。

社会解体理论认为，当社会生活中的共同规范消失、共同体观念缺乏或消失时，社会解体现象就会发生。

社会解体是最严重的一种社会运行状态，一般并不常见。最常见的是虽然社会中出现松散、离析的现象，但仍然保持在原有的社会制度结构、社会体系之内，这种社会状态被称为社会解组。

社会解组有三种形式：

(1) 失范，即社会生活中没有一套现存的社会规则和规范来指导人们应该如何行动；

(2) 文化冲突，即社会生活中两种相互对立的价值规范和行为方式并存，使人们无所适从；

(3) 价值崩溃，即价值规范与行为方式完全紊乱，人们各行其是。

社会解体理论认为，社会问题源于社会解组，社会解组则源于社会变迁。因此，对社会问题最有效的解决方法，就在于要尽快重建社会规范和秩序，重建社会的均衡体系。

（四）价值冲突理论

价值冲突理论是冲突学派分析研究现代社会问题产生原因的一种理论观点。

该理论提倡研究社会利益，主张以价值冲突观点来研究社会问题，认为冲突不仅是社会生活中的一个主要事实，而且也是许多社会问题的主要成分之一，所有的社会问题都源于“文化价值上的冲突”。

正是由于社会生活中存在着群体间价值观念的差异，一系列社会问题才会产生。

价值冲突理论主张以三种方法来解决社会问题，即交涉、达成协议和使用权力。

(1) 交涉：对立双方就发生冲突的问题进行接触和磋商；

(2) 达成协议：对立双方各自进行一些让步和妥协，做出双方均可接受的决定；

(3) 使用权力：拥有权力较多的一方运用权力掌握解决问题的控制权，使问题的解决有利于自己这一方。

四、社会转型与社会问题

(一) 当代中国社会问题的成因

当代中国的社会问题很多，以这些社会问题产生的历史原因来分类，可将其分为两大类，即历史遗留问题和转型中的问题。

历史遗留问题是指在我国社会转型加速期之前（1978 年以前）就已经存在的社会问题，一直延续到今天并对中国社会转型产生重大影响。

转型中的社会问题，即与社会结构、社会运行机制转换相伴生的社会问题。

(二) 当代中国社会问题的特征

当代中国正处于社会转型加速期，具有许多新的特点：

(1) 社会转型的目标是从传统型社会向现代型社会转型。

(2) 社会转型的主要形式是改革开放。

(3) 社会转型的速度大大加快。

(4) 社会结构、社会运行机制、社会价值观念全方位转换。

当代中国社会问题也具有这一时代的特征：

(1) 社会问题的交织性。由于我国社会结构全面转型，各种社会问题交织在一起，互相联系、互相影响、互相牵连，所以社会问题的解决变得十分困难和棘手。

(2) 社会问题的突发性。由于我国当前的社会转型速度很快，所以许多社会问题会在短时期内大量地产生。一旦社会问题产生，政府部门的应对措施不力或者应对迟缓，就会使社会问题在短时期内迅速蔓延并聚集破坏力量，对社会运行产生巨大影响，这就是社会问题的突发性。

(3) 社会问题的多面性。在社会转型过程中，各种价值观念充斥着社会，人们对同一社会现象的看法不一、评价不一。社会舆论的不一致，社会观念的多样性，社会期待的差异性，使得在解决社会问题的过程中会遇到许多来自社会的阻力。

(三) 当代中国突出的社会问题

1. 人口问题

人口问题是指人口的数量、质量以及人口结构等要素与人类的物质资料生产和社会的良性运行及发展不和谐、不相称的现象。

人口问题主要表现在以下三个方面：

(1) 在数量方面，表现为人口过快增长，人口规模迅速膨胀，引起人们常说的“人口爆炸”问题；

(2) 在素质方面，表现为人口中未受教育或受教育水平较低的人数偏多、健康状况不好或受疾病困扰的人较多；

(3) 在人口结构方面，表现为人口的年龄结构、性别结构、职业结构、城乡结构、文化结构等，与物质生产、社会生活以及人类社会可持续发展不相协调。

中国目前是世界上人口最多的国家，人口问题尤显突出。

2. 环境问题

环境问题是一个世界性的社会问题。

我国是一个发展中国家，与其他发展中国家一样，在社会现代化进程中也深受环境问题的困扰，对环境问题重要性的认识也有一个逐渐深入的过程。

20 世纪 70 年代以前，我们把生态环境问题看得很狭隘，仅仅是从资源利用的角度，要“变废为宝”，还没有把环境问题提高到危害人类生存、阻碍社会发展的高度来认识。

进入 21 世纪之后，我国加大了环境保护的力度，将节能减排、保护环境作为一项基本国策，“低碳生活”、“低碳出行”也成为现代社会所提倡的一种生活方式。

3. 犯罪问题

新中国成立以来，在 60 多年的历史发展中，我国犯罪情况先后出现了数个高峰期。第一个高峰期出现于新中国成立初期，第二个高峰期出现在 1961 年，第三个高峰期出现于 1981 年，第四个出现于 20 世纪 80 年代末 90 年代初。目前我国正处在犯罪高峰期的发展阶段，犯罪率居高不下，且有进一步上升之势。前两个高峰期的出现，与我国当时的政治环境有关；后来高峰期的出现，则与我国的改革开放大致是同步的。

当前，中国作为一个处于转型中的“迟发”国家，势必要经历经济高速发展带来的高犯罪率，同时还要承担社会结构急剧变化引发的犯罪问题。

【课后题详解】

1. 构成社会问题的要素是什么？

(对这个问题的回答可以分两个层次，一是说明什么是社会问题；二是阐述社会问题的构成要素。)

(1) 社会问题是一种普遍的社会现象，但并不是所有的问题都是社会问题。所谓社会问题，特指社会的病态或失调现象，即在社会运行过程中，由于存在某些使社会结构和社会环境失调的障碍因素，影响社会全体成员或部分成员的共同生活，对社会正常秩序甚至社会运行安全构成一定威胁，需要动员社会力量进行干预的社会现象。

（2）一种社会现象能否成为社会问题，应有一些必备的条件和一些共同的构成要素。对社会问题的构成要素究竟是什么，不同的学者有不同看法，也形成了诸多有代表性的观点，如富勒提出的社会问题有客观和主观两种因素，米尔斯提出的个人麻烦与公共问题两个方面，默顿曾提出的社会解组与社会越轨、外显性社会问题与潜在性社会问题，等等。

但是，学者们一般认为，社会问题至少由下述四个要素构成：其一，必须有一种或数种社会现象产生失调情况；其二，这种失调影响了许多人的社会生活；其三，这种失调引起了社会多数成员的注意；其四，这种失调必须运用社会力量才能予以解决。

2. 为什么说社会问题具有普遍性？

（对这个问题的回答，可以分两个步骤进行。第一步，回答什么是社会问题的普遍性。社会问题的普遍性是与社会问题的特殊性相对的，指的是社会问题无所不在、无时不有的特性。第二步，阐释社会问题为什么是普遍的，是无所不在、无时不有的。）

社会问题无所不在是空间上普遍性的表现，即社会问题在任何社会、任何民族、任何国家或地区里都是普遍存在的。社会问题无时不有是时间上普遍性的表现，即从人类社会诞生之时起，社会问题就始终伴随社会的运行与发展，一刻也没有消失过。

3. 试以我国当前存在的某一个具体的社会问题为例，分析该问题产生的社会原因及其特征。

以社会保障问题为例进行分析。

（1）从原因来看，社会保障问题应当说是中国社会转型中形成的问题。在社会转型加速期之前，中国实行的是单一的计划经济模式，“大锅饭”式的经济体制包揽了城市职工的生老病死和劳动就业，在农村则主要是以家庭养老的方式提供农民的社会保障。也就是说，旧体制中并不存在社会保障这一类社会问题。然而，改革开放以后，随着中国社会的加速转型，各类非全民所有制企业蓬勃发展，个体企业、民营企业、“三资”企业、乡镇企业等非全民所有制企业极大地冲击了僵化的劳动用工制度，国有企业推行的劳动合同制、承包制等劳动用工制度也改变了过去那种对职工生老病死大包大揽的社会保障模式，农村实行联产承包责任制以后，农民的社会保障问题也变得日益重要。所有这些，都使得过去不成为社会问题的社会保障问题，成为新时期阻碍社会转型的重要社会问题，引起了人们的广泛关注。

（2）从特征来看，社会保障问题也具有社会转型加速期的一些时代特征。社会转型加速期的一个重要特点就是：一方面社会结构不断从传统型社会向现代型社会转型，另一方面经济体制不断从计划经济体制向社会主义市场经济体制转轨，二者协同并进，相互助推。这也使得这一时期的社会问题具有了一些新的时代特征，社会保障问题亦是如此。第一，交织性。社会保障问题是与众多其他社会问题交织在一起的，互相影响、互相牵连，所以问题的解决变得十分困难和棘手。例如，社会保障问题就与城乡二元结构问题交织在一起，不解决城乡二元结构问题，社会问题很难从根本上得到解决。第二，突发性。社会保障问题是社会转型加速期形成的新问题，具有一定的突发性，并且一旦形成，短时期内便在全社会迅速扩展，对社会运行产生巨大影响。第三，多面性。社会保障问题也具有多面性。例如，中国社会保障症结何在，应当如何发展，采取何种模式，可谓仁者见仁，智者见智。

4. 试从“文化堕距”概念和理论的角度分析相关社会问题及其产生的原因。

（对这个问题的回答，应分两个步骤进行：第一步，介绍“文化堕距”的概念和理论观点；第二步以“文化堕距”为视角，分析社会问题产生的原因。）

（1）“文化堕距”是美国社会学家奥格本在《社会变迁》一书中提出的概念，用来解释社会变迁过程中的文化不协调现象。奥格本认为，社会变迁是一种文化现象，并将文化分为物质文化和非物质文化两个要素。社会变迁本质上是社会在一种文化发明打破旧均衡状态后做出调节以寻求新的均衡的过程。由于调节并不是迅即发生的，因此常常会产生文化失调现象。一般来说，文化中的物质部分首先变迁，其次是文化中的精神部分，最后是文化中的风俗、习惯发生变迁，这种现象被称为“文化滞后”或“文化堕距”。

（2）“文化堕距”理论主张，社会问题是一种文化现象，是社会变迁过程中的文化不协调问题。该理论强调，现代的许多社会问题都是由我们的道德观念不能与我们的技术发展相适应引起的，这种文化严重失调现象是现代社会问题产生的主要根源。

5. 当代中国的犯罪状况有哪些特点？

（对这个问题的回答可先从当代中国犯罪状况的历史发展入手，然后再分析当代中国犯罪的现状及其特点。）

（1）新中国成立以来，在60多年的历史发展中，我国犯罪情况先后出现了数个高峰期。第一个高峰期出现于新中国成立初期，第二个高峰期出现在1961年，第三个高峰期出现于1981年，第四个出现于20世纪80年代末90年代初。目前，我国正处在犯罪高峰期的发展阶段。前两个高峰期的出现，与我国当时的政治环境有关；后来高峰期的出现，则与我国的改革开放大致是同步的。

（2）现阶段我国的犯罪状况主要具有以下特点：一是犯罪率居高不下，且有进一步上升之势。例如，自1978年改革开放以来，犯罪率呈现急剧上升的状态，犯罪总数在几十年间平均增长8.4%，而犯罪率此间年均增长了约7.1%。二是暴力犯罪、财产犯罪等案件大量增加。三是官员的贪污腐败犯罪案件严重。进入21世纪之后，这类案件有涉案官员的级别高、涉案金额大、涉案人员多的发展趋势。

第十七章

社会控制

【知识框架】

社会控制乃是社会秩序维系的重要保证。社会秩序需要有目的、有意识的人类行为。社会控制就是运用一定的社会规范以及相应的方式和手段，规范人的行为，协调社会关系，从而维护社会运行的正常秩序。社会控制的手段种类很多，社会控制的过程也很复杂。但是，社会控制必须要有一个度，不能过度，也不能欠度，而要适度。

本章知识框架如下。

- 社会控制
  - 一、社会控制概述
    - （一）什么是社会控制
    - （二）社会控制的分类
      - 按控制对象划分
        - 对于意志的社会控制
        - 对于情感的社会控制
      - 按功能性质划分
        - 积极性控制
        - 消极性控制
      - 按控制的性质划分
        - 硬控制（正式控制）
        - 软控制（非正式控制）
      - 按控制的作用力方向划分
        - 外在控制
        - 内在控制
      - 按控制手段的来源因素划分
        - 组织控制手段
        - 制度控制手段
        - 文化控制手段
    - （三）社会控制的一般特征
      - 社会控制的普遍性与阶级性
      - 社会控制的统一性与强制性
      - 社会控制的多重性与闭环性
    - （四）社会控制的功能与意义
    - （五）社会转型与社会控制

- 社会控制
  - 二、社会控制体系
    - （一）社会控制手段
      - 组织控制手段
      - 制度控制手段
      - 文化控制手段
    - （二）社会控制过程
      - 决策环节
      - 实施环节
      - 监控环节
      - 反馈环节
    - （三）社会控制的度
      - 社会控制度的三个维度
        - 控制力度
        - 控制刚度
        - 控制网络致密度
      - 考察社会控制是否适度的三个角度
        - 历史的角度
        - 社会稳定的角度
        - 社会成员自由程度的角度
      - 适度社会控制的意义
  - 三、社会越轨与社会控制
    - （一）社会越轨的含义及其类型
      - 社会越轨的含义
      - 社会越轨的类型
        - 违法行为
        - 违警行为
        - 违规行为
    - （二）社会越轨产生的原因
      - 生物学解释
      - 心理学解释
      - 社会学解释
    - （三）社会越轨的控制

【学习笔记与拓展知识】

一、社会控制概述

（一）什么是社会控制

控制（control）具有支配、调节、抑制、管理等含义，最早被用于表示对人或国家管理的艺术，其基本含义为人类对客观事物的运动过程及其结果进行调节、引导和管理的行为过程。[①]

社会学引入社会控制多是从社会规范的服从——社会化，社会规范的违犯——社会越轨两个方向介入的。

社会控制有广义和狭义之分：

广义的社会控制是指社会组织体系运用社会规范以及与之相应的手段和方式，对社会成员（包括社会个体、社会群体及社会组织）的社会行为及价值观念进行指导和约束，对各类社会关系进行调节和制约的过程。

狭义的社会控制是指对社会越轨者施以社会惩罚和重新教育的过程。

社会学研究中一般在广义上使用社会控制这一概念。

① 参见郑杭生主编：《社会学概论》，400页，北京，中国人民大学出版社，2003。

（二）社会控制的分类

1. 按控制对象划分

（1）对于意志的社会控制：舆论、暗示、个人理想、社会宗教、艺术和社会评价之类基于伦理的社会控制；

（2）对于情感的社会控制：法律、信仰、礼仪、教育和幻想等基于政治的控制手段。

2. 按功能性质划分[①]

（1）积极性控制：运用舆论、宣传和教育等措施引导社会成员的价值观和行为方式，积极预防社会越轨行为的产生；

（2）消极性控制：运用惩罚性手段对已有社会越轨行为进行制裁。

3. 按控制的性质划分

（1）硬控制，又称正式控制，利用法律、纪律、政权等对社会成员的价值观和行为方式进行控制。

（2）软控制，又称非正式控制，利用舆论、风俗、习惯、伦理道德等对社会成员的价值观和行为方式进行控制。

4. 按社会控制的作用力方向划分[②]

（1）外在控制：经由外在压力实施的控制。它包括两种形式：一是负向的制裁措施，二是正向的奖励措施。

（2）内在控制：通过群体规范的内化而取得的控制。它是社会化的结果。

5. 按控制手段的来源因素划分

（1）组织控制手段。组织控制的具体形式有两种：一种是组织权威，另一种是组织规章。组织权威表现为下级服从上级，组织规章表现为按章办事。

（2）制度控制手段。“制度”是具有普遍意义的、比较稳定的、有一定强制性的正式的社会规范体系，对所有的社会成员均有制约性。

（3）文化控制手段。文化是一个社会的人们共同享用和共同学习的风俗、信仰、价值及全部创造的总和，其中必然有一些人类共同遵从的准则和标准，这些准则和标准就是文化控制手段。文化控制手段有两个主要特征：一是非刚性，二是广泛性。

（三）社会控制的一般特征

1. 社会控制的普遍性与阶级性

（1）普遍性：社会控制是任何社会维系社会秩序都必不可少的手段。社会控

---

① 参见孙本文：《社会学原理》，403页，上海，商务印书馆，1935。

② See Marshall B. Clinard and Robert F. Meier, *Sociology of Deviant Behavior* (13th ed), Belmont, CA: Wadsworth/Thomson Learning.

制的普遍性是指社会控制作为一种维系社会秩序的必不可少的机制，存在于任何社会、任何历史时代之中。

(2) 阶级性：进入阶级社会以后，社会控制还表现为阶级性。作为上层建筑的一个组成部分，社会控制的内容和形式始终体现了统治阶级的利益和意志，不能掩盖其维护特定阶级利益和阶级统治的本质。

2. 社会控制的统一性与强制性

(1) 统一性。社会控制的统一性表现为三个方面。一是社会控制体系内各种控制手段的统一性，即各种控制手段是互为补充、协调一致的；二是社会控制范围的统一性，即社会控制的有效范围是整个社会，而不仅仅是对其中的某一部分实施控制；三是社会控制准则的统一性，即社会控制的准则对于全体社会成员是一致的、无偏无倚的，不允许有超然于社会控制准则的社会特权阶层。

(2) 强制性。社会控制的强制性既是阶级性的需要，又是统一性的保证。首先，在阶级社会，社会控制在很大程度上就是阶级压迫的集中体现，因而它具有强制性，即强迫被统治阶级服从统治阶级的意志。其次，社会控制的统一性要求社会成员有统一的行动和意志，但任何社会总会有反社会分子存在，如果没有强制性，正常的社会秩序就无法保证。

3. 社会控制的多重性与闭环性

(1) 多重性。社会控制的多重性是指各种控制手段的控制作用叠加在控制对象之上，使其同时受到多种控制手段的作用。

(2) 闭环性。社会控制的闭环性是指社会控制系统是具有反馈回路的闭环控制系统。所谓反馈是指将控制系统的输出回输到控制系统中去，以调节或改进控制系统的控制方式，达到预定的控制目标。

(四) 社会控制的功能与意义

社会控制的基本功能就是保证价值观与行为方式在某种程度上的一致性得以实现并延续下去，即维系社会正常秩序。

具体来说，社会控制的功能和意义有以下三点：

其一，为社会成员提供合乎社会目标的社会价值观念和社会行为模式，调适人际关系，制约和指导社会成员的社会行为。

其二，规定各社会群体或社会集团的社会地位、社会权利和义务，限制它们之间利益竞争的范围，调整它们之间的利益关系，避免产生大规模的对抗性冲突。

其三，协调社会运行的各个系统，调节它们之间的关系，修正它们的运行轨道，控制它们的运行方向和运行速率，使之功能耦合、结构协调、相互配套，尽量使各社会运行系统同步运行，促进社会的良性运行和协调发展。

（五）社会转型与社会控制

在社会转型过程中，社会结构的耦合度不高，脆性较大，社会运行机制不稳定，处在不断转换的过程之中，这一时期的社会控制显得更为复杂，也更加重要。

“规范真空”与“控制失灵”是社会转型期最常见的社会控制失调现象。

规范真空，是指在社会转型时期，由于社会结构变动加剧，社会价值观与社会行为方式也会随之发生变化，产生许多新的价值观和行为方式。这些新的价值观和行为方式越出了原有社会规范的约束范围，因而出现了没有相应社会规范约束的状况，这就是所谓的“规范真空”。

控制失灵，则是指在社会转型过程中，原有的社会规范正在逐渐失去约束力，不再具有引导与制约社会价值观与社会行为的功能，而与新形势相适应的社会规范尚未建立或虽已建立但无相应约束力，因而出现社会规范失去控制作用的状况。

无论是“规范真空”还是“控制失灵”，都对原有的社会秩序起着扰乱和破坏作用，同时，也对新型的社会秩序起着催生作用。

二、社会控制体系

（一）社会控制手段

1. 组织控制手段

组织控制是某一具体的社会组织运用组织指令、组织规章对该组织内成员或构成该组织的各个亚组织的行为进行指导和约束的一种方式。组织控制有两个特点：一是范围小，即控制范围局限于该组织内部；二是实行层级控制，即在社会组织体系内部，上一级组织对下一级组织实施控制。

组织控制的具体形式是组织指令和组织规章。

（1）组织指令。组织指令是指地位较高的一级组织对其下属组织的组织行为进行调节和制约的规范性文件或口头指示。组织指令的贯彻实施是以组织权威为基础的。组织权威源于组织结构，表现为下级服从上级。

（2）组织规章。组织规章是指组织内部为调节和制约其成员在组织内的行为而制定的一系列强制性规定。组织规章一般比较细致，对组织行为规定明确。违反组织规章，一般都会受到相应的处罚。

2. 制度控制手段

制度控制手段是指以全社会的名义颁布行为准则，并对全体社会个体、社会群体和社会组织的社会行为进行调节与制约的方式。

制度控制手段与组织控制手段的共同之处是，二者都是一种正式的制度化控制，即以明文规定的形式规定社会行为规范。

制度控制手段与组织控制手段的重要区别有两点：一是颁布的名义不同，前者以全社会的名义颁布，后者以某一具体社会组织的名义颁布；二是控制的范围不同，前者的控制范围是全体社会成员，后者的控制范围仅限于组织内的成员。

制度控制手段的具体形式有政权与法律。

（1）政权。政权是占统治地位的阶级利用国家机器实行阶级统治的权力形式，其具体表现形式是从中央到地方的各级政权机构——政府。从某种意义上说，政权也是一种组织控制手段、一种层级控制方式。但是，政权是以全社会的名义出现的，它的控制范围也是全体社会成员，而且政权的社会控制作用是以法律作为基础的，这是政权与其他组织控制手段的最大区别。政权的具体表现形式——政府，是一种特殊的社会组织，是管理国家事务的权力机构，它具有积极和消极两种职能。

（2）法律。法律是对社会成员具有最强约束力的控制手段，它是由国家制定或认可，并依靠国家强力推行的社会规范体系。作为一种社会控制手段，法律具有阶级性、广泛性、强制性和稳定性的特征。

阶级性是指法律是统治阶级意志的体现，其本质是实行阶级统治的工具。

广泛性是指法律的控制范围遍及全体社会成员，社会主义法律的基本原则就是“法律面前人人平等”。

强制性是指法律的实施以国家机器的强制力作为保证，对于触犯法律的社会成员，国家将运用强制力量予以制裁和惩罚。

稳定性是指法律在一定时期内是稳定不变的，因为法律从酝酿到制定有严格的程序，而且法律的稳定性也有助于执法严明、规范明确，有利于社会稳定。

3. 文化控制手段

文化控制手段是指以人类在长期的共同生活中创造的、人类共同遵从的行为准则和价值标准对社会成员进行控制的方式。

文化控制手段的特征有非直接强制性、自觉性和广泛性。

非直接强制性是指文化控制手段不是以强制力推行，而是以社会评价、内心反省等非直接强制性力量实施的，人们即使触犯文化控制也不会受到直接的严厉制裁。

自觉性是指人们在长期的社会化过程中，逐渐接受甚至内化了文化控制的价值标准和行为准则，人们在服从文化控制的时候一般没有强迫感，而是自觉自愿甚至不知不觉地遵从文化控制。

广泛性是指文化控制手段调节的行为领域具有非常广阔的涵盖面，范围遍及全体社会成员，几乎涵盖人类的一切社会行为。

文化控制手段包括伦理道德、风俗习惯、信仰信念和社会舆论等。

伦理道德是指人类共同创造并共同遵从的，涉及人伦关系和次序及善恶、是非、正义和非正义评价的行为规范和价值体系的总和。在文化控制手段内，伦理道德对社会行为的约束力最强。违背伦理道德，要受到社会舆论和自己内心的谴责。

风俗习惯是指人们在长期的社会生活中自发形成、代代相传并自觉遵从的行为方式的总和。风俗习惯所调节和约束的社会行为大都是日常生活领域的行为，其社会控制作用的机制是从众行为，即通常所说的“随大流”。

信仰信念是指人们对某种非现实力量或某种价值体系无限信服和崇尚，甘愿受其支配甚至为之献身。信仰信念的典型形式是宗教信仰和主义信仰。宗教的社会控制作用机制是人们对虚幻神灵的臣服和恐惧，以及对超脱现实、追求心灵宁静的向往。主义信仰是人们对某种哲学理论或社会学说的认同和信服，是对某种社会理想或社会目标的自觉追求。

社会舆论是指多数人对社会生活中有争议的事件发表的有一定倾向的议论、意见及看法，简称舆论。社会舆论的社会控制作用机制是通过广为传播的舆论，造成一种社会氛围，处在这种氛围中的社会成员自觉或不自觉地服从舆论的导向与制约。其具体作用方式是带有价值判断的社会评价，对某种具体的价值观或行为方向进行褒扬、赞赏，或进行批评、谴责。

（二）社会控制过程

社会控制过程是指社会控制手段发挥功能的动态运作过程。社会控制过程包括四个具体的环节，即决策环节、实施环节、监控环节和反馈环节。其简要示意图见图 17—1。

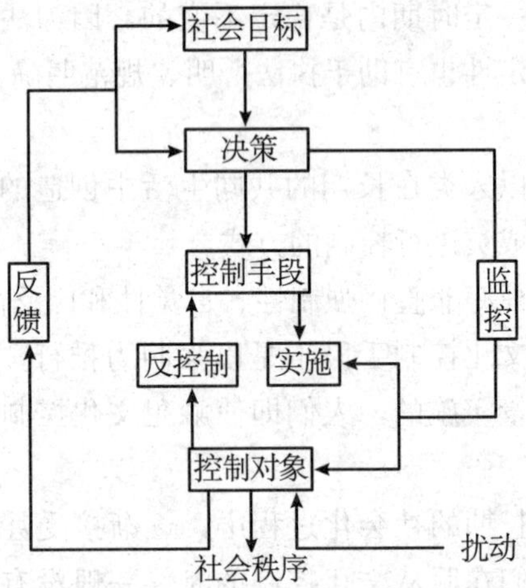

图 17—1　社会控制过程示意图

1. 决策环节

决策环节是指处于层级控制顶端的控制者为社会控制的方向和社会控制的度做出具体规定的过程。控制决策是围绕着实现社会目标，根据具体的社会环境而制定的，决策部门要根据社会目标制定一系列的社会规范，如条令、规章、制度、法律、守则等，这些规范确定了社会成员的价值观念和社会行为的方向。

2. 实施环节

实施环节是指控制手段施加于控制对象、产生控制作用的具体过程，也是一个控制与反控制的过程。实施环节是一个充满矛盾与冲突的过程。实施环节的职能不在于消除冲突，而在于将控制手段有效地作用于控制对象，调节和缓解控制对象本身的矛盾与冲突，并将控制对象与控制手段之间的冲突限制在一定范围之内，使之不危害社会的正常运行。

3. 监控环节

监控环节是指决策机构对实施过程和控制对象进行监督、核查和调控的过程。实施环节是否严格按照社会规范对控制对象实施控制，控制对象是否严格遵从社会规范，这些都需要进行监督和核查，若有越轨行为则予以相应的惩罚或及时的纠正。

4. 反馈环节

反馈环节是指控制过程的输出结果对控制过程产生影响的过程。反馈过程实际上就是一个信息沟通过程。控制过程输出的信息除了反馈到决策机构还反馈到社会目标，一方面是将社会运行的实际轨迹与社会预定的轨道进行比较，若有偏离则及时修正；另一方面，也有可能修正社会目标，使之符合社会运行规律。

(三) 社会控制的度

社会控制的度，是指社会规范对社会行为限制的程度。

1. 社会控制度的三个维度

(1) 控制力度，用来表明社会成员的社会活动空间的大小。力度越大，表明社会活动空间越狭小；反之，表明社会活动空间越宽广。

(2) 控制刚度，用来表明越轨行为受到社会制裁的可能性大小以及制裁强度的高低。刚度越大，表明越轨行为受到制裁的可能性越大，受到的制裁越严厉；反之，表明制裁的可能性越小，受到的制裁越轻微。

(3) 控制网络致密度，用来表明社会规范的严密程度。致密度越大，表明受到控制的社会行为越多；反之，表明受到控制的社会行为越少。

力度、刚度、致密度既是社会控制度的三个维度，同时三者之间也应该有一个协调、耦合的关系。其中，力度和致密度是由社会预先规定好了的，刚度则是由社会控制实施过程的状况决定的，越是严格依据社会规范对越轨行为实施制裁，控制刚度越高。

2. 考察社会控制是否适度的三个角度

(1) 历史的角度。

历史的角度即考察社会控制是否符合社会历史的发展规律。在社会历史各个发展阶段中，社会控制作为上层建筑的一个组成部分，也应该与当时的社会生产力水平相适应。

（2）社会稳定的角度。

社会井然有序、人民安居乐业是社会稳定的重要标志，也是适度社会控制的表现之一。欠度控制虽不利于社会的良性运行和协调发展，但过度控制同样也不能带来长久的社会稳定、繁荣发展的社会运行，反而会引起巨大的社会动荡，陷入社会恶性运行状态。

（3）社会成员自由程度的角度。

过度控制不适当地限制了人类社会活动空间，欠度控制则不适当地放纵人们的社会行为，这对社会的运行和发展都是不利的。对于一个具体社会来说，在符合具体历史条件并确保社会稳定的前提下，该社会里社会成员的自由程度越高，则该社会控制体系与“适度社会控制”越吻合。适度社会控制就是能最大限度允许社会成员自由活动的社会控制形式。

3. 适度社会控制的意义

（1）正确把握社会控制的度，实现适度社会控制，既是十分重要的，又是十分困难的。

（2）欠度控制不利于社会稳定，不利于社会秩序的维系，容易导致社会失序甚至社会动乱。

（3）过度控制也不好，它不利于社会成员发挥积极性和创造性，使社会缺乏活力，犹如一潭死水，最终不利于社会的运行与发展。

（4）适度社会控制才能既发挥社会控制维系社会秩序的基本功能，又充分调动社会成员的积极性和创造性。

三、社会越轨与社会控制

（一）社会越轨的含义及其类型

1. 社会越轨的含义

社会越轨，亦称越轨行为、离轨行为或偏离行为，是指社会成员（包括社会个体、社会群体和社会组织）偏离或违反现存社会规范的行为。

由于人们的社会行为具有复杂性，社会成员自身的素质及阶级地位具有差异性，偏离或违反社会规范的越轨行为在任何社会都是不可避免的社会现象。

2. 社会越轨的类型

（1）违法行为。违法行为是指违反法律规定的行为，犯罪行为是违法行为中的一种特殊类型，它是指触犯刑律而应受到刑法处罚的行为。

（2）违警行为。违警行为是指违反有关维护社会治安和公安秩序的规则、规定、条例的行为，严重的违警行为有可能转化为违法行为。

(3) 违规行为。违规行为是指一切不按常规办事的行为，这是最常见的一种社会越轨。

(二) 社会越轨产生的原因

1. 生物学解释

生物学解释，即把人类生物、生理方面的特征作为社会越轨的原因，因此这种解释又可称为体质理论。这种理论认为，社会越轨是由人的体质中的生理缺陷造成的。

体质理论进一步具体化，产生所谓体态理论和染色体理论。

体态理论将人的体态分为三种：一种是内容型，其特征是身体柔软、圆胖；一种是中胚层型，其特征是肌肉丰富，体格健美；一种是外胚层型，其特征是肌肉较少，体质虚弱。该理论认为，中胚层型要比其他人更容易犯罪。

染色体理论认为，染色体异常是导致社会越轨的生理原因。

2. 心理学解释

心理学解释，即从人们的心理方面寻找社会越轨的原因。

该理论认为，人的人格由三部分构成，即本我、自我和超我。

(1) 本我，即无意识，它由欲望和本能冲动构成。本能按快乐原则行事，总是争取自私的满足。本我是人格的基本结构，从它之中分化出自我与超我，又在暗中支配着自我和超我，即无意识支配意识。

(2) 自我，是一种认识过程，它是通过后天的学习，通过与周围环境的接触而形成和发展起来的。自我的目的就是使个体维持在达到目标的轨道上。自我感受外界的影响，按趋利避害原则行事，它在本我与超我之间以及本我与外界现实之间起调节作用，使彼此间的冲突降到最低。

(3) 超我，是社会中的禁忌、准则、规范在人的意识中的反映。超我有两个子系统：一个是自我理想，另一个是良心。超我代表社会的道德标准，按至善原则行事。超我在人格中起着检查官的作用。

精神分析理论认为，本我、自我和超我三者之间应该有一个协调、平衡的关系。社会越轨产生的原因是人格中的超我和自我没有得到充分的发展，破坏了本我、自我和超我三者之间的平衡关系，使本我得不到应有的控制，从而导致个人越轨行为。

3. 社会学解释

社会学解释主张从社会环境、社会关系和社会结构中研究社会越轨产生的社会原因。

(1) 默顿的社会失范论。

默顿认为失范是指这样一种社会状态：社会所规定的目标同决定达到这些目标的规范不一致。

默顿从价值上将社会结构划分为两大类：一类是目标，另一类是达到目标的手段。文化目标是社会依据它的规范体系认为是值得有、值得存在的东西，制度化手段是社会认为可合法获得文化目标的方式。

所谓失范，就是在人们用社会认为合法的手段不能实现自己的文化目标的时候发生的，而对于这种情形的一个共同的反应，就是越轨行为（当触犯刑律时即为犯罪行为），即用不符合社会规范的手段来实现自己的文化目标。

默顿根据文化目标和制度化手段这两个社会因素的相互关系，提出了五种适应模式。

● 附合，指既接受社会的文化目标，又遵循社会认为合法的制度化手段。

● 创新，是指人们认为社会的文化目标是正当的，是应当努力去获得的，但他们又不情愿或不能够用那些为社会所不允许的手段来实现。

● 形式主义，是指已经失去了社会中的文化目标，而盲目地坚持那些制度化手段的现象。

● 隐退主义，是指既反对文化目标，也反对达到这些目标的制度化的手段。

● 反抗，是指既反对惯常的目标，也反对社会倡导的手段，他们期望在变革之后有一种新的目标和新的手段。

（2）塞林的文化冲突理论。

文化冲突理论将引起社会越轨的原因归结为不同文化之间的冲突，认为不同民族、阶层、地域的人，信仰、信念、价值观念、行为模式各不相同，当不同集团的利益和目标发生矛盾时，往往会引起冲突，这种冲突往往导致越轨。

文化冲突可分为两种：纵向文化冲突和横向文化冲突。纵向文化冲突是指不同时期的文化互相冲突时产生的法律规范的冲突；横向文化冲突则是指在同一时期内，由于两种文化准则对立而产生的法律规范的冲突。

文化准则的冲突必然导致行为的冲突，而犯罪就是行为规范之间的冲突。塞林认为容易产生文化冲突的情形有四种：

其一，当某个文化集团的文化规范被扩展至另一个文化集团的领域之时；

其二，当某个文化集团的成员迁移到另一个不同文化的区域时；

其三，在相邻两种文化领域的边界接合处；

其四，当社会结构由简单趋于复杂化、文化价值由单一趋于多元化之时。

塞林的文化冲突理论是极富启发性的。他从文化冲突的角度指出了社会越轨的相对性，并将社会越轨归结为文化冲突的产物，这一理论对于现代社会的社会越轨状况具有很强的解释力和预测力。

（3）科恩的亚文化群理论。

主文化是指在一个社会里占主导地位的文化，主文化被社会认可、以社会力量推行并维护。在阶级社会里，主文化就是统治阶级的文化。

亚文化是由各种社会因素和自然因素的差异造成的一种区域性文化或群体性

文化的统称。在一个社会里，主文化是唯一的，亚文化则是多种多样的。

反文化是主文化的对立面，其核心的价值观与主文化完全背离，亚文化则不一定与主文化相对立，因而可以说反文化是亚文化中的一种。

亚文化群理论认为，一个人可能在这样一个集团或群体内生活：这个群体有一种稳定的但与主文化的价值体系不同的价值体系，这样的群体被称为亚文化群。个体如果长期生活在亚文化群里，受其价值体系的影响，就可能犯罪。

科恩认为，犯罪亚文化群产生和维护的价值观和行为倾向与主文化的价值观和行为准则相抵触、相背离，这是犯罪和非法行为的真正根源，而亚文化的产生是由社会化过程的不完善、不适当引起的。

（三）社会越轨的控制

社会越轨，作为一种违反社会规范的社会行为，是社会控制的主要对象。但是，社会越轨有消极性、积极性和中性三种不同的性质，对这三种性质的社会越轨要做具体分析，做不同程度的控制。

消极性社会越轨是一种对社会共同生活和社会发展起消极阻碍作用的越轨行为，这种社会越轨破坏社会运行的正常秩序，侵害社会有机体，是要严格加以控制的。

积极性社会越轨是一种对社会发展起积极推动作用的越轨行为，这种社会越轨是打破因循守旧、推动社会发展的动力之一。虽然社会控制对这类社会越轨也有制约作用，但社会可以通过社会宣传、舆论导向等手段倡导这类社会越轨。

中性社会越轨是一种对社会共同生活和社会发展的影响不十分明显的、介于消极与积极之间的越轨行为，这类社会越轨多出现于日常社会生活之中。

【课后题详解】

1. 社会行为是如何受到制约的？

（这个问题实际上要考察社会控制的手段，即社会是如何对人的社会行为进行制约和控制。）

（1）社会秩序需要有目的、有意识的人类行为，这就离不开社会控制。所谓社会控制，是指社会组织体系运用社会规范以及与之相应的手段和方式，对社会成员（包括社会个体、社会群体及社会组织）的社会行为及价值观念进行指导和约束，对各类社会关系进行调节和制约的过程。社会控制都是通过一定的措施或手段来实现的。

（2）社会控制的手段种类很多，概言之主要有三种类型：组织控制手段、制度控制手段和文化控制手段。组织控制是某一具体的社会组织运用组织指令、组织规章对该组织内成员或构成该组织的各个亚组织的行为进行指导和约束的方式。组织控制的具体形式是组织指令和组织规章。制度控制手段是指以全社会的名义颁布行为准则，并对全体社会个体、社会群体和社会组织的社会行为进行调节与制约的方式。制度控制手段的具体形式有政权与法律。文化控制手段是指以人类在长期的共同生活中创造的、为人类所共同遵从的行为准则和价值标准对社会成员进行控制的方式。其特征是非直接强制性、自觉性和广泛性。文化控制手段具体包括伦理道德、风俗习惯、信仰信念和社会舆论等。

2. 社会控制与个人自由的关系是什么？

（这个问题主要是考察社会控制与个人自由之间的辩证关系。）

（1）个人自由是人类社会的永恒追求。从人类社会诞生的时候起，人类就从未放弃过对自由的追求。随着社会生产力的不断发展，人类逐渐摆脱了自然界的重重束缚。同时，随着生产关系的不断进步，人类也逐渐从自己所创造的社会关系中解放出来。总之，人的地理活动空间不断扩大，人类的社会活动空间也不断扩大，这意味着人类获得了越来越多的自由。但这种自由也不是没有限制的，也需要进行适度的社会控制。

（2）社会控制是社会秩序的重要保障，但是社会控制必须适度，这样才能有效地保证个人的自由。过度控制不适当地限制了人类社会活动的空间，欠度控制不适当地放纵了人们的社会行为，不仅不利于社会的运行和发展，也不利于个人自由的真正实现。

（3）对于一个具体的社会来说，在符合具体历史条件并确保社会稳定的前提下，该社会里的成员的自由程度越高，该社会控制体系越与“适度社会控制”相吻合。换言之，适度社会控制就是能最大限度允许社会成员自由的社会控制形式。

3. 何谓适度的社会控制？

（这个问题可以分两步进行回答：第一步，回答什么是社会控制的度；第二步，回答什么是适度的社会控制，以及如何判断或考察社会控制是否适度。）

（1）社会控制的度，是指社会规范对社会行为限制的程度。社会控制的度有三个维度：其一，控制力度，用来表明社会成员的社会活动空间的大小。力度越大，表明社会活动空间越狭小；反之，表明社会活动空间越宽广。其二，控制刚度，用来表明越轨行为受到社会制裁的可能性大小以及制裁强度的高低。刚度越大，表明越轨行为受到制裁的可能性越大，受到的制裁越严厉；反之，表明制裁的可能性越小，受到的制裁越轻微。其三，控制网络致密度，用来表明社会规范的严密程度。致密度越大，表明受到控制的社会行为越多；反之，表明受到控制的社会行为越少。力度、刚度、致密度三者之间是一个相互协调、耦合的关系。其中，力度和致密度是由社会预先规定好了的，刚度则是由社会控制实施过程的状况决定的，越是严格依据社会规范对越轨行为实施制裁，控制刚度越高。

（2）如何考察社会控制是否适度：社会控制是否适度，可以从以下三个角度进行衡量：

一是历史的角度。历史的角度即考察社会控制是否符合社会历史的发展规律，是否与当时的社会生产力水平相适应。

二是社会稳定的角度。适度社会控制的重要表现之一，就是社会稳定。欠度控制虽不利于社会的良性运行和协调发展，但过度控制同样也不能带来长久的社会稳定，反而会引起巨大的社会动荡，陷入社会恶性运行状态。

三是社会成员自由程度的角度。对于一个具体社会来说，在符合具体历史条件并确保社会稳定的前提下，该社会里社会成员的自由程度越高，则该社会控制体系与“适度社会控制”越吻合。适度社会控制就是能最大限度允许社会成员自由活动的社会控制形式。

4. 试分析社会越轨的功能。

（对这个问题的回答，首先必须从社会越轨的含义入手，然后再进一步阐明社会越轨的功能。）

（1）社会越轨的含义。所谓社会越轨，亦称越轨行为、离轨行为或偏离行为，是指社会成员（包括社会个体、社会群体和社会组织）偏离或违反现存社会规范的行为。社会越轨包括违法行为、违警行为和违规行为。

（2）社会越轨是社会控制的主要对象。但是，社会越轨有消极性、积极性和中性三种不同的性质，也体现了社会越轨的不同功能，即消极功能、积极功能和中性功能。所以，对于不同的社会越轨，对应的社会控制也应有所不同，这样才能充分发挥社会控制维系社会秩序、推动社会发展的功能。

消极性社会越轨是一种对社会共同生活和社会发展起消极阻碍作用的越轨行为，这种社会越轨破坏社会运行的正常秩序，侵害社会有机体，是要严格加以控制的。

积极性社会越轨是一种对社会发展起积极推动作用的越轨行为，这种社会越轨是打破因循守旧、推动社会发展的动力之一。虽然社会控制对这类社会越轨也有制约作用，但社会可以通过社会宣传、舆论导向等手段倡导这类社会越轨。

中性社会越轨是一种对社会共同生活和社会发展的影响不十分明显的、介于消极与积极之间的越轨行为，这类社会越轨多出现于日常社会生活之中。

5. 试以社会失范理论分析我国当前的社会越轨。

（回答这个问题，首先要介绍什么是社会失范理论及其主要观点，然后再运用该理论分析当前我国的社会越轨问题。）

（1）社会失范理论的重要代表人物默顿认为，失范是指这样一种社会状态：社会所规定的目标同决定达到这些目标的规范不一致。他首先从价值上将社会结构划分为两大类：一类是目标，另一类是达到目标的手段。文化目标是社会依据它的规范体系认为是值得有、值得存在的东西，制度化手段是社会认为可合法获得文化目标的方式。所谓失范，就是在人们用社会认为合法的手段不能实现自己的文化目标的时候发生的，而对于这种情形的一个共同的反应，就是越轨行为，即用不符合社会规范的手段来实现自己的文化目标。同时，默顿还提出了五种适应模式：附合、创新、形式主义、隐退主义、反抗。社会失范理论认为，越轨行为就是文化目标与制度化手段之间矛盾的产物。

（2）从某种意义讲，社会失范理论可以很好地解释当前中国的社会越轨现象。追求更好的生活和自身发展，是每一个人的梦想。然而，在当代中国，由于社会阶层有进一步“固化”的趋势，底层社会民众实现向上流动的机会和渠道很少，以致他们很难通过正常或合法的渠道来改善自身生活、实现自身发展。在这种情况下，很多底层民众就选择了非正常、非正规的渠道来实现自身目标，如偷盗、抢劫以及群体抗争等非法甚至犯罪的方式，致使社会越轨现象频现。这也是当前中国社会越轨现象严重的一个重要原因。

6. 法律作为一种社会控制手段有何特点？

（1）法律是对社会成员具有最强约束力的控制手段，它是由国家制定或认可，并依靠国家强力推行的社会规范体系。

（2）作为一种社会控制手段，法律具有阶级性、广泛性、强制性和稳定性的特征。

阶级性是指法律是统治阶级意志的体现，其本质是实行阶级统治的工具。

广泛性是指法律的控制范围遍及全体社会成员，社会主义法律的基本原则就是“法律面前人人平等”。

强制性是指法律的实施以国家机器的强制力作为保证，对于触犯法律的社会成员，国家将运用强制力量予以制裁和惩罚。

稳定性是指法律在一定时期内是稳定不变的，因为法律从酝酿到制定有严格的程序，而且法律的稳定性也有助于执法严明、规范明确，有利于社会稳定。

第十八章

社会政策

【知识框架】

社会政策是国家或（和）政府为解决社会问题、改善社会环境、促进社会公正、实现社会发展而制定和实施的各种原则、方针。社会政策是任何一个社会运行所不可或缺的，是一个社会秩序的重要保证。同时，社会政策总是嵌入在特定的社会环境中，总是随着社会环境的变化而变化。这也决定了社会政策本质上是一个过程，社会政策过程涉及制定、执行、评估和调整四个阶段。就我国而言，社会政策发展至今已取得了很大的成绩，但仍然很初步，还有很多方面需进一步发展和完善。

本章知识框架如下。

- 社会政策
  - 一、社会政策的含义与类型
    - （一）社会政策的含义
    - （二）社会政策与公共政策
    - （三）社会政策的类型
      - 按照社会政策实施领域来分
      - 依据社会政策制定和实施的目标来分
        - 剩余型社会政策
        - 制度型社会政策
        - 发展型社会政策
      - 根据社会政策主体的不同来分
        - 单一型社会政策
        - 多元型社会政策
      - 按照社会政策实施的目标群体来分
        - 普遍型社会政策
        - 选择型社会政策
      - 从社会政策的资金来源和运行过程来分
        - 纯福利型社会政策
        - 准市场型社会政策
      - 从社会政策内容之间的包含与被包含的关系来分
        - 总社会政策
        - 基本社会政策
        - 具体社会政策
      - 从社会政策背后所涉及的理念来分
        - 保守主义社会政策
        - 自由主义社会政策
        - 社会主义社会政策
    - （四）社会政策的理念基础

- 社会政策
  - 二、社会政策理论的发展
    - （一）工业革命时期的社会政策理论
    - （二）19 世纪末 20 世纪初的社会政策理论
    - （三）福利国家时期的社会政策理论
    - （四）社会政策理论的多元化时期
  - 三、社会政策的一般过程
    - （一）社会政策的制定
      - 确认政策问题
      - 建立政策议程
      - 制定政策方案
      - 政策方案选优
      - 政策方案合法化
    - （二）社会政策的执行
      - 社会政策执行的意义及其特点
      - 有关社会政策执行过程的理论模型
        - 四因素论
        - 六因素论
        - 循环理论
        - 中国模式
    - （三）社会政策的评估
      - 社会政策的评估标准
      - 社会政策的评估程序
        - 准备阶段
        - 实施阶段
        - 总结和反馈阶段
      - 社会政策的评估方法
        - 社会政策目标达成评估
        - 公众导向评估
        - 社会实验评估
    - （四）社会政策的调整
      - 实施社会政策对社会问题的影响
      - 社会政策的调整
        - 社会政策调整的内容
        - 社会政策调整的方式
  - 四、中国社会政策的演变与现状
    - （一）中国社会政策的演变
    - （二）市场转型与中国社会政策的改革
    - （三）中国社会政策现状的特点
      - 从属性
      - 不完整性
      - 不平衡性
      - 不稳定性
      - 低效性

【学习笔记与拓展知识】

一、社会政策的含义与类型

（一）社会政策的含义

社会政策是国家或政府为解决社会问题、改善社会环境、促进社会公正、实现社会发展而制定和实施的各种原则、方针。

（二）社会政策与公共政策

公共政策同人类社会的生存与发展息息相关。在一个国家的管理活动中，始终贯穿着公共政策的制定和执行，它是国家管理的一种重要手段。

公共政策是国家机关或执政党制定的旨在解决某一问题的具有权威性的行动

准则。公共政策的表现形式有法律、规章、行政命令、政府首脑声明和指示、行动计划与策略等。公共政策涉及的领域非常广泛，学界一般将公共政策划分为四大类，即政治政策、经济政策、社会政策、科教文卫政策。

关于社会政策与公共政策的关系，社会政策研究大师蒂特马斯从社会服务与公共服务的联系与区别的角度作了分析。他认为从理论上可将有关的服务分成四类：

一是只为个人利益而设的服务。

二是既为个人利益也为社会利益而设的服务。

三是关注社会利益多于个人利益的服务。

四是对社会有益但其益处不能归个人独享的服务。

以上对服务所作的四种划分，有助于区分“社会服务”与“公共服务”。区分二者最重要的标准是有差别、个人化的功能与无差别、非个人化的功能。

此外，从产生的历史和政府的角色方面，也可以看出二者之间的差异。从公共政策的发展历史及相关研究的产生历史来看，公共政策专门研究的形成，既与政府干预社会经济的范围扩大有关，又与各种科学的研究方法和手段的发展有关。社会政策主要涉及社会福利方面的政策。

从政府活动的内容和策略的角度看，社会政策主要关注的是以社会供给的方式来满足一些特别的和个人的生活需求、社会需求，这个领域不仅与运用科学的知识和手段进行研究有关，还与伦理道德、价值观念有着密切的关系，因此也就成了一个不同于公共政策的研究领域。社会政策是社会新创造的一种公共物品，社会政策与公共政策是可并列的两个领域，可分为两个学科加以研究。

（三）社会政策的类型

1. 按照社会政策实施领域来分

按照社会政策实施领域来分，社会政策的类型可以大致分为社会保障政策、公共医疗卫生政策、公共住房政策、公共教育政策、劳动就业政策、社会福利服务政策。

2. 依据社会政策制定和实施的目标来分

（1）剩余型社会政策，是指只针对那些真正困难的群体而制定的社会政策。

（2）制度型社会政策，是指国家或政府通过积极解决社会问题，满足公民的需要，保障公民的基本生存和促进社会发展，且政府以法律文件的形式予以规范化和制度化了的社会政策。

（3）发展型社会政策，在应对社会问题和满足公民需要时，发挥对象的主体性，强调个人、家庭、社会和政府多种力量共同合作，同时也强调将社会政策、经济政策和社会发展相融合，使三者相互促进、相互支持。

3. 根据社会政策主体的不同来分

（1）单一型社会政策，是指政府是所有角色的集合，承担福利事业的所有职责。

（2）多元型社会政策，是指在强调政府主导地位的前提下，充分发动个人、家庭、社区、社会机构、企业等社会力量共同参与社会政策行动，而政府主要是社会政策的制定者、监督者和资金支持者。

4. 按照社会政策实施的目标群体来分

（1）普遍型社会政策，是指社会政策行动倾向于不加区分地给全社会或某些群体中的所有社会成员提供相同的福利待遇，而不论他们是否都有相应的需要。

（2）选择型社会政策，是指社会政策行动倾向于先界定社会中或一个群体中哪些人真正有特殊困难，并在此基础上将政策项目集中提供给那些最困难的个人或家庭，即不同需求产生不同的政策和行动。

5. 从社会政策的资金来源和运行过程来分①

（1）纯福利型社会政策，是指社会政策的运行和服务的提供主要是由政府或"准政府机构"来发起，社会广泛实施再分配和收入转移，社会政策的目标群体可以无偿获得政府资助的公共服务而无须直接付费。

（2）准市场型社会政策，是指社会政策的运行可以引入一定的市场机制，主要在改变政府的拨款方式、扩大受益者的选择范围、强化政策目标群体的责任和提高对政策实施机构的要求等方面，促使社会政策体系具有更高的效率和活力。

6. 从社会政策内容之间的包含与被包含的关系来分②

（1）总社会政策是一个国家或地区社会政策体系中带有全局性、原则性，决定社会发展基本方向的社会政策。

（2）基本社会政策，是用以指导某一领域、某一方面或某一部门的指导性政策，它是连接总社会政策与各项具体社会政策的中间环节。

（3）具体社会政策是基本社会政策的具体化，是为了贯彻、实施基本社会政策而制定的具体行为规则，它体现并服务于总社会政策和基本社会政策的目标，是实现总社会政策和基本社会政策的手段和方法。

7. 从社会政策背后所涉及的理念来分

安德森依据社会政策背后所涉及的理念来分，将社会政策划分为保守主义社会政策、自由主义社会政策和社会主义社会政策，这也是一种社会政策的分类方法。③

（四）社会政策的理念基础

（1）社会政策的目标是解决社会问题与实现社会公正。其实社会公正不仅是

---

① 参见杨团、关信平主编：《当代社会政策研究》，31 页，天津，天津人民出版社，2006。

② 参见丁建定主编：《社会政策概论》，16 页，武汉，华中科技大学出版社，2006。

③ 参见［丹麦］考斯塔·艾斯平-安德森等：《福利资本主义的三个世界》，郑秉文译，62～79 页，北京，法律出版社，2003。

社会政策的目标，也应当是社会政策的理念基础。

（2）公正、平等、公平三者之间的概念辨析：

无论是“公正”、“平等”还是“公平”的理念，都涉及对“差异”或“差别”的认识、判断和评价。差异是一种普遍、客观的存在。

“平等”作为人类的一种价值理念或理想追求，其实就是要去人为地抹平这种差别或差异，实现“大家都一样”。如果从起点和过程（竞争规则）的意义上来理解平等，则它是合理的；而结果意义上的平等往往是不合理的。

“公平”从字面上看含有“公正”、“平均”两方面的意义。一方面，国人在使用“公平”或“不公平”这个概念时，确实是想表达一种价值判断，即“是否合理”。另一方面，由于字面上的原因，“公平”又可能被误用为“平均”，用来描述“均等”或“不均等”的现象，亦即客观的数量上的一致或不一致现象。因此，使用“公平”的概念可能引起理解上的混乱。

“公正”的概念所表达的是一种比较明确、鲜明的价值判断。“社会公正不公正”往往和“合理不合理”、“正当不正当”、“正义非正义”相似，都是在表达一种鲜明的立场或追求。另外，从历史上看，社会政策同公正相随而行，公正的基本规则直接规定着社会政策的基本内容。[①]

所以，“平等”、“公平”的理念（概念）不适合作为社会政策的理念基础，只有“公正”的理念比较适合作为社会政策的理念基础。

二、社会政策理论的发展

（一）工业革命时期的社会政策理论

作为工业革命带来的一系列社会问题在思想观念上的反映，这一时期的社会政策理论的典型代表是古典自由主义和马克思主义。

古典自由主义提出“经济人”假设，说明人都是受经济理性支配的动物，必然会关心自己的利益；每个人追求物质财富的活动虽然利己，但将它们合在一起就会促进人类的幸福。古典自由主义认为，自由竞争作为实现社会公益的最有效方法，反对国家和政府干预市场，国家和政府只能充当“守夜人”角色；同时，认为应该关心劳动者的福利，要改善他们的生活状况，制定最低工资率，保证工人自己及其家庭的基本生活需要。

马克思主义理论认为工人阶级的一切苦难都来自资本家的剥削，因而将资本主义私有制视为革命的对象，认为解决社会问题的唯一途径就是彻底推翻资产阶级统治，建立生产资料公有制，实现人人平等、按劳分配的社会

① 参见吴忠民：《公正与社会政策》，载《理论前沿》，2002（7）。

主义。

这一时期的西方社会政策理论，仍主要以古典自由主义为代表，主要基于人道主义“仁爱”、“人性”和自然权利观念。人道主义宣扬人类的“自由、平等、博爱”，强调人是平等、自主的，人有权利得到社会平等的关心和尊重。以人道主义的道德动机为出发点，而以维护人的平等和尊严为目的的自然权利理论，就成为 19 世纪以前社会政策的主要思想观念基础。

（二）19 世纪末 20 世纪初的社会政策理论

这一阶段，社会政策理论发生了深刻的变化，自由主义、社会主义思想流派都产生了一定程度的变异，形成了一些新的派别，以社会民主主义为主要代表。

社会民主主义来源于社会主义，继承马克思主义社会平等的思想，倡导全民福利的思想；同时，社会民主主义还认为，必须推动和强化国家、政府来承担责任，发挥作用，以此改善社会经济状况，提升劳工阶级的福利水平。它最突出的特点在于，对包括经济平等在内的更大程度的平等的重视，以及把社会政策视为实现社会主义的手段的思想。

一战后，以凯恩斯主义为代表的社会政策理论打破传统的古典自由主义一味强调自由竞争、政府不干预经济的政策，主张政府应干预经济和社会问题，政府必须制定一系列社会政策和立法来保障民众的基本生活。凯恩斯主义是对古典自由主义经济放任自由观点的一种挑战，它强调政府在保障民众生活方面的职责。

（三）福利国家时期的社会政策理论

以凯恩斯主义为代表的国家干预主义在欧洲以“福利国家”的面貌出现。《贝弗里奇报告》为二战后的主要资本主义国家的社会政策勾画了美好蓝图，从而掀起了一个建设“福利国家”的浪潮。这一时期的社会政策理论是以公民权利观念为基础的。公民权利包括法律权利、政治权利、社会权利和参与权利。

20 世纪 70 年代以后，新自由主义对“福利国家”的攻击最为猛烈。新自由主义自诩为“古典自由主义的复兴”，主张实行个人自由和市场竞争而舍弃“福利国家”。

新自由主义主张在尊重人的自由、不破坏市场原则的基础上，以适当的方式实施福利保障，这就是尽可能地在社会政策领域也贯彻竞争的原则，而不是用保护去代替竞争。这一主张过分强调了市场的自由竞争原则，将个人自由绝对化，忽视了个人规避和应对风险的能力存在高低之分，这对那些能力较弱的人群来说是不公平的。

（四）社会政策理论的多元化时期

福利国家各方面的不足和新自由主义的攻击，促成了 20 世纪 80 年代以来福利国家改革的浪潮以及全球性的社会政策理念的转向。社会政策理论走向多元化时期。

这一时期，社会政策理论的典型代表有：

(1) 否定公民权利理念和福利国家制度、鼓吹市场自由竞争原则的新自由主义。

(2) 试图调和自由主义和社会民主主义的对立、主张混合社会政策的所谓"第三条道路"——新社会民主主义。"第三条道路"或新社会民主主义，旨在停止老派社会民主主义和新自由主义之间的争论和对立。

(3) 20 世纪 80 年代以来，社会政策理论流派中还存在以下流派：主张应该更多地发挥家庭和社区的福利功能、恢复传统的价值观和个人的责任意识的新保守主义，坚持社会政策的集体主义价值观、反对靠市场调节来满足人们的福利需求的传统社会民主主义，强调非正式群体和制度的保障功能、从地方社区挖掘人类社会互助精神的社群主义，等等。

三、社会政策的一般过程

社会政策的一般过程包括制定、执行、评估和调整四个阶段。

(一) 社会政策的制定

社会政策的制定涉及从发现问题到政策方案出台的一系列过程，包括确认政策问题、建立政策议程、制定政策方案、政策方案选优、政策方案合法化等各个环节。

1. 确认政策问题

确认政策问题是政策制定过程的第一个环节。

确认政策问题的必要条件有：

(1) 存在一种可以确认的客观情势。

(2) 出现了强烈的公众诉求。

(3) 形成了明显的政策需要。

2. 建立政策议程

建立政策议程是将政策问题纳入政治机构的行动计划的过程。一个社会问题只有以一定的形式、经过一定的渠道被纳入政策议程，成为决策者和政策咨询人员的研究对象，才有可能通过政策途径得到解决或处理。

政策议程划分为公共议程（或公众议程）和政府议程（或正式议程）两种类型，也可视为政策议程的两个阶段。

公共议程是指社会大众共同议论某一问题，并认为有必要提交给政府采取措施加以解决的活动。

政府议程是指政府觉察到某一问题引起了社会的广泛注意和讨论，该问题也确有解决的必要与可能，从而将其纳入政府议事日程加以研究和处理的过程。

3. 制定政策方案

制定政策方案也称政策方案的设计，是一种决策过程，是对解决问题的各种可能性途径和方法的选择活动，其目的在于提供各种有利于实现政策目标的备选方案。

确定政策目标是设计政策方案的第一步。在制定政策目标时，以下几点应加以注意。

（1）目标必须具体、明确，应尽可能量化，并有特定时限。

（2）目标必须切实可行，应建立在现实条件之上，通过努力可以实现。

（3）不同层次的目标应当协调一致，具体目标不能和总目标相冲突。

（4）目标必须体现国家和社会利益，符合国家法律和社会公德。

政策方案的设计包含一系列具体步骤，大致可分为轮廓勾画和细节设计两个步骤。

轮廓勾画包括两方面的内容：一是为实现特定目标，尽可能多地提出相应的方案；二是将各种方案的轮廓勾画出来。

在进行轮廓勾画时，应当注意以下问题：

（1）要保证方案的多样性，以备选优。

（2）要保证方案轮廓整体上的完备性，每一方案都应包含行动原则、指导方针、基本措施、发展阶段等内容。

（3）各方案之间应具有互斥性，不能相互重复、包含。

细节设计是按照所勾画的各种政策方案轮廓，确定实现政策目标的具体途径、措施和手段。

4. 政策方案选优

政策方案的选优是指对已设计出来的各种政策方案进行评选，从中找出一个最佳方案的过程。

在进行政策方案的评估时，应当坚持以下标准：

（1）应能最大限度地实现政策目标。

（2）消耗的资源应尽可能少。

（3）实现政策目标的风险应尽可能小。

（4）实施中产生的副作用应尽可能小。

一般而言，既能以最小的投入最大限度地实现政策目标，同时又不至于产生什么风险或负面影响的方案便是最好的政策方案。

5. 政策方案合法化

政策方案要得到社会的认同和遵循，还需经过一定的程序获得合法性。政策方案通过一定程序获得合法地位的过程称为政策合法化。

不同的政策主体制定的政策，其合法化程序往往有所不同。

一般而言，社会政策的主体为政府及立法机关等。在我国，除此之外，还包括中国共产党的领导机构及一些带官方性质的社会团体。它们制定的政策方案都有一个合法化的过程。

（二）社会政策的执行

1. 社会政策执行的意义及其特点

社会政策的执行是指将正式公布的政策方案加以贯彻、实施，以达到预期的政策目标的各种活动与整个过程。一项最优政策方案，如不加以实际推行，就无法体现政策效果，政策目标就不可能达成，社会问题也不可能得到解决。

社会政策的执行过程具有以下几个方面的特点。

其一，连续性。社会政策的执行过程在时间上是连续的，为实现政策目标，各阶段之间应环环相扣，前后相继。

其二，整合性。社会政策的执行是一个非常复杂的过程，即将各种活动与要素加以整合，以期获得最优整体效应的过程。

其三，灵活性。执行者与执行机构应根据新变化对既定的程序、策略作适时调整。

2. 有关社会政策执行过程的理论模型

（1）四因素论。[①]

四因素论认为，在政策执行过程中，影响重大的因素有四个：一是理想化政策；二是目标群体；三是执行机构；四是环境因素，包括影响政策执行与受政策执行影响的各种政治、经济、社会及文化因素。政策执行需要不断考虑政策面临的限制、压力及紧张，并加以回应。

（2）六因素论。[②]

六因素论也称“互动模式”，即用六个变项研究政策与执行之间的关系。六个因素分别是：其一，政策的标准；其二，目标及政策的资源；其三，组织间的沟通与有效执行；其四，执行机构的特质；其五，经济、社会与政治条件；其六，执行者的意向。

（3）循环理论。[③]

循环理论将政策执行过程分为三个不同阶段：第一个阶段是纲领发展阶段，第二个阶段是资源分配阶段，第三个阶段是监督阶段。这三个阶段并非直线单向地运行的，而是相互循环的。同时，政策执行过程亦受到环境条件的影响。

---

① 参见曾纪茂、周晶：《公共政策导论》，157～158页，成都，四川人民出版社，2001。

② 参见上书，154～155页。

③ 参见上书，158～159页。

（4）中国模式。

中国模式是一些政策学者对我国独具特色的社会政策执行模式进行研究而形成的一种理论，尚不成熟。社会政策的执行一般细分为准备与实施两个阶段。

准备阶段又包括制订计划、组织落实、宣传、物质准备、典型试验等内容。

实施阶段包括指挥、协调、监督、控制等方面的工作。

（三）社会政策的评估

社会政策的评估是指这样一个科学过程：政府或专业政策分析机构根据社会政策的投入、政策执行过程、政策实际产出与政策现实影响之间的因果关系，判断政策投入、政策过程、政策产出是否直接导致了实际的政策影响，分析政策投入、政策过程、政策产出、政策影响等各方面的因素，理解社会政策的实际结果、影响与政策的预期目标是否一致。

1. 社会政策的评估标准

（1）传统的理性标准，重点在于理性计算某一社会政策取得的实际效果。

（2）公众的评估标准。

（3）政治角度的评估标准。

（4）法律角度的评估标准。

选择不同的评估标准和标准的不同排序、使用，将直接影响到政策评估的结果。

2. 社会政策的评估程序

（1）准备阶段。准备阶段的主要工作有两个方面：一是确定评估的对象，二是制定评估方案。

（2）实施阶段。实施阶段的主要工作是全面收集政策制定、实施、产出、影响等方面的各种信息，整理、归类、统计和分析这些信息，运用适当的评估方法和技术，测算和分析社会政策实施的效果，得出社会政策评估的价值判断和技术分析结论，提出相关的社会政策建议，写出评估报告。

（3）总结和反馈阶段。在提交评估报告、结束评估工作之前，要对评估过程进行再检查，对评估结果的可信性和有效性进行分析，要与社会政策设计、制定、执行、监督机构和人员及社会政策的目标群体进行必要的沟通和讨论，以便提高社会政策评估的效果。[①]

3. 社会政策的评估方法

（1）社会政策目标达成评估。社会政策目标达成评估主要从两个方面进行评估：社会政策目标是否顺利实现，实现程度如何；社会政策影响的评估。

（2）公众导向评估。公众导向评估是指将社会政策所作用的目标群体即公众

---

① 参见李由：《中国转型期公共政策过程研究》，547页，北京，北京师范大学出版社，2008。

的目标、需要、价值等作为评估的组织原则和价值标准，评估社会政策对公众的目标需要、价值的满足程度。

(3) 社会实验评估。社会实验评估运用类似于自然科学中的实验室分析方法，对社会政策实施效果进行检测评估。

(四) 社会政策的调整

1. 实施社会政策对社会问题的影响

实施社会政策评估的直接目标是考察社会政策的实施对社会问题所产生的影响，最终目标是为确定政策调整方式提供基本依据。

一项社会政策对其所对应的社会问题所可能造成的影响，大体上可分为以下五个方面。

其一，社会政策可以完全（基本）解决社会问题。

其二，社会政策可以减轻社会问题的严重性。

其三，社会政策对社会问题并未产生实际效果，或只不过使问题改变了存在的方式。

其四，社会政策实施后，反而使社会问题的严重性加剧，或引起了新的社会问题。

其五，社会政策预防了社会问题的发生。

2. 社会政策的调整

社会政策的调整是根据政策评估结果，对现行社会政策进行修改、补充、分解或终止的过程。

(1) 社会政策调整的内容。

政策调整的内容，一般说来，有以下几个方面。

其一，功能的调整。功能是政策执行者为了满足目标群体的需要而提供的各种服务，政策的效果就是通过具体的功能来体现的。功能调整意味着某种服务的改变或终止。

其二，机构的调整。这分两种情况：一是，有的机构系专为实施某一政策而设，政策一旦终结，机构亦随之撤销；二是，有的机构同时承担几种政策的推行工作，某项政策的终止会导致该机构规模、经费等缩减。

其三，政策的调整。政策调整即改变或停止实施某一政策。

(2) 社会政策调整的方式。

其一，政策替代。政策替代即用新政策取代旧政策，但政策所针对的问题不变。

其二，政策合并。政策合并是指旧的政策作为整体虽被终止，但其部分内容仍然适用，因而被合并到其他政策中。

其三，政策分解。政策分解是指将原来的政策的内容按一定的标准分解成几部分，每一部分各自成为一项新的政策。

其四，政策缩减。政策缩减是采用渐进方式对某一政策加以终结，这样可避免仓促终结所可能产生的剧烈反应。

四、中国社会政策的演变与现状①

（一）中国社会政策的演变

虽然制度化、体系化的社会政策起源于西方国家，但零星的社会政策思想与实践中国自古就有。

民国时期，西方的社会政策思想和实践开始被引入中国，20 世纪 40 年代我国曾提出社会政策的基本纲领，但因当时处在战乱时期，这一纲领实际未能实施。

新中国成立后直到实行改革开放前，在计划经济体制下，我国实施了一些属于社会政策范畴的社会保障与社会福利措施，主要有以下几个方面：其一，社会保险制度；其二，“五保”制度和合作医疗制度；其三，优抚安置；其四，社会福利；其五，社会救济。

（二）市场转型与中国社会政策的改革

这里特别需要指出的是，在计划经济体制下，社会政策是缺乏独立地位的，是作为经济体制的一个组成部分而存在的。这种状况不利于社会政策体系的建立、完善及其独特功能的发挥。

随着市场化导向的改革的深入，社会政策的重要性变得越来越明显。第一，经济体制转轨使社会福利的供给模式发生了变化。第二，在市场经济条件下，公平和公正问题变得突出。实现社会公平离不开社会政策。

改革以来，我国社会政策的地位、内容及主体都发生了重要的变化。

（1）就地位而言，社会政策已日益从经济体制中剥离出来，成为一个相对独立的领域，并开始受到关注和重视。

（2）就内容而言，社会政策的内容体系趋向完善，各个项目的制度化、规范化建设都取得了重要的进展。

（3）就主体而言，社会政策的实施主体虽然仍主要是政府，但开始强调社区、非政府组织、民间团体、家庭、个人的责任。

---

① 参见李迎生：《转型时期的社会政策：问题与选择》，13～22 页，北京，中国人民大学出版社，2007。

（三）中国社会政策现状的特点

当前，我国社会政策发展取得了很大的成绩，也存在以下几个方面的缺陷。

1. 从属性

虽然目前在我国社会政策已开始受到更多的关注和重视，成为一个相对独立的领域，但相对于经济政策而言，社会政策依然处于从属或依附地位。

2. 不完整性

社会政策应当包括补偿性社会政策和发展性社会政策。

（1）补偿性社会政策主要是针对弱势群体的社会保障政策、社会救助政策、住房补贴政策以及其他各种基本权利的保护政策，这类社会政策旨在维护社会弱势群体成员的基本生存权利。

（2）发展性社会政策主要是指有关增加弱势群体的社会参与机会、增强其社会参与能力，以消除社会排斥、实现社会整合的政策，这类政策旨在维护社会弱势群体成员平等参与社会发展的权利，保证其平等参与社会发展的机会和必要的素质。

但在我国，补偿性政策往往更受到重视，而发展性政策往往由于这样那样的原因或困难被弃置一旁，或根本就未被加以考虑。

在上述两类社会政策内部，也都存在着各种缺陷，需要加以补充、充实、改革和完善。

3. 不平衡性

由于城乡分割的二元社会格局的影响，我国目前的社会政策仍然存在着严重的城乡区别对待的问题。

就我国城乡福利制度的类型来看，它实际上是制度型（针对城市居民）与剩余型（针对农村居民）并存。

4. 不稳定性

我国目前的社会政策尚存在法制化程度低、制度化程度低、不稳定的问题。政策不能通过立法的途径加以明确，而政府权力又弱化，所以其推行的阻力大大增加了。阻力一大，政府就出台变通的政策加以取代；变通的政策遇到阻力，政府就再做变通，其结果是使政策难以保持相对的稳定性。

5. 低效性

我国目前的社会政策的低效性表现在两个方面：

一是社会政策在执行过程中针对性不强。该受政策支持的人不能得到实际的支持，不该接受支持的人却获得了支持。

二是我国目前的社会政策分属于不同的政府部门或准政府部门、社会团体管理和执行，缺乏统一的协调机构，这使得政策在执行过程中可能出现有的目标人群成员获得了重复支持，有的却得不到应有的支持的状况。

【课后题详解】

1. 什么是社会政策，它有哪些特点？

（这个问题包含两个方面的内容：一是社会政策的含义，二是社会政策的特点。）

（1）社会政策的含义是：社会政策是国家或（和）政府为解决社会问题、改善社会环境、促进社会公正、实现社会发展而制定和实施的各种原则、方针。

（2）社会政策至少有如下特点：其一，权威性。社会政策是由特定的主体制定与执行的，具有法定的权威性。其二，价值性。社会政策具有特定的价值取向，要实现特定的目标或目的。其三，政治性。社会政策的决策是一种政治过程，按照政治的程序和原则运转。其四，原则性。社会政策是解决或应对社会问题的基本原则或方针，属于原则性的规定。其五，强制性。社会政策作为一种规范或准则，带有强制性，必须为目标群体所遵守。其六，时代性。社会政策务求适应时代需要。其七，可行性。社会政策的目标应当切实可行。其八，具体性。每一种社会政策都针对特定的社会问题，且都有具体的政策目标。

2. 试述西方社会政策理论的发展演变过程。

（这个问题的回答，首先要说明西方社会政策理论经历了哪几个发展阶段；其次，分别阐述西方社会政策理论在各个阶段代表性的理论观点，以及彼此之间的演进关系。）

总的来说，西方社会政策理论大体上主要经历了四个发展阶段：工业革命时期的社会政策理论、19 世纪末 20 世纪初的社会政策理论、福利国家时期的社会政策理论、社会政策理论的多元化时期。

下面是社会政策理论在各阶段代表性的理论观点，以及彼此间的演进关系。

（1）工业革命时期的社会政策理论。这一时期，社会政策理论的代表有古典自由主义和马克思主义，并以古典自由主义最为典型。古典自由主义认为自由竞争是实现社会公益的最有效方法，反对国家和政府干预市场，国家和政府只能充当“守夜人”角色；同时，认为应该关心劳动者的福利，要改善他们的生活状况，制定最低工资率，保证工人自己及其家庭的基本生活需要。古典自由主义的观点主要基于人道主义“仁爱”、“人性”和自然权利观念。人道主义宣扬人类的“自由、平等、博爱”，强调人是平等、自主的，人有权利得到社会平等的关心和尊重。所以，以人道主义的道德动机为出发点，而以维护人的平等和尊严为目的的自然权利理论，就成为 19 世纪以前社会政策的主要思想观念基础。

（2）19 世纪末 20 世纪初的社会政策理论。这一时期，社会政策理论发生了深刻的变化，自由主义、社会主义思想流派都产生了一定程度的变异，形成了一些新的派别，以社会民主主义为主要代表。社会民主主义来源于社会主义，继承马克思主义社会平等的思想，倡导全民福利的思想；同时，社会民主主义还认为，必须推动和强化国家、政府来承担责任，发挥作用，以此改善社会经济状况，提升劳工阶级的福利水平。它最突出的特点在于，对包括经济平等在内的更大程度的平等的重视，以及把社会政策视为实现社会主义的手段的思想。特别是一战后，以凯恩斯主义为代表的社会政策理论打破传统的古典自由主义一味强调自由竞争、政府不干预经济的政策，强调政府在保障民众生活方面的职责，主张政府应干预经济和社会问题，政府必须制定一系列社会政策和立法来保障民众的基本生活。

（3）福利国家时期的社会政策理论。这一时期，以凯恩斯主义为代表的国家干预主义在欧洲以“福利国家”的面貌出现，并掀起了一个建设“福利国家”的浪潮。社会政策的理论基础就是公民权利观念。公民权利包括法律权利、政治权利、社会权利和参与权利。20 世纪 70 年代以后，福利国家开始面临诸多困境，并招致了新自由主义对“福利国家”最为猛烈的攻击。新自由主义自诩为“古典自由主义的复兴”，主张实行个人自由和市场竞争而舍弃“福利国家”。新自由主义主张在尊重人的自由、不破坏市场原则的基础上，以适当的方式实施福利保障，这就是尽可能地在社会政策领域也贯彻竞争的原则，而不是用保护去代替竞争。然而，这一主张过分强调了市场的自由竞争原则，将个人自由绝对化，忽视了个人规避和应对风险的能力存在高低之分，这对那些能力较弱的人群来说是不公平的。

（4）社会政策理论的多元化时期。20 世纪 80 年代以来，社会政策理论走向多元化时期。这一时期，社会政策理论的典型代表有：否定公民权利理念和福利国家制度、鼓吹市场自由竞争原则的新自由主义；试图调和自由主义和社会民主主义的对立、主张混合社会政策的所谓“第三条道路”——新社会民主主义，旨在停止老派社会民主主义和新自由主义之间的争论和对立。此外，社会政策理论流派中还存在以下流派：新保守主义、传统社会民主主义、社群主义，等等。

3. 社会政策的一般过程包含哪些基本环节（程序）?

(对这个问题的回答，要包括一项社会政策从制定到执行，再到评估，以及最后的政策调整的全过程。)

社会政策的一般过程包括政策制定、政策执行、政策评估和政策调整四个阶段。

（1）社会政策的制定。社会政策的制定涉及从发现问题到政策方案出台的一系列过程，包括确认政策问题、建立政策议程、制定政策方案、政策方案选优、政策方案合法化等各种环节。确认政策问题是政策制定过程的第一个环节。建立政策议程就是将政策问题纳入政治机构的行动计划的过程。制定政策方案也称政策方案的设计，是对解决问题的各种可能性途径和方法的选择活动，其目的在于提供各种有利于实现政策目标的备选方案。政策方案选优是指对已设计出来的各种政策方案进行评选，从中找出一个最佳方案的过程。政策方案合法化是政策方案通过一定程序获得合法地位的过程。

（2）社会政策的执行。社会政策的执行是指将正式公布的政策方案加以贯彻、实施，以达到预期的政策目标的各种活动与整个过程。一项最优政策方案，如不加以实际推行，就无法体现政策效果，政策目标就不可能达成，社会问题也不可能得到解决。社会政策的执行过程应注意以下几点：要保持其连续性、整合性、灵活性。

（3）社会政策的评估。社会政策的评估是指这样一个科学过程：政府或专业政策分析机构根据社会政策的投入、政策执行过程、政策实际产出与政策现实影响之间的因果关系，判断政策投入、政策过程、政策产出是否直接导致了实际的政策影响，分析政策投入、政策过程、政策产出、政策影响等各方面的因素，理解社会政策的实际结果、影响与政策的预期目标是否一致。社会政策的评估标准有传统的理性标准、公众的评估标准、政治角度的评估标准、法律角度的评估标准。社会政策的评估程序分三个阶段：准备阶段、实施阶段和总结反馈阶段。社会政策的评估方法有目标达成评估、公众导向评估和社会实验评估。

（4）社会政策的调整。社会政策的调整是根据政策评估结果，对现行社会政策进行修改、补充、分解或终止的过程。政策调整的内容有以下几个方面：功能的调整、机构的调整和政策的调整。政策调整的方式有政策替代、政策合并、政策分解和政策缩减。

4. 试述社会政策制定的一般程序。

（这一问题主要是回答社会政策制定的过程，即从发现问题到政策方案出台的整个过程。）

所谓社会政策的制定，是指从发现问题到政策方案出台的一系列过程，具体包括确认政策问题、建立政策议程、制定政策方案、政策方案选优、政策方案合法化等各种环节。

（1）确认政策问题。确认政策问题是政策制定过程的第一个环节。确认政策问题的必要条件：其一，存在一种可以确认的客观情势。其二，出现了强烈的公众诉求。其三，形成了明显的政策需要。

（2）建立政策议程。建立政策议程是将政策问题纳入政治机构的行动计划的过程。一个社会问题只有以一定的形式、经过一定的渠道被纳入政策议程，成为决策者和政策咨询人员的研究对象，才有可能通过政策途径得到解决或处理。政策议程可划分为公共议程（或公众议程）和政府议程（或正式议程）两种类型，也可视为政策议程的两个阶段。

（3）制定政策方案。制定政策方案也称政策方案的设计，是一种决策过程，是对解决问题的各种可能性途径和方法的选择活动，其目的在于提供各种有利于实现政策目标的备选方案。政策方案的设计包含一系列具体步骤，大致可分为轮廓勾画和细节设计两个步骤。

(4) 政策方案选优。政策方案的选优是指对已设计出来的各种政策方案进行评选，从中找出一个最佳方案的过程。一般而言，既能以最小的投入最大限度地实现政策目标，同时又不至于产生什么风险或负面影响的方案便是最好的政策方案。

(5) 政策方案合法化。政策方案通过一定程序获得合法地位的过程称为政策合法化。一般而言，社会政策合法化的主体为政府及立法机关等。

5. 社会政策调整的方法有哪些?

(对这个问题的回答，可以分两个步骤进行：第一步，回答什么是社会政策调整；第二步，阐述社会政策调整的方式或方法。)

(1) 什么是社会政策调整? 社会政策的调整是根据政策评估结果，对现行社会政策进行修改、补充、分解或终止的过程。就政策调整的内容而言，包括政策功能的调整、政策机构的调整和政策自身的调整。

(2) 社会政策调整的方式或方法包括以下几个方面：其一，政策替代。政策替代即用新政策取代旧政策，但政策所针对的问题不变。其二，政策合并。政策合并是指旧的政策作为整体虽被终止，但其部分内容仍然适用，因而被合并到其他政策中。其三，政策分解。政策分解是指将原来的政策的内容按一定的标准分解成几部分，每一部分各自成为一项新的政策。其四，政策缩减。政策缩减是采用渐进方式对某一政策加以终结，这样可避免仓促终结所可能产生的剧烈反应。

6. 简述我国社会政策现状的特点。

(对这个问题的回答，包括两个层面：一是介绍当前我国社会政策的新变化和新趋势；二是分析我国社会政策现状的特点。)

(1) 改革开放以来，随着市场化导向的改革的深入，社会政策的重要性变得越来越明显，也取得了很大的成就。我国社会政策的地位、内容及主体都发生了重要的变化。就地位而言，社会政策已日益从经济体制中剥离出来，成为一个相对独立的领域，并开始受到关注和重视。就内容而言，社会政策的内容体系趋向完善，各个项目的制度化、规范化建设都取得了重要的进展。就主体而言，社会政策的实施主体虽然仍主要是政府，但开始强调社区、非政府组织、民间团体、家庭、个人的责任。

(2) 我国社会政策目前主要存在以下几大缺陷：

第一，从属性。虽然目前在我国社会政策已开始受到更多的关注和重视，成为一个相对独立的领域，但相对于经济政策而言，社会政策依然处于从属或依附地位。

第二，不完整性。社会政策一般包括补偿性社会政策和发展性社会政策两个方面。而在我国，补偿性政策往往更受到重视，而发展性政策往往由于这样那样的原因或困难被弃置一旁，或根本就未被加以考虑。

第三，不平衡性。例如，由于城乡分割的二元社会格局的影响，我国目前的社会政策仍然存在着严重的城乡区别对待的问题。就我国城乡福利制度的类型来看，它实际上是制度型（针对城市居民）与剩余型（针对农村居民）并存。

第四，不稳定性。我国目前的社会政策尚存在法制化程度低、制度化程度低、不稳定的问题。政策不能通过立法的途径加以明确，而政府权力又弱化，所以其推行的阻力大大增加了。阻力一大，政府就出台变通的政策加以取代；变通的政策遇到阻力，政府就再做变通，其结果是使政策难以保持相对的稳定性。

第五，低效性。我国目前的社会政策低效性主要表现在两个方面：一是社会政策在执行过程中针对性不强，使得该受政策支持的人不能得到实际的支持，不该接受支持的人却获得了支持；二是社会政策分属于不同的政府部门或准政府部门、社会团体管理和执行，缺乏统一的协调机构，这使得政策在执行过程中可能出现有的目标人群成员获得了重复支持，有的却得不到应有的支持的状况。

第十九章

社会建设

【知识框架】

社会建设，简而言之就是建设“社会”。但因人们对“社会”一词的理解不同，所以对社会建设概念的理解也有所不同，有广义的社会建设概念，有狭义的社会建设概念，进而也形成了诸多不同的对社会建设的现实关怀；与此同时，还形成了诸多不同的与社会建设相关的理论，以及社会建设的操作性观点。然而，不管怎样，这些理论和观点对于我们今天推进社会建设、实现和谐社会都有重要的启示作用。

本章知识框架如下。

- 社会建设
  - 一、社会建设的概念
    - （一）社会建设的主要关怀
      - 对社会建设的秩序关怀
      - 对社会建设的民生关怀
      - 对社会建设的风险关怀
      - 对社会建设的结构关怀
      - 对社会建设的价值关怀
      - 对社会建设的历史关怀
    - （二）关于社会建设的综合性定义
  - 二、社会建设的相关理论
    - （一）与广义的社会建设相关的理论
      - 社会有机体论
      - 社会团结论
      - 社会整合论
      - 社会冲突论
      - 发展理论
      - “现代人”理论
      - 社会公正论
      - 风险社会论
      - 社会主义社会本质论
    - （二）与狭义的社会建设相关的理论
      - 社会福利论
      - 公民社会论
    - （三）社会建设的操作性观点
      - 善治的观点
      - 制度主义的观点

【学习笔记与拓展知识】

一、社会建设的概念

(一) 社会建设的主要关怀

1. 对社会建设的秩序关怀

秩序关怀强调社会建设主要是化解社会矛盾和冲突，追求社会秩序与和谐。

我国政府在提出社会建设实践问题时，表现出明显的秩序关怀，这种关怀充分反映在建设社会主义和谐社会的理念中。

在学术界，很多学者也从强调秩序建设的角度来理解社会建设。

2. 对社会建设的民生关怀

民生关怀主要针对中国现代化进程中经济社会发展严重失衡的实际情况，强调发展社会事业、推动社会进步以改善民生质量的重要性。

社会建设的重点就是保障和改善民生。

3. 对社会建设的风险关怀

风险关怀与对社会建设的秩序关怀、民生关怀密切相关，在实际政策中，有时也被整合到秩序关怀与民生关怀中。

这种关怀认为社会建设的重要内涵是反思现代化进程，建立健全社会风险的识别、处理和防范机制，改进国家在风险管理中的作用，以确保社会安全。

4. 对社会建设的结构关怀

结构关怀主要是针对中国现代化进程中出现的快速和失常的结构分化现象，强调优化社会结构的重要性。

社会建设关键是协调人与人、人与社会以及人与自然的关系。

(1) 在人与人的关系方面，最重要的是促进利益协调和增进社会成员的共识；

(2) 在人与社会的关系方面，最重要的是改善公共物品供给、拓展社会互助与志愿服务；

(3) 在人与自然的关系方面，最重要的是改进资源利用和促进环境保护。

5. 对社会建设的价值关怀

价值关怀主要针对的是中国现代化进程中客观出现的价值观念多样化以及某种程度上的信仰危机，强调建设主流价值观念对于凝聚社会共识、促进社会整合的重要性。

在社会主义初级阶段推进社会建设，至少包含了以下一些重要的价值趋向：

其一，融合中国传统文化价值；其二，坚持以生产资料公有制为基础，发挥社会主义经济制度的优越性；其三，在坚持市场机制配置资源的前提下，积极推进政府职能转变，建设服务型政府，充分发挥政府的再分配作用；其四，发挥社会主义政治制度的优势，完善民主集中制，动员全社会力量推进社会建设；其五，在社会建设进程中加强和改善共产党的领导。

中国社会建设必须以马克思主义特别是马克思主义中国化的成果为指导，坚持马克思主义的立场、观点和方法，坚持以人为本、共赢互利等基本理念。①

6. 对社会建设的历史关怀

历史关怀强调社会建设的历史性，也就是说应从历史发展的角度对社会建设进行具体分析。

社会建设是一个历史过程。一方面，应当看到社会建设是一个普遍的实践过程。在人类历史的不同发展阶段，为了谋求社会团结和社会秩序而进行的社会建设尝试普遍存在。另一方面，应当看到在不同历史时期、不同文化传统和制度背景下，社会建设的路径和效果有很大差异。

理解当代中国社会建设就不能忽视历史。一方面，新中国成立以来，特别是改革开放以来，我国社会建设的实践一直进行着，不过在不同的阶段遵循不同的模式，取得了不同的效果。

另一方面，从历史的角度理解当代中国社会建设，应当看到它与以往社会建设，特别是与前社会主义各种制度条件下的社会建设，有着很大的不同。最为突出的就是社会建设的社会主义本质属性，只有在社会主义条件下，通过发挥人的能动性，建设一个和谐社会才有了真正的可能。

（二）关于社会建设的综合性定义

（1）郑杭生认为：所谓社会建设，从正向说，就是要在社会领域或社会发展领域建立起各种能够合理配置社会资源、社会机会的社会结构和社会机制，并相应地形成各种能够良性调节社会关系的社会组织和社会力量；从逆向说，就是不断地研究社会矛盾、社会问题和社会风险的新表现、新特点和新趋势，创造正确处理社会矛盾、社会问题和社会风险的新机制、新实体和新主体，通过这样的新机制、新实体和新主体，更好地弥合分歧，化解矛盾，控制冲突，降低风险，增加安全，增进团结，改善民生。②

（2）陆学艺认为：社会建设是从社会所处的发展阶段的实际出发，顺应社会发展的趋势，遵循社会发展的规律，有组织、有目的、有计划地动员各种社会力

---

① 参见郑杭生主编：《中国人民大学中国社会发展研究报告（2006）》，北京，中国人民大学出版社，2006。

② 参见郑杭生：《社会建设：改善民生与公平正义》，载《中国社会科学院学报》，2007－12－04。

量，在社会领域从事的各项建设。因此，社会建设是一项庞大的系统工程。[①]

（3）综合性定义：社会建设是一项系统的、持续的社会工程，主要是指在经济增长和政府改革的基础上，通过制度建设和政策引导，发展社会事业，改善社会治理，增进社会融合，保障社会的可持续性，从而全面提升当代人和后代人的福利水平，实现社会和谐与永续发展。社会建设的核心内涵是发展社会事业以改善民生，促进经济、社会、政治与文化各个子系统之间的关系协调。

二、社会建设的相关理论

社会建设有广义和狭义之分：

广义的社会建设，是指整个社会的建设，即包括政治子系统、经济子系统、思想文化子系统和社会生活子系统在内的整个社会大系统的建设和管理；

狭义的社会建设，着重指与政治、经济、思想文化等各子系统并列的社会生活子系统的建设。

社会建设的有关理论也可以区分为三种主要类型：

其一，与广义的社会建设相关的理论；

其二，与狭义的社会建设相关的理论；

其三，社会建设的操作性观点。

（一）与广义的社会建设相关的理论

1. 社会有机体论

社会有机体论强调社会的整体性、联系性和变化的内生性，把社会作为一个整体来分析。

西方社会学家的社会有机体论与马克思主义的社会有机体论有着本质的区别。后者揭示了社会的本质、社会关系的性质以及社会运动变化的规律，是科学的社会理论，是社会建设各种相关理论的重要基础。

马克思主义认为，社会的本质既不是个人的简单相加，也不是外在于个人的所谓客观实在，而是人与人之间交互作用的产物，是各种社会关系的总和。

马克思主义认为，社会的各个组成部分以及各种社会活动之间是紧密相连的，社会本身是一个有机统一而又充满着内部矛盾的整体。其中一个部分、一种活动的变化，会相应地引起社会其他部分、其他活动的变化。社会这个有机整体可以区分为经济、政治、社会生活、思想文化四个子系统。

马克思主义的社会有机整体思想对社会建设的启示有以下几个方面：

---

① 参见陆学艺：《关于社会建设的理论和实践》，载《理论前沿》，2008（11）。

(1) 它揭示了社会的四个子系统，赋予中国特色社会主义建设经济、政治、文化和社会生活“四位一体”以科学性。

(2) 它揭示了社会建设必须与经济、政治和文化等系统的建设相协调，尤其是与经济发展相协调，应在经济发展的基础上推动社会建设。

(3) 它事实上揭示了在不同的物质生活生产方式的基础上，有着不同的社会建设内涵、方式、目标与实际结果。

(4) 它揭示出随着社会的不断发展和进化，社会有机整体的结构日趋复杂，社会内部的分化日趋细密，由此导致社会有机体的管理和调节日益复杂，难度日益加大。

2. 社会团结论

社会团结指的是把个体结合在一起的社会纽带，是一种建立在共同情感、道德、信仰或价值观基础上的个体与个体、个体与群体、群体与群体之间的，以结合或吸引为特征的联系状态。①

涂尔干区分了两种类型的社会团结：一是机械团结，即通过强烈的集体意识将同质性的个体结合在一起的团结类型，主要体现于工业社会之前的传统社会中；二是有机团结，即建立在社会成员异质性和相互依赖基础上的团结形式，主要体现于工业社会以来的社会中。

现代社会团结所遭受的威胁主要来自以下几个方面：第一，高度分工的个人与群体活动的相互配合不够；第二，与高度分工相联系的日趋增长的异质性和个性；第三，阶级制度与外在的不平等。②

社会团结论对当前社会建设的重要启示在于：

(1) 在现代化进程中推动社会建设要有新思路，不能拘泥于传统经验，应该着眼于研究现代社会的趋势，发现并利用其自身的积极因素，同时采取有效措施，抑制和防范其消极影响；

(2) 应当注意防范现代化进程中个人主义的极端膨胀，防止社会的失范和原子化，以免威胁到社会整体的运行和发展；

(3) 在现代化进程中应高度重视规范建设和社会组织建设，充分发挥法律和道德在协调社会关系中的作用。

3. 社会整合论

社会整合论与社会团结论密切相关，如果说社会团结论是“客观”地分析从传统社会向现代社会转变过程中社会团结方式的变化，那么，社会整合论则更加明确地主张整合是现代社会的中心问题，并致力于揭示促进社会整合的具体机制和过程。

帕森斯认为，社会秩序的维持有赖于社会中四类制度性结构的功能发挥及彼此间的功能耦合。这四类制度性结构分别是经济制度、政体、法律、家庭与教育以及宗教制度。它们分别承担着从环境中获取资源的适应功能，分配资源并使用

---

① 参见贾春增主编：《外国社会学史》，137页，北京，中国人民大学出版社，1989。

② 参见宋林飞：《西方社会学理论》，37页，南京，南京大学出版社，1997。

于特定目标的达鹄功能，维持和调节社会成员关系的整合功能，以及保存和传递社会基本价值规范的潜在模式维持功能。以上功能的正常发挥是社会秩序形成的重要前提。

社会整合论对今天的社会建设的启示有以下几个方面：

第一，加强社会建设，促进社会整合是现代社会系统正常运行的客观需要；

第二，应当在保证价值观的合理性、包容性以及变化性的基础上，构建社会共同价值观，并发挥其社会整合作用；

第三，在使社会主流价值观为社会上大多数成员所接受方面，应当坚持教化与约制“两手抓”；

第四，应促进社会主要制度性结构的功能发挥以及彼此间的功能耦合。

4. 社会冲突论

马克思主义是社会冲突论的重要思想渊源。

西方社会冲突论认为，每个社会都以其内部一部分成员压制其他成员为基础，凡是有社会生活的地方就存在着冲突，冲突无法彻底消除。但社会冲突是可以加以疏导和控制，从而暂时得到抑制的，有时冲突对于维护社会秩序和促进社会达到新的均衡，甚至具有积极的功能。

冲突是不可避免的，但一些条件可以影响冲突的强度和烈度。建立冲突调节机制的条件是：

第一，冲突团体必须具有一致的价值前提，即共同认可冲突是权威结构中不可避免的现象；

第二，冲突团体必须达到一定的组织化程度；

第三，冲突团体必须共同遵守一些正式的冲突规则。

社会冲突论对今天的社会建设的最重要启示在于：

第一，社会建设不能回避社会矛盾和冲突的客观存在，不能企图消灭任何形式的矛盾与冲突；

第二，社会建设应当在正视各种社会矛盾与冲突的基础上，认真研究它们产生的社会原因以及可能的社会危害；

第三，对于冲突的重视和研究，目的在于避免冲突的发生或缓解冲突对社会的负面影响；

第四，社会建设的一个重点是建设协调社会关系、化解社会冲突的常规机制，着眼于提升社会包容和缓和冲突的能力。

5. 发展理论

社会学的发展理论主要包括现代化理论、依附理论和世界体系论等，这些理论的核心是讨论发展中国家如何才能发展或为何不能取得发展。

现代化理论所要解释的核心问题是一个传统社会如何迈向现代社会。其主要观点包括四个方面：

(1) 传统与现代的二分法，其中，现代社会以西方社会为参照，与其不同的形态则被称为传统社会。

(2) 认为非西方不发达国家仍处在传统社会阶段。

(3) 非西方不发达国家之所以没有实现现代化，是因为其社会内部仍有“传统性”，这包括人的传统性、社会结构与文化的传统性等。现代化实际上是社会的“内生性”变迁过程。

(4) 非西方不发达国家要实现现代化，就必须西方化或者照搬西方模式，引入西方的价值、制度与技术。

罗斯托认为传统社会向现代社会的转变可以划分为五个阶段：(1) 传统社会；(2) 为起飞创造前提阶段；(3) 起飞阶段；(4) 向成熟发展阶段；(5) 高额大众消费阶段。

依附理论认为非西方不发达社会之所以不发达，是因为外部因素的影响，也就是在国际政治经济格局中处于非常不利的边缘位置，对于资本主义中心存在严重的依赖性，世界上发达社会的出现与不发达社会的存在是同一过程的两个方面。不发达社会要寻求发展就必须斩断与资本主义中心的依附关系。

世界体系论继承和发展了依附理论的分析思路，但进行了更加细致的理论建构。

从第二次世界大战结束到20世纪晚期，发展观的演变大致上经历了以下四个阶段：(1) 20世纪50年代到60年代的传统发展观阶段，强调发达国家的经济增长模式具有普适性，国民生产总值的增长具有至高无上的地位；(2) 20世纪60年代后期到70年代的修正传统发展观阶段，强调“发展＝经济增长＋社会变革”；(3) 20世纪七八十年代的发展观转型阶段，提出发展的目的是满足社会和个人的需要，包括物质的需要，以及同每个民族的价值与传统相一致的社会、文化和精神的需要；(4) 20世纪80年代中期以来的可持续发展观流行阶段，强调在不损害后代人满足他们自己需要的能力的条件下，满足当代人需要的发展。

发展理论对我们的启示有以下几个方面：

(1) 非西方社会在追求发展的过程中，一定要坚持独立自主，保持头脑清醒，避免照搬西方的发展理论和模式，要走具有自身特色的发展道路，要统筹国际和国内两个大局，在注重克服国内发展障碍的同时，要积极利用和创造良好的国际环境，以服务于本国在世界体系中的发展。

(2) 必须高度重视追求什么样的发展的问题，必须对发展保持科学的态度，坚持科学发展观。

6. “现代人”理论

“现代人”理论认为，一个社会的现代化，不能仅仅关注经济增长和制度变革，还要关注社会中的人，关注人们的价值观念和行为方式。如果一个国家的人民继续生活在较早的时代，则这个国家要迈进现代化是不可能的。

“现代人”是指具备以下观念和行为素质的人：

（1）乐于接受新的生活经验、新的思想观念和新的行为方式；

（2）准备接受社会变革；

（3）具有形成个人看法的能力，并且愿意考虑各方面的不同意见；

（4）能够积极地搜寻形成个人意见的知识和信息，注重面向现在与未来，有守时惜时的习惯；

（5）对自己的能力充满自信，相信人能够通过学习以控制其生存环境，相信自己或与他人合作能够应对生活的挑战；

（6）无论是在公共事务还是在私人生活中都倾向于制订长期计划；

（7）信赖自己生活的世界，相信在人类控制之下存在一个合理合法的社会；

（8）重视专门技术，有着愿意根据技术水平高低领取不同报酬的心理基础；

（9）支持正规教育和技能训练，乐于看到自己的后代离开传统所认可的职业而从事新的现代职业；

（10）了解并尊重别人的尊严，特别是对弱者的自尊给予更多的保护；

（11）了解生产及过程，积极认识自己的本职工作。

“现代人”理论之所以与社会建设相关，主要是由于以下缘故：（1）很多发展中国家在现代化进程中之所以缺乏社会整合，甚至陷入社会混乱，一个重要原因正是社会成员的价值观念冲突。（2）很多人在讨论社会建设时都偏重于宏观的社会结构和社会活动层面，对社会中的个人在社会建设中的作用关注不足，而“现代人”理论提供了一个新的视角。（3）只要我们坚持走向现代化，那么，注意养成社会成员的现代人格，并在此基础上促进新的社会整合就是必需的。（4）“现代人”理论启示我们关注社会建设中的个人，关注个人心理状态、价值倾向以及其行为方式对现代社会成长的影响。

7. 社会公正论

社会公正论把公正研究纳入发展视野之内，以社会公正审视发展，在发展进程中促进社会公正，是推进社会建设的重要理论视角。

社会公正是维持社会团结、激发社会活力的重要价值基础和相应制度安排，是一个社会得以维系并正常运行的先决条件。

关于社会公正有几个不同的理论观点：

（1）根据公民权原则，主张社会公正就是给所有的人以同等的权利。

（2）根据满足基本生活需求的原则，主张社会公正就是扶助弱者。

（3）根据公正与效率平衡的原则，主张社会公正主要是指机会公平，应当将个人获益与其贡献挂钩。大体上，这些主张游走于两极之间：一极是促进社会成员的平等，另一极是维护个体的自由权利。

社会公正论对我们今天推进社会建设的重要启示在于：

（1）我们要高度重视在发展中促进社会公正，充分认识到社会公正是社会和谐的基本条件；

(2) 要坚持社会主义公有制，并致力于不断发展完善之；

(3) 要把提高效率同促进社会公平结合起来，强调初次分配和再分配都要处理好效率和公平的关系，再分配更加注重公平；

(4) 要切实加强制度建设，确保制度设计能够体现并维护社会成员的权利公平、机会公平、规则公平和分配公平；

(5) 要结合现阶段的实际情况，优先实现“底线公平”，就是确保每个公民都有基本的生活保障，过上有尊严的生活。①

8. 风险社会论

风险社会论认为，现代社会的风险与以前时期的风险相比，在根源、范围、效应以及识别难度等方面，都有很大不同。(1) 具有更强的不确定性；(2) 在空间上，超出其地理上的起源并扩展开去，影响到社会中的所有群体，甚至具有全球性影响；(3) 在时间上，其影响则不仅是当前一代；(4) 今天的风险很大程度上还是普通人看不见的，只有复杂的科学仪器才能识别。

现代社会中的新型风险正在成为社会和历史的主宰力量。

在社会构成方面，风险社会论认为风险社会呈现出了明显的个体化特征。个体化的过程使得个体从传统的支持网络中分离出来，失去了来自家庭、邻里、朋友、伙伴网络的保障和支持方式。社会关系和社会网络的形成有赖于个人选择，社会纽带从而变得具有反思性了。

风险社会理论有以下几个主要观点：

(1) 要管理新型社会风险，已经不能简单地信任科学技术，未来应当谋求科学理性与社会理性的协同。

(2) 风险管理必须超越和重构以前的“理性行动者范式”，在各种复杂的、不确定的、更加个体化的利益、偏好、预期和选择之间，寻求新的平衡。②

(3) 主张建立风险管理的合作模式，社会成员、企事业单位、各种社会团体都应和国家一起成为控制风险的主体，民族国家之间、民族国家与全球公民社会之间以及全球公民社会内部的交流与合作，也是成功管理现代风险所必需的。

风险社会论的重要启示在于：

(1) 在今天推进社会建设的进程中，要清醒地意识到我国正在发生的社会变化，高度重视促进社会整合、防范社会风险以维护社会安全的重要性；

(2) 要认真研究当前中国所面临的社会风险，注意揭示社会转型时期各种类型的风险共生的客观情况及其给风险管理带来的巨大挑战；

(3) 要积极探索适合中国社会风险特点的新型风险管理模式和机制，审慎地检视国家和科技在风险管理中的作用，研究具有国际视野的多元化的、合作主义

---

① 参见景天魁：《底线公平：必须做到的公平》，载《同舟共进》，2007 (1)。

② 参见李培林、苏国勋等：《和谐社会构建与西方社会学社会建设理论》，载《社会》，2005 (6)。

的风险管理策略的可能性和具体路径，推动必要的组织、制度以及观念的变革。

9. 社会主义社会本质论

社会主义社会的本质主要体现为：（1）追求社会和谐和人的全面发展。（2）基本社会关系的非对抗性质。（3）人民群众当家做主，其利益受到高度重视。

推进社会建设是社会主义社会的本质属性，也只有在社会主义条件下，才有可能真正推进社会建设。

社会主义社会本质论对今天社会建设的重要启示在于：

（1）我们应该坚持社会主义道路不动摇，坚持社会建设的社会主义方向；

（2）要敢于正视发展进程中的矛盾和问题，通过努力工作和制度建设，在发展中不断完善社会主义制度，最大限度地增加社会和谐因素，最大限度地减少社会不和谐因素，不断推进社会建设。

（二）与狭义的社会建设相关的理论

1. 社会福利论

社会福利论认为，发展社会福利，可以促进社会团结和社会认同，保障公民的基本生活权利，提升社会成员的生活质量，防范社会运行的风险。在此意义上，社会福利论对于社会建设确实具有借鉴意义，甚至有人把社会建设直接等同于发展社会福利。①

所谓社会福利，从字面上讲就是“社会提供的福利”的意思。但是，对于什么是“社会”、什么是“福利”、由“谁”和向“谁”提供福利以及“如何”提供福利等问题，实际上都有着不同的理解，由此导致了界定社会福利的困难。

（1）就什么是“社会”或由“谁”提供福利而言，有的人强调个人和家庭的责任，主张充分发挥市场在增进个人福利中的作用；有的人强调介于市场与国家之间的公民社会的作用；有的人指出要充分发挥国家在保障和供给公民福利中的作用，甚至主张建立福利国家；也有人认为，所谓的“社会”实际上包含了国家和其他各种社会力量的不同组合。

（2）就向“谁”提供福利而言，有着两种相互对立的观点：一种观点认为社会福利制度所针对的只是社会上的部分弱势人群，实施的应是选择性福利；另一种观点认为，社会福利制度应该是现代社会制度结构中不可缺少的、常规的组成部分，它应实施普遍性福利，即面向全体社会成员提供福利，享受基本福利是现代公民的权利。

（3）就什么是“福利”或提供什么形式的福利而言，一般认为福利就是物资、现金以及相关社会服务。但是，除此共识之外还存在着不同的观点。选择性福利供给模式所提供的就是最低限度的、暂时的甚至带有某种限制条件的物资、现金

① 参见唐铁汉、李军鹏：《西方社会建设的基本理论及其演变》，载《新视野》，2006（1）。

与服务；普遍性福利供给模式则主张维护公民的权利和尊严，保证充分的、体面的福利供给。

（4）就“如何”提供福利而言，早期的社会福利实践主张实施有条件的福利供给，强调在供给福利时要对接受者附加限制条件，约束其“不良”行为并改造其价值观；后来的福利制度强调尊重福利接受者的权利，直接供给福利，维护其体面与尊严，反对使接受者“耻辱化”或“污名化”。

社会福利论对今天社会建设的主要启示在于：

（1）社会福利是一个不断变化、发展的概念，在不同的历史时期和不同的国家有着不同的内涵，发展什么样的福利、如何发展福利取决于特定的社会经济和思想文化条件。

（2）我们今天在经济发展的基础上推进社会建设，其重要而比较直接的内涵就是通过政府干预解决市场失灵问题。

（3）“第三条道路”对中国社会福利的发展具有一定的方向上的启示，但是，我们必须意识到这种思想是建立在西方发达的福利国家的基础上的，而且自身并不完整，也不符合马克思主义的基本观点，甚至还有接近新自由主义的倾向。

2. 公民社会论

公民社会论主张一个介于个人与国家之间的相对独立的社会领域的存在，认为这个领域的存在有其内在的价值，并在保障公民自由和权利、提供社会福利、促进社会团结、推动社会自治等方面发挥着重要作用。由此，公民社会论把社会建设问题转换成了建设“社会”的问题。

虽然公民社会的思想可以追溯到古希腊时期，但是，现代公民社会的理念首先出自黑格尔和马克思。到 20 世纪 80 年代，公民社会概念开始进入主流话语。20 世纪 90 年代以来，公民社会理论已经实现其“复兴”。①

20 世纪 90 年代以来公民社会理论的“复兴”并不仅仅是近代公民社会理论的“复活”，而是出现了一些新的趋势：

（1）新时期的公民社会理论对公民社会的界定更为清晰、更为具体，从而减少了这一概念的抽象思辨的色彩。

（2）新时期的公民社会理论更加清晰地指出了公民社会存在的合理性。

（3）新时期的公民社会理论更加全面地讨论了公民社会与国家的关系。

（4）新时期的公民社会理论提出了全球公民社会的议题。

公民社会理论对我们今天社会建设的启示在于：

（1）坚持以人为本，重视保障公民自由和权利，增进公民福利，是推进社会建设的重要出发点；

（2）在社会建设中充分发挥人民群众的作用，鼓励公众参与，促进社会自治

---

① 参见何增科：《社会大转型与市民社会理论的复兴》，载《当代世界与社会主义》（季刊），1997 (3)；丛日云、庞金友：《西方公民社会理论的复兴及特点》，载《教学与研究》，2002 (1)。

是非常重要的；

（3）公民社会在很大程度上是一种建构，这种建构所映射的国家与市场的缺陷，是我们在推进社会建设过程中应当特别加以注意防范的；

（4）社会力量正在崛起为一种新兴力量，我们必须正视并积极引导，培育社会建设的内在动力，促进国家力量与社会力量之间的有机整合；

（5）目前我国的社会力量在整体上还是比较薄弱的，社会自治的能力还很有限，难以发挥其应有的功能，因此，在积极培育社会力量的同时，我们还是要加强和完善国家的作用，致力于国家与社会的共生共强。

（三）社会建设的操作性观点

1. 善治的观点

善治的观点由统治向治理的转变而来，它强调随着社会经济的变革，公共事务的管理方式也应当发生变革，以促进公共利益的最大化。

治理有五种主要观点：

（1）治理意味着一系列来自政府但又不限于政府的社会公共机构和行为者；

（2）治理表明在现代社会，国家正在把原先由它独自承担的责任转移给公民社会；

（3）治理明确肯定了在涉及集体行为的各个社会公共机构之间存在着权力依赖；

（4）治理意味着参与者最终将形成一个自主的网络；

（5）治理意味着在公共事务的管理中，政府有责任使用这些新的方法和技术来更好地对公共事务进行控制和引导。

治理的核心在于强调由国家力量和社会力量，公共部门与私人部门，政府、社会组织与公民，来共同治理社会。治理与统治的主要区别在于：（1）统治的主体只能是公共权力部门，其权威来源只能是政府；而治理的主体可以是公共权力部门，也可以是私人部门，还可以是二者的合作，其权威来源依仗的主要是合作主体之间的持续性互动。（2）统治的权力向度是自上而下的单向度运作过程，而治理则是多元的、上下互动的过程，它通过合作、协调及对共同目标的确定等手段达致对公共事务的治理。（3）统治遵循的是正式规则、制度与程序；而治理则以信任为基础，遵循的是由主体间协商而同意的规则与程序。

所谓善治，既是治理发展的一个过程，又体现着治理的理想状态。善治的本质特征就在于，它是政府与公民对公共生活的合作管理，是政治国家与公民社会的最佳关系。

善治的基本要素包括六个方面：合法性、透明性、责任性、法治、回应、有效。

建设和谐社会要做好以下几项工作：

（1）要努力扩大公民参与公共事务和政治生活的范围，提高公民的政治参与和社会参与程度。

（2）努力增大政府行为的合法性。

（3）大力推进社会主义法治国家建设。

（4）提高党政权力机关对人民负责的责任性。

（5）扩大政府公共服务的范围，为社会成员提供更多的公共服务。

（6）严格要求公共服务的质量，促进优质公共服务的提供。

（7）不断推进政治信息的公开化，提高政治生活透明度。

（8）提高公共管理机关的廉洁程度，建设廉洁政府。

善治的观点对于我们正在推进的社会建设的启示有：

（1）要继续加强政府的作用，最重要的就是强调公共事务治理中多主体之间的有效合作。

（2）要由政府积极做出努力，培育自己的合作伙伴，特别是公民社会。

（3）为了促进治理中多主体的有效合作，还应该高度重视增进社会互信的问题。

（4）在推进治理和走向善治的过程中，还应当注意维护国家主权和尊严。

2. 制度主义的观点

制度主义的观点强调在社会研究和社会建设中关注制度的重要性，认为借助设计合理的制度安排，一个社会可以明确规定社会成员在社会活动中的权利、责任与利益关系，确立适当的社会地位结构以及社会资源的适当分配，从而使得社会运行呈现为一种有序状态，使得社会成员可以各尽其能、各得其所、和谐相处。

制度主义观点首先关注的是中国社会不均衡变迁这一现象，以及由此现象所导致的制度供给不足问题。

在当今中国社会经济技术层面发生重大变革的基础上，制度建设的相对滞后具有某种客观性。这种滞后导致了制度供给的严重不足，体现为新旧制度长期并存、制度变迁“堕距”、制度变迁“原则不协调”，以及“制度缺失”和“制度真空”。

制度主义观点对今天我们推进社会建设的启示有：

（1）我们要清醒地意识到我们社会中客观存在的制度建设滞后现象，加快建立健全与社会利益关系变化相适应的制度安排，特别是与保障和改善民生密切相关的社会事业发展和公共服务提供方面的制度改革与建设，尽量减少不均衡变迁导致的社会失范及其负面影响。

（2）加强制度建设应当致力于促进制度的公正，不要出现“制度俘获”现象，导致制度成为少数人维护和扩大自身利益的工具。

（3）当前加强制度建设还必须高度关注制度的执行，以免出现社会快速转型时期的制度形式化现象。

【课后题详解】

1. 如何理解社会建设概念的一些现实关怀？

（对这个问题的回答，应从社会建设的概念入手。）

对社会建设概念的不同理解，实际上表达了社会建设不同方面的关怀。目前，有关社会建设的现实关怀主要包括以下几个方面：

（1）秩序关怀。秩序关怀强调社会建设主要是化解社会矛盾和冲突，追求社会秩序与和谐。在学术界，很多学者也从强调秩序建设的角度来理解社会建设。

（2）民生关怀。民生关怀主要针对中国现代化进程中经济社会发展严重失衡的实际情况，强调发展社会事业、推动社会进步以改善民生质量的重要性。社会建设的重点就是保障和改善民生。

（3）风险关怀。风险关怀与对社会建设的秩序关怀、民生关怀密切相关，在实际政策中，有时也被整合到秩序关怀与民生关怀中。这种关怀认为，社会建设的重要内涵是反思现代化进程，建立健全社会风险的识别、处理和防范机制，改进国家在风险管理中的作用，以确保社会安全。

（4）结构关怀。结构关怀主要是针对中国现代化进程中出现的快速和失常的结构分化现象，强调优化社会结构的重要性。社会建设关键是协调人与人、人与社会以及人与自然的关系。

（5）价值关怀。价值关怀主要针对的是中国现代化进程中客观出现的价值观念多样化以及某种程度上的信仰危机，强调建设主流价值观念对于凝聚社会共识、促进社会整合的重要性。

（6）历史关怀。历史关怀强调社会建设的历史性，也就是说应从历史发展的角度对社会建设进行具体分析。社会建设是一个历史过程。一方面，社会建设是一个普遍的实践过程，在人类历史的不同发展阶段，为了谋求社会团结和社会秩序而进行的社会建设尝试普遍存在。另一方面，应当看到在不同历史时期、不同文化传统和制度背景下，社会建设的路径和效果有很大差异。

2. 如何理解社会公正论对当今社会建设的启示？

（对这个问题的回答，包括两个层面：一是说明社会公正论及其主要观点；二是分析社会公正论对社会建设的启示意义。）

社会公正是维持社会团结、激发社会活力的重要价值基础和相应制度安排，是一个社会得以维系并正常运行的先决条件。一个缺乏公正的社会，不仅社会成员无法和谐相处，而且社会的活力也会受到抑制甚至消解，因此不可能是一个组织良好的社会。

社会公正论是推进社会建设的重要理论视角，即把公正研究纳入发展视野之内，以社会公正审视发展，在发展进程中促进社会公正。社会公正论在发展过程中，也形成了一些不同的理论观点。（1）根据公民权原则，主张社会公正就是给所有的人以同等的权利；（2）根据满足基本生活需求的原则，主张社会公正就是扶助弱者；（3）根据公正与效率平衡的原则，主张社会公正主要是指机会公平，应当将个人获益与其贡献挂钩。大体上，这些主张游走于两极之间：一极是促进社会成员的平等，另一极是维护个体的自由权利。

社会公正论对我们今天推进社会建设的重要启示在于：（1）我们要高度重视在发展中促进社会公正，充分认识到社会公正是社会和谐的基本条件；（2）要坚持社会主义公有制，并致力于不断发展完善之；（3）要把提高效率同促进社会公平结合起来，强调初次分配和再分配都要处理好效率和公平的关系，再分配更加注重公平；（4）要切实加强制度建设，确保制度设计能够体现并维护社会成员的权利公平、机会公平、规则公平和分配公平；（5）要结合现阶段的实际情况，优先实现“底线公平”，就是确保每个公民都有基本的生活保障，过上有尊严的生活。

3. 试析公民社会论与社会建设相关的主张。

（对这个问题的回答，包括两个层面：一是阐述公民社会的概念，以及公民社会论的主要观点；二是分析公民社会论有关社会建设的主张和观点。）

所谓公民社会，也称“市民社会”、“民间社会”。公民社会的思想可以追溯到古希腊时期。但是，现代公民社会的理念首先出自黑格尔和马克思。到20世纪八九十年代，公民社会概念开始进入主流话语，并出现了一些新的趋势。（1）新时期的公民社会理论对公民社会的界定更为清晰、更为具体，从而减少了这一概念的抽象思辨的色彩。（2）新时期的公民社会理论更加清晰地指出了公民社会存在的合理性。（3）新时期的公民社会理论更加全面地讨论了公民社会与国家的关系。（4）新时期的公民社会理论提出了全球公民社会的议题。

公民社会论主张，一个介于个人与国家之间的相对独立的社会领域的存在有其内在的价值，它在保障公民自由和权利、提供社会福利、促进社会团结、推动社会自治等方面发挥着重要作用。由此，公民社会论把社会建设问题转换成了建设“社会”的问题。所以，在社会建设过程中应注意以下几个方面：（1）坚持以人为本，重视保障公民自由和权利，增进公民福利，是推进社会建设的重要出发点；（2）在社会建设中充分发挥人民群众的作用，鼓励公众参与，促进社会自治是非常重要的；（3）公民社会在很大程度上是一种建构，这种建构所映射的国家与市场的缺陷，是我们在推进社会建设过程中应当特别加以注意防范的；（4）社会力量正在崛起为一种新兴力量，我们必须正视并积极引导，培育社会建设的内在动力，促进国家力量与社会力量之间的有机整合；（5）就目前我国社会建设而言，社会力量在整体上还是比较薄弱的，社会自治的能力还很有限，难以发挥其应有的功能。因此，在积极培育社会力量的同时，我们还是要加强和完善国家的作用，致力于国家与社会的共生共强。

4. 试论制度建设在社会建设中的重要性。

（对这个问题的回答，需以制度主义的观点为理论依据，并结合中国社会建设的实际进行论述。）

强化制度建设在社会建设中的作用，一直是制度主义的核心观点。所谓制度，实际上体现为社会规范体系，其重要的社会功能在于调整社会成员之间的相互关系，尤其是利益关系，从而起到维护社会整体秩序、促进社会整合、激励社会创新的作用。制度主义的观点认为，借助设计合理的制度安排，一个社会可以明确规定社会成员在社会活动中的权利、责任与利益关系，确立适当的社会地位结构以及社会资源的适当分配，从而使得社会运行呈现为一种有序状态，使得社会成员可以各尽其能、各得其所、和谐相处。

就中国社会而言，制度建设的相对滞后具有某种客观性。这种滞后导致了制度供给的严重不足，主要体现为新旧制度长期并存、制度变迁“堕距”、制度变迁“原则不协调”，以及“制度缺失”和“制度真空”。这也是造成诸多社会问题的重要原因，极大地影响了社会建设和发展，以及整个社会的和谐。所以，我国在推进社会建设的过程中，尤其要重视制度建设的重要性，具体来说包括以下几个方面：（1）我们要清醒地意识到我们社会中客观存在的制度建设滞后现象，加快建立健全与社会利益关系变化相适应的制度安排；（2）加强制度建设应当致力于促进制度的公正，不要出现“制度俘获”现象，导致制度成为少数人维护和扩大自身利益的工具；（3）当前加强制度建设还必须高度关注制度的执行，以免出现社会快速转型时期的制度形式化现象。

图书在版编目（CIP）数据

郑杭生主编《社会学概论新修(第四版)》学习笔记与课后题详解/郑杭生主编. —北京：中国人民大学出版社，2014.3

21世纪社会学系列教材

ISBN 978-7-300-18994-9

Ⅰ.①郑… Ⅱ.①郑… Ⅲ.①社会学-高等学校-教学参考资料 Ⅳ.①C91

中国版本图书馆CIP数据核字（2014）第042188号

普通高等教育“十一五”国家级规划教材

教育部普通高等教育精品教材

国家级精品课程教材

教育部高等学校社会学学科教学指导委员会推荐教材

北京高等教育精品教材

21世纪社会学系列教材

郑杭生主编《社会学概论新修（第四版）》学习笔记与课后题详解

主　编　郑杭生

副主编　杨　敏　王道勇

Zheng Hangsheng Zhubian《Shehuixue Gailun Xinxiu (Di-si Ban)》Xuexi Biji yu Kehouti Xiangjie

出版发行	中国人民大学出版社		
社　址	北京中关村大街31号	邮政编码	100080
电　话	010－62511242（总编室）		010－62511770（质管部）
	010－82501766（邮购部）		010－62514148（门市部）
	010－62515195（发行公司）		010－62515275（盗版举报）
网　址	http：//www.crup.com.cn		
	http：//www.ttrnet.com（人大教研网）		
经　销	新华书店		
印　刷	北京鑫丰华彩印有限公司		
规　格	185 mm×260 mm　16开本	版　次	2014年4月第1版
印　张	18.75	印　次	2020年6月第7次印刷
字　数	362 000	定　价	39.90元